国学院大学久我山高等学校

〈収録内容〉

便利な DL コンテンツは右の QR コードから

⇒

※データのダウンロードは 2025 年 3 月末日まで。

※データへの……の入力が必要となります。 ⇒ 988298

点〉

	男子		女　子
	文系	理系	
2024年度	171点		134点
2023年度	190点		149点
2022年度	170点		125点
2021年度	198点	198点	164点
2020年度	163点	180点	150点
2019年度	165点	201点	156点
2018年度	160点	176点	142点

本書の特長

実戦力がつく入試過去問題集

- 問題 …………… 実際の入試問題を見やすく再編集。
- 解答用紙 …… 実戦対応仕様で収録。
- 解答解説 …… 詳しくわかりやすい解説には、難易度の目安がわかる「基本・重要・やや難」の分類マークつき（下記参照）。各科末尾には合格へと導く「ワンポイントアドバイス」を配置。採点に便利な配点つき。

入試に役立つ分類マーク

基本 確実な得点源！
受験生の90%以上が正解できるような基礎的、かつ平易な問題。
何度もくり返して学習し、ケアレスミスも防げるようにしておこう。

重要 受験生なら何としても正解したい！
入試では典型的な問題で、長年にわたり、多くの学校でよく出題される問題。
各単元の内容理解を深めるのにも役立てよう。

やや難 これが解ければ合格に近づく！
受験生にとっては、かなり手ごたえのある問題。
合格者の正解率が低い場合もあるので、あきらめずにじっくりと取り組んでみよう。

合格への対策、実力錬成のための内容が充実

- 各科目の出題傾向の分析、合否を分けた問題の確認で、入試対策を強化！
- その他、学校紹介、過去問の効果的な使い方など、学習意欲を高める要素が満載！

解答用紙ダウンロード 解答用紙はプリントアウトしてご利用いただけます。弊社ＨＰの商品詳細ページよりダウンロードしてください。トビラのＱＲコードからアクセス可。

UD FONT 見やすく読みまちがえにくいユニバーサルデザインフォントを採用しています。

国学院大学久我山高等学校

普通科
生徒数　1387名
〒168-0082
東京都杉並区久我山1-9-1
☎03-3334-1151
京王井の頭線久我山駅　徒歩12分
京王線千歳烏山駅　バス10分

男女別学でそれぞれの魅力を追求 独自のカリキュラムで 有名大学に多数進学

URL	https://www.kugayama-h.ed.jp/

「きちんと青春」で生き抜く力を

1944年創立。1952年國學院大學と合併。1985年中学校（男子）を再開と共に、高校に女子部を開設。1991年中学校に女子を迎え入れ、男女の特性を伸ばす別学的環境のもと、中高一貫体制が整う。勉学を軸足として、行事に部活動にのびのびと学園生活を謳歌する姿には、「きちんと青春」の気概がみなぎっている。

天体観測ドームもある充実した設備

天体ドームを屋上に持つ理科会館や、芸術関連の授業に利用される文科会館。図書館・CALL教室・自習室やカフェテリア・ラウンジなどを備えている学習センター。また部室・合宿所・シャワールームを備えた錬成館や、4つのフロアを持つ体育館に4つのグラウンドなど、そのすべてが武蔵野の薫り深き久我山台上に集まっている。

真のグローバルの探求＆自己実現

男子部では礼節を知るために武道を、女子部では日本の伝統文化である華道・茶道・能楽・日本舞踊などを体験する。その日本文化の根底にある感謝と思いやりの精神を学び、英語で世界に発信できる、すぐれた国際感覚を育んでいく。

また、生徒一人ひとりの可能性を見つけ出すため、生徒に合わせた指導を行い、自ら能動的に学ぶ姿勢を培っていく。加えて、勉強合宿や教科を越えた総合学習・修学論文など、夢を叶えるために多彩で緻密なプログラムを実施している。

多様化する価値観の中で、生き抜く力を身につけます。

全国規模で活躍の活発な部活動

久我山には47部の部活動がある。過去春3回、夏3回甲子園に出場経験のある野球部が2022年度も出場。在校生・OB・OG大勢が応援にかけつけた。また、全国大会準優勝経験のあるバスケットボール部やサッカー部、全国優勝5回・花園出場43回のラグビー部、全国高校駅伝大会25回出場の陸上競技部など実力あるクラブが目白押しだ。また、コンクールで常に上位を占める合唱・ダンス・吹奏楽など、その活躍は目覚ましいものがある。

[運動部]　陸上競技、剣道、バスケットボール、ラグビー、サッカー、野球、柔道、弓道、バレーボール、バドミントン、女子テニス（硬式）、ソフトテニス、ダンス、卓球、硬式テニス、水泳、ワンダーフォーゲル

[文化部]　美術、書道、囲碁将棋、ESS、写真、アニメーション研究、鉄道研究、パソコン、演劇、考古学、地学、生物、化学、物理、文芸、新聞、放送、吹奏楽、映画研究、音楽、箏曲、華道、茶道、家庭科、女声合唱、短歌研究

[同好会]　ギター音楽、少林寺拳法、クイズ研究、マジック

2022高校ラグビー全国大会出場

難関大へ多数進学 系列大へ優先入学も

東大4名、一橋大3名をはじめとする国公立大59名や、早稲田大63名、慶應義塾大50名、上智大64名、医学部医学科24名など、難関大へ多くの合格者を出している。系列の國學院大學へは「優先入学推薦制度」がある。

2024年度入試要項

試験日　1/22（推薦）　2/12（一般）

試験科目　書類審査＋面接（推薦）
国・数・英（一般）

2024年度	募集定員	受験者数	合格者数	競争率
推薦	50	57/4	57/4	1.0/1.0
一般	約60/約35	169/51	92/41	1.8/1.2

※人数はすべて男子/女子。他に、若干名の帰国生募集（1/7）あり。

過去問の効果的な使い方

① **はじめに**　入学試験対策に的を絞った学習をする場合に効果的に活用したいのが「過去問」です。なぜならば，志望校別の出題傾向や出題構成，出題数などを知ることによって学習計画が立てやすくなるからです。入学試験に合格するという目的を達成するためには，各教科ともに「何を」「いつまでに」やるかを決めて計画的に学習することが必要です。目標を定めて効率よく学習を進めるために過去問を大いに活用してください。また，塾に通われていたり，家庭教師のもとで学習されていたりする場合は，それぞれのカリキュラムによって，どの段階で，どのように過去問を活用するのかが異なるので，その先生方の指示にしたがって「過去問」を活用してください。

② **目的**　過去問学習の目的は，言うまでもなく，志望校に合格することです。どのような分野の問題が出題されているか，どのレベルか，出題の数は多めか，といった概要をまず把握し，それを基に学習計画を立ててください。また，近年の出題傾向を把握することによって，入学試験に対する自分なりの感触をつかむこともできます。

過去問に取り組むことで，実際の試験をイメージすることもできます。制限時間内にどの程度までできるか，今の段階でどのくらいの得点を得られるかということも確かめられます。それによって必要な学習量も見えてきますし，過去問に取り組む体験は試験当日の緊張を和らげることにも役立つでしょう。

③ **開始時期**　過去問への取り組みは，全分野の学習に目安のつく時期，つまり，9月以降に始めるのが一般的です。しかし，全体的な傾向をつかみたい場合や，学習進度が早くて，夏前におおよその学習を終えている場合には，7月，8月頃から始めてもかまいません。もちろん，受験間際に模擬テストのつもりでやってみるのもよいでしょう。ただ，どの時期に行うにせよ，取り組むときには，集中的に徹底して取り組むようにしましょう。

④ **活用法**　各年度の入試問題を全問マスターしようと思う必要はありません。できる限り多くの問題にあたって自信をつけることは必要ですが，重要なのは，志望校に合格するためには，どの問題が解けなければいけないのかを知ることです。問題を制限時間内にやってみる。解答で答え合わせをしてみる。間違えたりできなかったりしたところについては，解説をじっくり読んでみる。そうすることによって，本校の入試問題に取り組むことが今の自分にとって適当かどうかが，はっきりします。出題傾向を研究し，合否のポイントとなる重要な部分を見極めて，入学試験に必要な力を効率よく身につけてください。

数学

各都道府県の公立高校の入学試験問題は，中学数学のすべての分野から幅広く出題されます。内容的にも，基本的・典型的なものから思考力・応用力を必要とするものまでバランスよく構成されています。私立・国立高校では，中学数学のすべての分野から出題されることには変わりはありませんが，出題形式，難易度などに差があり，また，年度によっての出題分野の偏りもあります。公立高校を含め，ほとんどの学校で，前半は広い範囲からの基本的な小問群，後半はあるテーマに沿っての数問の小問を集めた大問という形での出題となっています。

まずは，単年度の問題を制限時間内にやってみてください。その後で，解答の答え合わせ，解説での研究に時間をかけて取り組んでください。前半の小問群，後半の大問の一部を合わせて50%以上の正解が得られそうなら多年度のものにも順次挑戦してみるとよいでしょう。

英語

英語の志望校対策としては，まず志望校の出題形式をしっかり把握しておくことが重要です。英語の問題は，大きく分けて，リスニング，発音・アクセント，文法，読解，英作文の5種類に分けられます。リスニング問題の有無(出題されるならば，どのような形式で出題されるか)，発音・アクセント問題の形式，文法問題の形式(語句補充，語句整序，正誤問題など)，英作文の有無(出題されるならば，和文英訳か，条件作文か，自由作文か）など，細かく具体的につかみましょう。読解問題では，物語文，エッセイ，論理的な文章，会話文などのジャンルのほかに，文章の長さも知っておきましょう。また，読解問題でも，文法を問う問題が多いか，内容を問う問題が多く出題されるか，といった傾向をおさえておくことも重要です。志望校で出題される問題の形式に慣れておけば，本番ですんなり問題に対応することができますし，読解問題で出題される文章の内容や量をつかんでおけば，読解問題対策の勉強として，どのような読解問題を多くこなせばよいかの指針になります。

最後に，英語の入試問題では，なんと言っても読解問題でどれだけ得点できるかが最大のポイントとなります。初めて見る長い文章をすらすらと読み解くのはたいへんなことですが，そのような力を身につけるには，リスニングも含めて，総合的に英語に慣れていくことが必要です。「急がば回れ」ということわざの通り，志望校対策を進める一方で，英語という言語の基本的な学習を地道に続けることも忘れないでください。

国語

国語は，出題文の種類，解答形式をまず確認しましょう。論理的な文章と文学的な文章のどちらが中心となっているか，あるいは，どちらも同じ比重で出題されているか，韻文(和歌・短歌・俳句・詩・漢詩)は出題されているか，独立問題として古文の出題はあるか，といった，文章の種類を確認し，学習の方向性を決めましょう。また，解答形式は，記号選択のみか，記述解答はどの程度あるか，記述は書き抜き程度か，要約や説明はあるか，といった点を確認し，記述力重視の傾向にある場合は，文章力に磨きをかけることを意識するとよいでしょう。さらに，知識問題はどの程度出題されているか，語句(ことわざ・慣用句など)，文法，文学史など，特に出題頻度の高い分野はないか，といったことを確認しましょう。出題頻度の高い分野については，集中的に学習することが必要です。読解問題の出題傾向については，脱語補充問題が多い，書き抜きで解答する言い換えの問題が多い，自分の言葉で説明する問題が多い，選択肢がよく練られている，といった傾向を把握したうえで，これらを意識して取り組むと解答力を高めることができます。「漢字」「語句・文法」「文学史」「現代文の読解問題」「古文」「韻文」と，出題ジャンルを分類して取り組むとよいでしょう。毎年出題されているジャンルがあるとわかった場合は，必ず正解できる力をつけられるよう意識して取り組み，得点力を高めましょう。

出題傾向の分析と 合格への対策

●出題傾向と内容

本年度の出題数は大問4題，小問数にして25題程度で問題量としては例年通りであった。

本年度の出題内容は，①は式・平方根の計算，二次方程式，式の値，関数の変域，データの活用，因数分解，平面・空間図形からなる小問群，②は平面図形の計量，③は数の性質，④は図形と関数・グラフの融合問題となっている。

③，④の大問では小問どうしが互いに関連している場合が多いので，小問(1)からていねいに解いていくことが大切である。

また，④の(3)は途中経過も記す問題であった。

学習のポイント

記述問題の答案は，採点者にわかりやすく書く。普段から一人よがりな答案にならないように練習しておくこと。

●2025年度の予想と対策

来年度も，問題の量・質ともに大きな変化はないと思われる。小問数が多いが，基本的事項の理解度を確かめるものか，最後の答えを導くためのものなので，基礎をしっかりと身につけておくことが大切である。

まずは，教科書で基礎事項を確認してから，標準的な問題集で安定した実力を身につけるようにしたい。また，本年度も記述する問題が出題されているので，単に問題を解くだけではなく，ノートに答案をまとめながら学習していくことは重要である。本校の過去問題を利用して記述式の答案を作ってみるとよいだろう。

▼年度別出題内容分類表 ……

出題内容			2020年	2021年	2022年	2023年	2024年
数と式	数の性質		○	○			○
	数・式の計算		○	○	○	○	○
	因数分解		○	○			○
	平方根		○	○		○	○
方程式・不等式	一次方程式				○		
	二次方程式			○		○	○
	不等式						
	方程式・不等式の応用			○			
関数	一次関数		○	○	○	○	○
	二乗に比例する関数		○	○	○	○	○
	比例関数		○				
	関数とグラフ		○	○	○	○	○
	グラフの作成						
図形	平面図形	角度			○	○	
		合同・相似	○	○		○	
		三平方の定理	○		○	○	○
		円の性質	○	○	○	○	
	空間図形	合同・相似			○		○
		三平方の定理			○	○	○
		切断			○		
	計量	長さ	○	○	○	○	○
		面積	○	○	○		○
		体積	○			○	○
	証明		○				
	作図						
	動点						
統計	場合の数					○	
	確率		○	○			
	統計・標本調査		○		○	○	○
融合問題	図形と関数・グラフ		○	○	○	○	○
	図形と確率						
	関数・グラフと確率						
	その他						
その他					○		

国学院大学久我山高等学校

出題傾向の分析と 合格への対策

●出題傾向と内容

本年度はリスニング問題，長文の読解総合問題，語句補充形式の書き換え問題，正誤問題，英作文の計5題の出題であった。

読解総合問題は，やや長めの文章である。内容を正確に把握しているかどうかを見るとともに，文法の知識も問われている。会話文問題は空所の前後の文脈を正確に理解することがポイントになっている。文法に関しては幅広い分野から多様な形式で出題されている。

記述式の解答が多いので，答案を作る練習が必要であり，入試当日は提出する前に必ず再確認をするべきである。

学習のポイント

長文は速く，正確に読む力をつけよう。その際，時間を決めて問題に取り組もう。
確実な文法知識を身につけよう。

●2025年度の予想と対策

来年度も本年度と同様の出題形式で，さほど変化は見られないと思われる。

長文読解対策は，さまざまなタイプの長文に慣れておくこと。教科書レベルのものから，だんだん量が多く難しいものへと読みこなし，文脈をつかみながら迅速に読めるようにしておきたい。会話文特有の表現にも慣れておこう。

文法問題は，まずは教科書範囲の内容を徹底することである。それを終えたら発展的な知識も身につけよう。さまざまな形式の問題にも慣れておく必要がある。

発音，アクセント問題に対しては，日頃から必ず声を出す習慣をつけておくことが大切。

▼年度別出題内容分類表 ……

	出題内容	2020年	2021年	2022年	2023年	2024年
話し方・聞き方	単語の発音					
	アクセント					
	くぎり・強勢・抑揚					
	聞き取り・書き取り	○	○	○	○	○
語い	単語・熟語・慣用句					
	同意語・反意語					
	同音異義語					
読解	英文和訳(記述・選択)	○	○	○	○	
	内容吟味	○	○	○	○	○
	要旨把握					
	語句解釈					
	語句補充・選択	○	○	○	○	○
	段落・文整序					
	指示語	○	○		○	
	会話文					
文法・作文	和文英訳					
	語句補充・選択					
	語句整序				○	○
	正誤問題	○	○	○	○	○
	言い換え・書き換え	○	○	○	○	○
	英問英答					
	自由・条件英作文	○	○		○	○
文法事項	間接疑問文			○		○
	進行形					
	助動詞			○		
	付加疑問文					
	感嘆文					
	不定詞		○	○		○
	分詞・動名詞		○	○	○	○
	比較		○	○		○
	受動態		○			
	現在完了	○	○		○	○
	前置詞	○	○		○	
	接続詞	○				
	関係代名詞	○			○	○

国学院大学久我山高等学校

出題傾向の分析と 合格への対策

●出題傾向と内容

本年度は，小説・論説文・古文・漢字と熟語という大問4題の構成であった。

論説文，小説ともにとにかく文量が多い点，現代文では抜き出しの他50字程度の記述問題があるという点は例年通り。現代文は高難度であったと言ってよいだろう。古文は例年通り，部分的に現代語訳が付されている。ただ内容理解の助けになるとまではいかず，やはり自力で訳して内容を理解できるまでの実力はつけておく必要がある。

学習のポイント

現代文は，要約の練習が記述問題対策になる。古文単語・文法だけでなく，仏教をはじめとした古文常識も身につけておこう。

●2025年度の予想と対策

特に論説文では，受験生にとって耳慣れないテーマの文章が登場する可能性がある。社会的・時事的なテーマについて見聞を広めておくことはもちろん必須だが，新書などでさまざまなテーマの文章を読んで内容を要約するという練習も効果的だろう。

古文は大意をつかむことが得点の鍵である。主語の省略が激しい文章も出題されるので，一文ずつ丁寧に意味を追おうとするよりも，大まかに全体の流れを把握してから細かいところを検討するのがよいだろう。

全体の小問数が少なく，配点が高いためケアレスミスが致命傷となってしまう。現代文は本文の文量が多く，かつ文章全体の内容をふまえて答える問題も出題されるので，まずは文章全体を素早く正確に読む訓練は必要。

▼年度別出題内容分類表 ……

		出題内容	2020年	2021年	2022年	2023年	2024年
内容の分類	読解	主題・表題					
		大意・要旨		○			
		情景・心情	○	○	○	○	○
		内容吟味	○		○	○	
		文脈把握	○	○	○	○	○
		段落・文章構成					
		指示語の問題		○	○		
		接続語の問題					
		脱文・脱語補充	○	○	○	○	○
	漢字・語句	漢字の読み書き	○	○	○	○	○
		筆順・画数・部首					
		語句の意味					
		同義語・対義語					
		熟語	○	○	○		○
		ことわざ・慣用句					
	表現	短文作成					
		作文(自由・課題)					
		その他				○	
	文法	文と文節					
		品詞・用法					
		仮名遣い					
		敬語・その他					
	古文の口語訳						
	表現技法						
	文学史						
問題文の種類	散文	論説文・説明文	○	○	○	○	○
		記録文・報告文					
		小説・物語・伝記	○	○	○	○	○
		随筆・紀行・日記					
	韻文	詩					
		和歌(短歌)					
		俳句・川柳			○		
	古文		○	○	○	○	○
	漢文・漢詩						

国学院大学久我山高等学校

2024年度 合否の鍵はこの問題だ!!

数学 1, 2, 3, 4(4)

1 計算を主とする小問群である。難問は無いので素早く確実に処理したい。

2 正三角形が移動していく過程を丁寧に観察して全体像を掴みたい。長さや面積の計算は，効率よく処理したい。

3 受験参考書などで一度は見たことがある問題だと思う。会話文の意味をくみ取り，解き進めよう。

4 (4)では，△PAB＝△QABとなる点Qは，直線ABの上側と下側にあることを理解しよう。

英語 【2】

【2】の長文問題は，比較的長い英文を使ったもので，読みこなすには相当の時間がかかると思われる。また，細かな内容が多く書かれているので，読みながら混乱してしまう人も多かったのではないだろうか。さらに，設問数も一番多いので，この問題の出来が合否に大きな影響を与えたものと思われる。

この英文で用いられている語彙や文法は標準的なもので，特に難解なものは使われていない。いずれも中学で習った内容だけで十分理解できるものになっている。しかし，相当量の英文を一定の速さで読みこなすことができる能力がないと，困ることになるだろう。

設問をみると，さまざまな形をとりながら，英文の内容がどれだけ理解されたかを確かめるものが並んでいる。特に細かい内容をきちんと確認するものが多いので，適当な読み取りでは答えられないものが多いことに注意したい。

このような問題を解くには，日頃から長文を多く読む訓練を重ねるしかない。語彙や文法の力をしっかりと伸ばしながら，この問題と同程度の量の英文を積極的に読むようにしたい。

国語 二 問五

文章が二つ登場する場合，無関係な文章を出すことはない。何かしら二つの文章の間には関連があると考えよう。

問五は文章同士の関係を問う設問。単純な内容吟味ではなく，内容は把握したうえでどのような関係性があるかを掴んでいなければならない。こうした場合, 短い文章の要点を先に掴むことが重要である。よって問五では文章Ⅱの要点を先に確認する。すると，文章Ⅱ最終段落では「無彩色の……あわれの世界を展開し，……作家が世界で唯一人，紫式部である」としめくくられている。「色なき色」という段階まで「あわれの世界を展開」したというのは，単純にそうした色があるという話ではなく，紫式部が「色なき色」という表現をしたということに注目しているということである。この時点で，問五の1・2・4は文章Ⅱを色の話だけのものと誤認しているため除外してよい。

文章Ⅰも文章Ⅱも色というものに言及はあるが，注目しているポイントが異なる。色の話だから同じと思わず，筆者が何に最も注目しているかということを記述から把握することが重要だ。

2024年度

★★★★★★★★★★★★★★★★★★★★★★★★

入　試　問　題

2024年度

国学院大学久我山高等学校入試問題

【数　学】（50分）　＜満点：100点＞

【注意】 円周率はπとする。

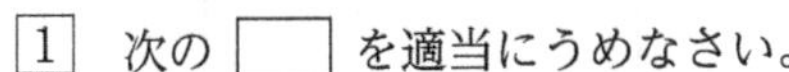

1　次の □ を適当にうめなさい。

(1)　$(-1.2)^3 \div \dfrac{9}{2} \times (-5^2) =$ □

(2)　$\dfrac{2x-1}{2} + \dfrac{2-3x}{3} - \dfrac{4x-1}{6} =$ □

(3)　$\left(\dfrac{-2x}{y}\right)^4 \times \left(\dfrac{3y}{-z^2}\right)^3 \times \left(\dfrac{z}{2x}\right)^2 =$ □

(4)　$x = \dfrac{1+\sqrt{5}}{2}$，$y = \dfrac{1-\sqrt{5}}{2}$のとき，$x^2 + y^2 + 6xy =$ □

(5)　$x^2 - 4y^2 + 8y - 4$を因数分解すると □ である。

(6)　2次方程式$\dfrac{1}{2}(2x+1)^2 - 4x = -(2x-1)$を解くと，$x =$ □ である。

(7)　1次関数$y = -3x + b$において，xの変域が$-4 \leqq x \leqq b$のとき，yの変域は$a \leqq y \leqq -3a$である。このとき，$a =$ ア ，$b =$ イ である。

(8)　次のデータは，9人の生徒が数学のテストを受けたときの得点である。

41，92，55，62，60，73，87，98，55 （単位は点）

このデータの中央値は ア （点）であり，四分位範囲は イ （点）である。

(9)　右の図のような∠A＝90°，AB＝12，AC＝5の直角三角形ABCがある。
この三角形の3つの辺すべてに接する円の半径は □ である。

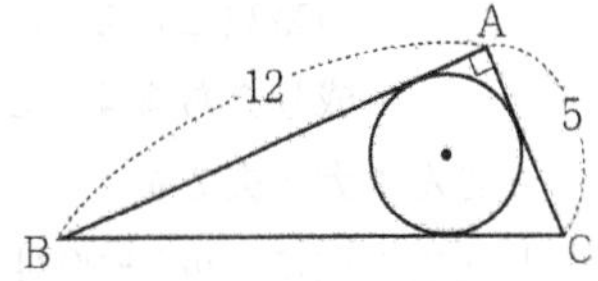

(10)　すべての辺の長さが6の正四角錐O－ABCDがある。右の図のように，この正四角錐O－ABCDの辺OAの中点をP，辺ABを2：1に分ける点をQとする。
このとき，正四角錐O－ABCDの体積は ア であり，三角錐P－AQDの体積は イ である。

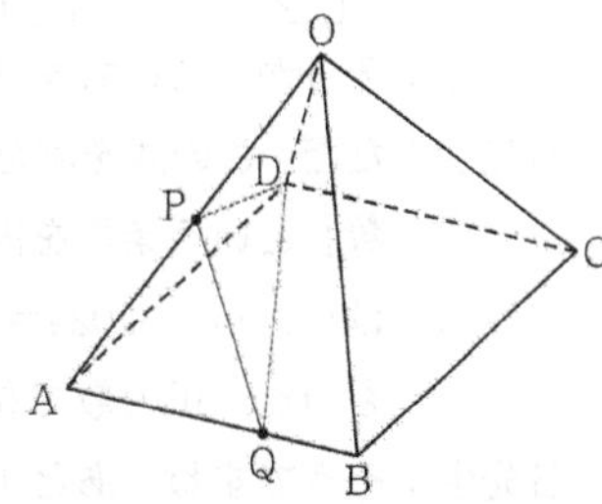

2　1辺の長さが12の正方形ABCDと正三角形PQRが，初め図1（次のページ）のように辺BCと辺QRが重なるようにおいてある。正三角形自身は右回転をしながら正方形の内側を左回りに移動し

ていく。また，正三角形の頂点のうち正方形の頂点と重なっていない点が移動して，正方形の頂点と重なったとき，１回移動したということにする。つまり，初めは正三角形の頂点Ｐは正方形のどの頂点とも重なっていなかったが，１回移動すると図２のように正方形の頂点Ｄと重なる位置に移動する。このとき，次の問いに答えなさい。

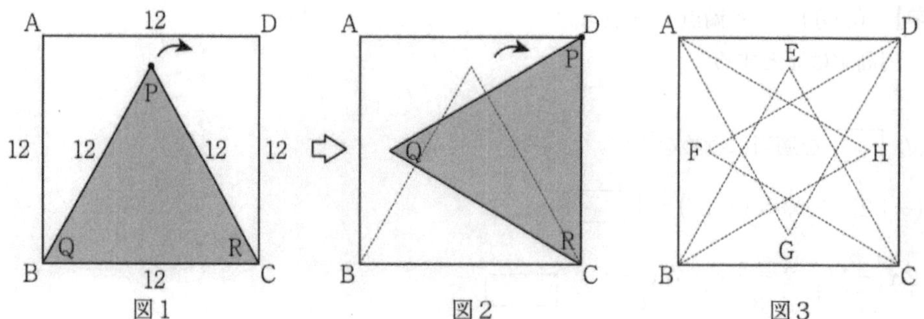

図１　図２　図３

⑴　初めから４回移動したとき，頂点Ｐはどこの位置に移動しますか。図３の点Ａ～点Ｈの中から選びなさい。

⑵　初めから４回移動したとき，点Ｐが動いたあとの長さを求めなさい。

⑶　点Ｐが初めて元の位置（図１）に戻るのは初めから何回移動したときですか。

⑷　⑶のとき，点Ｐが動いたあとで囲まれた部分の面積を求めなさい。

3　ＡさんとＢ先生が次の問題について話をしています。［ア］～［キ］を適当にうめなさい。同一の問題文中に［ア］などが２度以上現れる場合，原則として，２度目以降は［ア］のように細字で表記します。

> $\sqrt{m^2+2024}$ が正の整数となるような，正の整数 m をすべて求めなさい。

Ａさん：何だか難しそうですね…。

Ｂ先生：大丈夫！一緒に考えていきましょう。まず $\sqrt{m^2+2024}$ が正の整数ということは，n を正の整数として，$\sqrt{m^2+2024}=n$ と表せますね。その両辺を２乗すると，$m^2+2024=n^2$ が成り立ちます。ここまでは大丈夫ですか？

Ａさん：大丈夫です。

Ｂ先生：次に，$m^2+2024=n^2$ を変形して因数分解すると，
（［ア］）（［イ］）=2024になりますね。(ただし，［ア］＞［イ］とする。)

Ａさん：そうか，この式を満たす整数［ア］，［イ］の値の組を考えるんですね！

Ｂ先生：ただ，この式を満たす整数［ア］，［イ］の値の組すべてが，「m，n がともに正の整数」という条件を満たすわけではないですよね。

Ａさん：はい，$m^2+2024=n^2$ から m と n の大小関係は m［ウ］n なので，［ア］も［イ］も当然，正の数でないといけません。

Ｂ先生：そうですね。あと［ア］と［イ］は，ともに偶数でないといけないんです。

Ａさん：えっ，どういうことですか？

Ｂ先生：［ア］と［イ］について，その和は［エ］で，その積は2024だから，和と積はともに偶数になりますね。整数には偶数と奇数がありますが，２つの整数の和と積がともに偶

数になるのは，それらがともに偶数のときだけなんです。

Aさん：えっと…，確かにそうですね！

B先生：だから，［ア］と［イ］がともに正の偶数である場合だけを考えればいいんですね。

2024＝［オ］と素因数分解できることを踏まえると，

（［ア］）（［イ］）＝2024かつ［ア］＞［イ］

を満たす正の偶数［ア］，［イ］の値の組は［カ］個あると分かり，それらの組に対する m の値をすべて求めると，$m=$［キ］となります。これで，$\sqrt{m^2+2024}$ が正の整数となるような，正の整数 m がすべて求められたことになりますね。

4　放物線 $y=ax^2$ 上に2点A，Bがあり，点A，Bの x 座標はそれぞれ，-1，$\frac{5}{2}$ である。直線ABの傾きが3であるとき，次の問いに答えなさい。

ただし，⑶については途中過程も記しなさい。

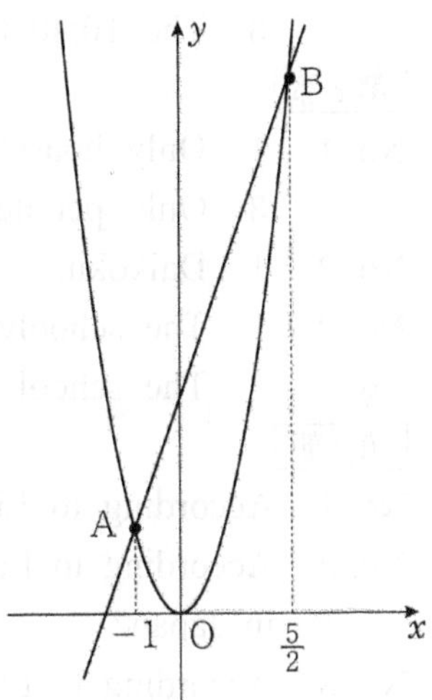

⑴　a の値を求めなさい。

⑵　直線ABの式を求めなさい。

放物線上に点Pがあり，点Pの x 座標は $\frac{1}{2}$ である。

⑶　△PABの面積を求めなさい。

⑷　放物線上に点Pと異なる点Qがある。

△PAB＝△QABとなる点Qの x 座標をすべて求めなさい。

【英　語】（50分）　＜満点：100点＞

【1】リスニングテスト

第１部

No. 1　1　With mayonnaise.　　2　Without mayonnaise.
　　　3　With bacon.　　4　Without bacon.

No. 2　1　Ghibli music.　　2　Classical music.
　　　3　Rock music.　　4　Jazz music.

No. 3　1　The 9:30 train.　　2　The 10:00 train.
　　　3　The 10:40 train.　　4　The 12:00 train.

第２部

No. 1　1　Only household items.　　2　Only bargain items.
　　　3　Only pet items.　　4　All items.

No. 2　1　Daikoku.　2　Ebisu.　3　Benzaiten.　4　Hotei.

No. 3　1　The schoolyard.　　2　A kindergarten hall.
　　　3　The school gym.　　4　The school cafeteria.

第３部

No. 1　According to Liam's host father, why do Japanese doors open outward?

No. 2　According to Liam, why can vending machines for luxury items be installed in Japan?

No. 3　According to Liam, what has made it possible for Japanese people to invent a variety of vending machines?

No. 4　Is it helpful to know the reasons for cultural differences in understanding other countries?

＜リスニング問題スクリプト＞

　これからリスニングテストを行います。リスニングの音質及び音量については，すでにチェック済みです。このテストには**第１部**から**第３部**まであります。試験解答時間はそれぞれ10秒です。それでは始めます。

　第１部です，これは，対話とその内容に関する質問を聞き，その答えとして最も適切なものを１，２，３，４の中から１つずつ選び，番号で答える問題です。英文は１度だけ放送されます。では，始めます。

No. 1　女：May I lake your order?
　　　男：Yes.　I'll have a hot coffee and this sandwich.　Hold the mayonnaise, please.
　　　女：That comes with your choice of minestrone soup or green salad.
　　　男：Does the soup have bacon in it?
　　　女：Yes, it has pieces of bacon.
　　　男：Well, then I'll have the salad.

女：Will that be all? One hot coffee, a sandwich with no mayonnaise, and a green salad.
男：Yes, please.
Question：How did the man like his sandwich?

No. 2 男：Hi, Nami. I'm thinking about playing some music for today's party, and I want to know what kind of music you like.
女：I like classical music, but many children are coming to the party. They would feel bored with classical music. What kind of music do you have in mind?
男：Well, what about rock or jazz?
女：No way! It's our grandma's 80th birthday party. We should choose music that she would like.
男：You're right. Well, how about some Ghibli music?
女：Perfect! She loves the Studio Ghibli films. The kids will like it, too.
男：That's a good idea! Thanks.
Question：What music will the man play at his grandma's party?

No. 3 女：One reserved seat ticket for the nine-thirty train to Sapporo, please.
男：I'm sorry. That train was a special train during the Snow Festival.
女：Oh, I completely forgot! The Festival ended yesterday. How about the ten o'clock train?
男：I'm really sorry. That train is full. Bui, I can get you a seat on the ten-forty train.
女：What lime will it arrive at Sapporo?
男：It will arrive around noon
女：O.K. I'll take that train. I have to attend a conference this afternoon.
Question：Which train will the woman take?

第２部です。これは，英文とその内容に関する質問を聞き，その答えとして最も適切なものを１，２，３，４の中から１つずつ選び，番号で答える問題です。英文は１度だけ放送されます。では，始めます。

No. 1 女

Hello and thank you for calling KGY store. Our store hours are Monday through Friday, 10:30 AM to 8:00 PM. We're open Saturday until 9:00. Please visit our store on Wednesday for 10% off everything storewide. From household items to pet supplies, all items in the store are cheaper on Wednesday.
Question：On Wednesday, what can customers get at a 10% discount?

No. 2 男

Have you ever heard of the Seven Lucky Gods or *Shichifukujin*? Daikoku and Ebisu are probably the most famous ones. Daikoku is a god with a mallet, or *kozuchi* in Japanese, and a large sack. He brings good harvests. Ebisu holds a fishing rod and a big fish in his hands. He is the only god that was originally from Japan. He is a god of fishing and business. The only goddess is called Benzaiten. She is the goddess of music. She carries a traditional Japanese instrument called *biwa.* Hotei is a god who is always smiling. He is the only god that is based on a real Chinese person. He brings happiness.

Question : According to the speaker, which of the Seven Lucky Gods was originally from Japan?

No. 3 女

We would like to inform you about tomorrow's school bazaar. We have decided to change the location of the bazaar. Unfortunately, it has been raining the last three days, and the schoolyard is muddy and we can't use any indoor facilities in our school tomorrow. We managed to rent the hall of a kindergarten near our school. It's a five-minute walk from our school. We would appreciate your understanding and cooperation. For the latest information, please look at the school website.

Question : Where will the bazaar be held tomorrow?

第３部です。これは，英文を聞き，No. １からNo. ４の質問に対する答えを，解答欄の（　）内に最も適切な１語をそれぞれ補い，完成させる問題です。英文は２度放送されます。放送中，メモを取っても構いません。では，始めます。

男

Hello, everyone. I'm Liam from the U.K. On the first day of my stay in Japan, I was very surprised at how people open doors. When you go into a house, how do you open the door? In my country, front doors open inward. But in Japan, it's the other way around. Why? My host father gave me a convincing answer. He explained, 'In Japan, we take off our shoes when we enter our house. So, we open the door outward to make space for our shoes. If we try to open the front door by moving it inward, there would be no space for our shoes.'

I also became interested in vending machines in Japan. We can buy many products like food, tickets, toys, as well as drinks from vending machines. Can you believe there are even vending machines for pearls? We should remember that the crime rate in Japan is lower than that of other countries. It is safe enough to install vending machines for luxury items in Japan. It's also amazing that we can buy both cold and hot drinks from the same machine. Some vending machines have no buttons to push, and instead we just touch a screen on the machine. We can enjoy a wide range of vending machines thanks to advances in technology.

When you find cultural differences between your own country and a foreign country, it's important to know why these cultural differences exist. It helps you to understand the country.

以上でリスニングテストを終了します。

【２】次の英文を読み，後の問いに答えなさい。

Magic Kingdom

Of all the *Disney World parks, *Magic Kingdom gets the most visitors. In fact, it gets more visitors annually than any other theme park in the world! You enter it on Main Street, U.S.A., which looks like a street in a small American town from the year 1900.

Some of the buildings *were modeled after the Missouri town in which *Walt and Roy grew up. Windows in the stores along the street are built low, (①) children can look inside. Here, you can board railroad trains for a ride around the Magic Kingdom. The red train is named for Walt. The green one is Lilly Belle, named for his wife.

At the far end of Main Street stands Cinderella Castle, *soaring high with twenty-seven royal-blue and gold towers and four *turrets. It *was inspired by European castles, and has *a drawbridge and a waterfilled moat. Though they look like stone, the "*marble bricks" are actually fiberglass panels *attached to a steel frame then *coated with *plaster and concrete. The towers were built on the ground, then *lifted by cranes into place.

For flight safety, *federal law says that any building more than two hundred feet tall must display a flashing red light on top. Since that would have *spoiled the fairy-tale effect, Cinderella Castle is only 189 feet tall. It looks much taller, though, *due to the use of ②forced perspective. The "bricks" and windows higher up are smaller than those at the bottom. This fools your eyes into seeing the castle as much taller than it really is!

From the Cinderella Castle area, paths *branch out to Magic Kingdom's six lands. Clockwise they are Fantasyland, Tomorrowland, Main Street, Adventureland, Frontierland, and Liberty Square.

【中略】

The different lands show that Walt wasn't just interested in fairy tales and fantasy. He also wanted to present moments in history, important present-day ideas, and an introduction to other parts of the world.

Behind the Scenes

It takes over seventy thousand cast members to make the magic happen at Disney World. Before beginning their job, most take classes at Disney University, located behind the Magic Kingdom. They learn about Walt Disney, Disney World Resort, Disney characters, and ③how to behave with guests. After that, there's more training about how to do a particular job, and how to look and act the part of the character they'll play. (Often one cast member switches roles on different days.)

Disney employees are called cast members for a reason. Walt wanted them to think of themselves as actors in a big show called Disney World. Anytime they are among park guests, even if they are not on a real stage, they are considered to *be acting out a role. Even small things are important. Giving directions to a guest by pointing the way with a finger might be considered "bad show." Gesturing the way with a friendly open hand is called "good show."

Have you ever wondered how Disney characters seem to magically appear in their correct lands? Or why you don't ever see them where they don't belong? Well, one time at *Disneyland, Walt caught sight of a cowboy cast member walking through Tomorrowland on the way over to Frontierland. It felt so out of place to Walt. It spoiled the magical feeling he wanted for guests.

So at Disney World, there are underground tunnels for cast members. [A] The tunnels, called utilidors, form one big circle under the Magic Kingdom with a connecting tunnel going under Main Street through the middle.

If you were a cast member, you'd likely *park in a lot about a mile away and take a bus to the tunnel entrance. [B] Your first stop inside the tunnel might be *the Mouseketeria for a snack. Across the hall is the wardrobe department. You tell them your size and where you'll be working that day. After you're given a costume, you change and store your belongings in locker rooms. [C]

Micky Mouse has about 136 outfits, including a tuxedo and a scuba suit. Minnie Mouse has more than one hundred, including a safari suit. All the characters' costumes *amount to a lot of clothes that need to be washed. [D] Luckily, Disney World has its own laundries on site.

It is a ten-minute walk from one end of the park to the other going through the tunnels. The tunnels are ④color-coded and have signs saying which section of the park is directly above.

To get into the land you want, you take an elevator or stairs up one floor. You exit into the Magic Kingdom through one of twenty-nine unmarked doors. ⑤Imagine how (ア it イ cheerful ウ might be エ hard オ remain カ to) on a hot summer day if you're wearing a costume that covers you head to toe! There are rules to make sure cast members get enough breaks. To relax, they might come back downstairs to one of the break rooms.

Because of the tunnels, you won't see garbage trucks in the park emptying trash bins. (⑥), trash *gets sucked from the park down through twenty-inch pipes at speeds of up to sixty miles an hour. In the tunnels, you can sometimes hear trash flying by on its way to a central collection area.

There are also offices, storage areas, kitchens, a hair salon, makeup rooms, plus design and rehearsal spaces. The park's computer system, Digital Animation Control System (DACS), is here, too. It operates and monitors sound systems, Audio-Animatronic characters, and attractions. It helps make sure stage curtains open on time and parades are on schedule.

Delivery trucks arrive at the tunnels bringing both *merchandise and food that eventually *get distributed to the parks. Utility workers drive around on golf carts. The tunnels are a busy place!

Disney World：ディズニー・ワールド（フロリダ州にある世界最大のディズニーリゾート）
Magic Kingdom：マジック・キングダム（ディズニー・ワールドにある４つのディズニーパークのうちの１つ）
be modeled after：～をまねて作られている
Walt and Roy：ウォルト・ディズニー（弟）とロイ・ディズニー（兄）　soaring：そびえ立っている
turret：小塔　be inspired: 影響を受けている
a drawbridge and a waterfilled moat：可動式の橋や水濠　marble bricks：大理石のレンガ
attached to：～に取り付けられている　coated：覆われている
plaster and concrete：しっくいとコンクリート　lifted：持ち上げられた　federal law：連邦法
spoil：～を台無しにする　due to：～のおかげで　branch out to：～に分岐している
be acting out：～を演じている　Disneyland：（カリフォルニア州の）ディズニーランド
park in a lot：駐車場にとめる　the Mouseketeria：キャストメンバー専用の食堂の名称
amount to：（総量で）～に達する　get sucked：吸い込まれる　merchandise：商品
get distributed：分配される

問１（①），（⑥）に入る語句として最も適切なものをア～エから１つずつ選び，記号で答えなさい。なお，文頭の語も小文字で示してあります。

ア so　イ if　ウ for example　エ instead

問２　下線部②について，本文中で述べられている方法と効果をそれぞれ日本語で答えなさい。

問３　次の図はMagic Kingdomのsix landsの位置関係を簡易的に示したものです。Aの位置に当てはまるものをア～オから１つ選び，記号で答えなさい。

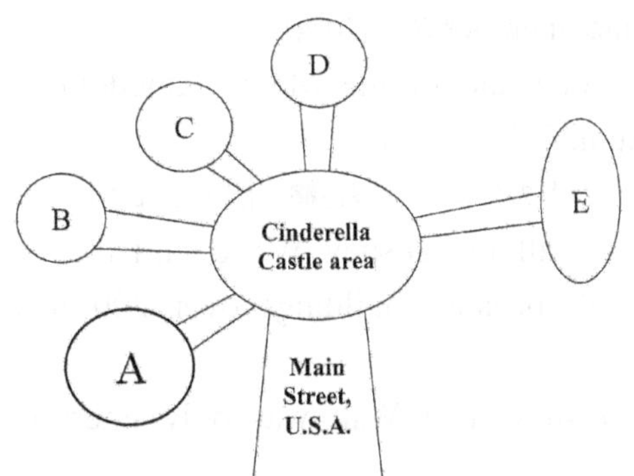

ア Fantasyland
イ Tomorrowland
ウ Adventureland
エ Frontierland
オ Liberty Square

問４　下線部③について，ゲストへのふるまい方として控えた方が良いことを，本文の内容に即して日本語で答えなさい。

問５　次の英文が入る最も適切な箇所を本文中の A ～ D から１つ選び，記号で答えなさい。

They walk through them to get to their lands so that guests don't see them.

問６　下線部④の本文中での意味として最も適切なものをア～エから１つ選び，記号で答えなさい。

ア marked with different colors to make it difficult for guests to know where they are in the tunnels

イ marked with different colors to make it easy for guests to know where they are in the tunnels

ウ marked with different colors to make it difficult for cast members to know where they are in the tunnels

エ marked with different colors to make it easy for cast members to know where they are in the tunnels

問7 下線部⑤が文脈に即した内容の英文になるように，（ ）内の語句を最も適切な順番に並べかえ，記号で答えなさい。

問8 次の英文は本文中の地下トンネルについてまとめたものです。本文の内容に即して，下線部ⓐ～ⓓの（ ）内に最も適切な1語を入れなさい。必ずしも本文中で使用されている語であるとは限りません。なお，最初の文字が与えられている場合はその指示に従いなさい。

Over seventy thousand cast members play important roles to make the ⓐ(_____) happen at Disney World. In order to ⓑ(k_____) the magical feeling, there are underground tunnels for cast members. In the Magic Kingdom, they use the tunnels to move around in so that park guests can only see the characters in the ⓒ(c____) lands. Also, trash is collected from the park through the pipes in the tunnels, so park guests don't see ⓓ(g____)(_____).

問9 本文に関する次の問いに，主語と動詞を含む指定された語数の英語で答えなさい。カンマ・ピリオドなどは語数に含めません。

1 Did Walt and Roy grow up in a Missouri town? ［3語］

2 How do most of the cast members at Disney World learn about Disney before they start working there? ［6語］

3 Why are Disney employees called cast members? ［10語］

4 How long does it take to walk from one end of the Magic Kingdom to the other end through the underground tunnels? ［4語］

問10 本文の内容と一致するものには○，一致しないものには×を解答欄に記入しなさい。

1 Magic Kingdom is the most popular of all the Disney World parks.

2 Cinderella Castle is under 200 feet tall because buildings over 200 feet tall are not allowed by federal law.

3 The six lands of the Magic Kingdom show that Walt was only interested in fairy tales and fantasy.

4 Cast members play the same role every day at Disney World.

5 Cast members can use one of the rooms under the Magic Kingdom to take a break.

6 In the Magic Kingdom, guests can see parades on time thanks to the underground computer system.

【３】 次のエッセイの段落(1)～(4)の下線部(a)～(d)には文法上の誤りが１ヶ所ずつあります。正しく訂正し，例にならって解答欄には訂正した語句のみを答えなさい。

（例題） He always (a)drives his car (b)more (c)careful than (d)anyone else in my office.

解答：carefully

(1) When I (a)was a college student (b)in 1990, I took a phonetic class, a class (c)which students learn about pronunciation. The professor of the class was (d)so kind that I enjoyed every lesson.

(2) One day he told us that there (a)would be a phonetic class by a world famous professor (b)which was going to be held at a university in London (c)during the summer vacation. I was not very interested in pronunciation, but I thought it could be a good chance to (d)go to abroad.

(3) I asked my parents to let me (a)to take the class. At first, they didn't say yes because it cost a lot to fly to the United Kingdom. Actually, my family was not very rich. When I almost gave up on the idea, my father came into my room. He told me that he would (b)lend me the money, and that I should give it back to him after I (c)graduated from university. Eventually, my parents allowed me (d)to go to London.

(4) The class was too difficult for me (a)to understand everything the teacher told us. I was told (b)to do a lot of homework, but everything was a lot of fun. I became more interested in (c)studying pronunciation. After I returned to Japan, I listened to a lot of audio on cassette tapes and practiced (d)to pronounce words and phrases in a British accent.

【4】 次の１～６の各組の英文がほぼ同じ意味になるように，（ ）内に適切な１語を入れなさい。

1 Shohei is a famous baseball player in Japan and America.
Shohei is a baseball player (　　) to many people in Japan and America.

2 When I was a high school student, I never went to bed early.
I would always stay (　　) late when I was a high school student.

3 I climbed Mt. Fuji with my friends ten years ago.
Ten years have (☆)(★) I climbed Mt. Fuji with my friends.

4 More people are exercising these days.
The (☆) of people who exercise (★) increasing these days.

5 The poor man had no food.
The poor man had (☆) to (★).

6 We ran the fastest of all the teams at the Tokyo High School Ekiden race this year.
(☆) other (★) ran as fast as we did at the Tokyo High School Ekiden race this year.

【5】 次のテーマに沿って，できるだけたくさんの英文を自由に書きなさい。囲み内の語句は英文を書くための参考です。これらの語句を使わなくてもかまいません。

英文のテーマ：英語を学んで実現させたいこと

accept	understand	work together
culture	foreigner	make friends
all over the world		

2　夫のように自分も長くは生きられないと悟り、遺言を託そうとしたから。
3　長年の連れ合いを突然殺された悲しみと恨みをぶつけようと思ったから。
4　今まで連れ添ってきた男を失った辛さを誰かに聞いてもらいたかったから。

問三　――線③を漢字に直すと次のどれになりますか。あてはまるものを選び、記号で答えなさい。

1　羽　2　浮　3　有　4　憂

問四　――線④の理由として最も適当なものを次の中から選び、記号で答えなさい。

1　おしどりが見せた愛することの尊さに心打たれたから。
2　今まで気づかなかった殺生の罪深さを思い知ったから。
3　あっけなく命が尽きるこの世の無常に嫌気がさしたから。
4　亡き雄鳥に執着し続ける雌鳥が哀れでならなかったから。

四　次の各問に答えなさい。

問一　次の①～⑦の文の――線のカタカナを漢字に直しなさい。

①　原子力利用のゼヒを問う。
②　民間船が領海をシンパンした。
③　マグロのヨウショクに成功した。
④　有名な詩歌をロウエイする。
⑤　注意をオコタってはならない。
⑥　心のオモムくままに行動する。
⑦　農産物の輸入をザンテイ的に制限する。

問二　次の四字熟語の□に入る漢字をそれぞれ記しなさい。

①　本末□倒…優先順位を誤ること。
②　大山□動…大騒ぎしたわりには結果が小さいこと。
③　森羅万□…宇宙間に存在するすべてのもの。

問四 Y に入る言葉を【Ⅱ】の文章の「ときどきに～心浅さよ」の中から5字で抜き出しなさい。

問五 【Ⅰ】の文章と【Ⅱ】の文章の関係として最も適当なものを次の中から選び、記号で答えなさい。

1 【Ⅱ】の文章は、【Ⅰ】の文章で述べた「『情緒的な世界』」が、色が対比されることで成り立つことを証明している。

2 【Ⅱ】の文章は、【Ⅰ】の文章で述べた「色名」の豊富さが、色彩の局限の世界の中でこそ際立つことを物語っている。

3 【Ⅱ】の文章は、【Ⅰ】の文章で述べた「色と言葉の関係」の奥深さを、『源氏物語』を用いて具体的に説明している。

4 【Ⅱ】の文章は、【Ⅰ】の文章で述べた「複雑多様」な色彩が、中世の幽玄の世界を発展させるさまを如実に表している。

三 次の文章を読んで、後の各問に答えなさい。

みちのく（福島県）に田村の郷の住人、馬の允（じょう）なにがし（なんとか）とかやいふをのこ（男）、鷹をつかひけるが、鳥を得ずしてむなしくかへりけるに、あかぬまといふ所に、※をしの一つがひゐたりけるを、※くるりをもちて射たりければ、あやまたず雄鳥に当たりてけり。そのをしをやがて（そのまま）そこにてとりかひて（鷹に餌として与えて）、餌がら（食べ残し）をば餌袋（鷹の餌袋）にいれて家にかへりぬ。そのつぎの夜の夢に、①いとな（とても）まめきたる（美しい）女のちひさやかなる（小柄な）、②枕にきてさめざめと泣きゐたり。あやしくて（不思議に思って）、「なに（なぜ）人のかく（このように）は泣くぞ」と問ひければ、「きのふあかぬまにて、させる（たいした）あやまりも侍らぬに、としごろ（長年）のをとこを殺し給へるかなしみにたへずして、参りてうれへ申すなり。この思ひによりてわが身もながらへ（生き長らえる）侍るまじきなり」とて、一首の歌をとなへて、泣く泣く去りにけり。

日暮るれば誘ひ（誘い合って共に過ごしたのに）しものをあか沼の※真菰（まこも）がくれの独り寝ぞ③うき

あはれにふしぎに思ふほどに、なか一日ありて後、餌がらを見ければ、餌袋にをしの妻鳥の、はしをおのがはしにくひかはして（雄のくちばしを自分のくちばしにくわえ合わせて）、死にてありけり。これを見て、かの馬の允、やがて※もとどりをきりて④出家してけり。

（『古今著聞集』橘成季の文による）

注 をし……おしどり。
くるり……水鳥や魚を射るための矢。
真菰……沼や川の水辺に群生するイネ科の多年草。
もとどり……頭頂部に束ねた髪。

問一 ――線①とは誰ですか。文中から5字で抜き出しなさい。

問二 ――線②の理由として最も適当なものを次の中から選び、記号で答えなさい。

1 伴侶（はんりょ）が殺されたのに、謝罪すらされない我が身を情けなく感じたから。

花もみじの華やかな美しさも充分に味わい尽くした今は、冬の夜の澄んだ月にちらちら降りかかる雪の、白ささえあやしくもうこの世のものではない色のない世界にきてしまった、すさまじいまでに純化された色なき色にまで来てしまった。それを心にとめない人の心浅さよ、となげく烈しいことばである。それをあわれと呼ぶには凄すぎる。『源氏物語』がここまで極限の色を映し出すとは思わなかった。しかしそれこそが色彩文学の到達する境地だと今思う。

「源氏物語は、(中略)色彩から「あはれ」が生み出される段階にまで色彩を高めてゆくことを可能ならしめた。その色彩はすべての色彩を含み、それを超えた色彩の局限の世界の［ Y ］であり、そこに無上の美的情趣としての「あはれ」がうまれるとしたのである。すなわち、文学において色彩というものがここまで至り得ることを知らされたと言えるのである。

源氏物語によって捉えられた「あはれ」の生まれる究極の色彩「［ Y ］」はやがて中世の幽玄の世界への※端緒となるのではないかと推測される」と。

「「あはれ」の色相」の章の中で※伊原さんは結んでいる。かねがね胸のどこかでは思っていたことではあっても、この伊原さんの導きがなければ到底考え及ばなかった。無彩色の白黒の領域からさらに色なき色にまであわれの世界を展開し、その文学の筆をすすめた作家が世界で唯一人、紫式部である。

(『野の果て』志村ふくみの文による)

注　端緒…物事の始まり。

伊原さん…伊原昭。国文学者。

問一　［ X ］に入る言葉として最も適当なものを次の中から選び、記号で答えなさい。

1　呼吸　　2　色　　3　死の世界　　4　生命

問二　――線とありますが、筆者は色をどのようなものと捉えていますか。【I】の文中から65字以上70字以内で抜き出し、はじめと終わりの5字を記しなさい。

問三　【I】の文章を次のようにまとめました。［　　］を40字以上50字以内で考えて記しなさい。

> 筆者は、『野の果て』を読む過程で、日常接する管理された「自然」とは異なる、「色の背後」にある自然界の存在をありありと感じ取った。
>
> ↓
>
> 染色家の志村さんは、色が人間の思考の領域を超えていること、見えない世界からのメッセージであるということを随所で語っている。
>
> ↓
>
> 色と言葉の関係は、自然および生命の表現としてさらに深く立ち入って考えるべきことだと気がついた。
>
> ↓
>
> 『野の果て』を読み終えて、人間を含めた全ての生命はうつろう存在であると同時につながりの中で存在するものであり、［　　］ということをまざまざと実感した。

と気がついた。人間は、とりわけ日本人は、見える自然界、見えない自然界、その両方から立ち現れる「色」に心打たれ、戸惑いながら、懸命にそれを布に写し、言葉に置き換えてきたのである。

〈中略〉

意外なことに、読み終わると『野の果て』という書物の全体から、「※色即是空(しきそくぜくう)」が※励起(れいき)してくる。「花は紅、柳は緑といわれるほど色を代表する植物の緑と花の色が染まらないということは、色即是空をそのまま物語っているようにも思われます」「咲き誇るあでやかな花の色のすぐ傍に、凋落(ちょうらく)のきざしがあるということでしょうか」。植物と向き合い、染めてみなければわからないことがある。その究極が、花から色は染まらない、ということと、葉の緑を染めることはできない、ということである。緑が染まる植物は存在しない。これは衝撃でもあるが、何やら腑(ふ)に落ちる。

今日も窓の外をみると緑に満ちている。目の前が栗畑で、ちょうど葉が茂る季節であり、葉は風に揺られて表と裏の異なる色を交互に豊かに見せている。それは植物の命の、光によって人間の目に見えるある種の経過点であり、固定された実体ではない、ということなのだ。全てが経過しうつろう。染めるとは、その「ある時点」の命を糸に移すことである。二度とやってこないその存在の、その時が、糸にしっかりと移る(映る、写る)のである。それは驚異であり、奇跡である。

(『「野の果て」の世界』田中優子の文による)

注　志村ふくみ…染色家・随筆家。
揺籃期…物事が発展する始めの時期。
縹色…明るい薄青色。
歌合…歌人を二組に分けて短歌を出し合って優劣を決める遊戯。
襲の色目…平安時代に用いられた、衣装の色の配合。
色即是空…仏教用語。すべて形のあるもの、物質的なものは、その本質においてはみな実体がないということ。
励起…科学用語。高い状態のエネルギーに移ること。

【Ⅱ】

「鈍色」、この微妙な衰退の表現、華やかな色から華やかさを抜きとってそこにひっそり匂っている色。あの華やかな宮廷生活があればこそ、悲愁の装いが、とくに光源氏をはじめ男性貴族の中にきわ立つのである。紫をして、滅紫(めっし)と誰が名づけたのか、紫根を染めていて、温度が六十度以上になると紫はほろびて鈍色になる。どこかに紫の余韻をのこした灰色、墨色である。文学上の造語ではない。歴(れっき)とした染色上の色なのである。紫式部の底知れない才能は色彩の上にも厳然と実証されている。王朝の華麗な色彩の物語である源氏は、終わりにあってあらゆる色を否定した白と黒、清浄と死の無彩色にゆきつき、色として完成させたような気がする。

〈中略〉

「ときどきにつけても、人の心を移すめる花紅葉の盛りよりも、冬の夜の澄める月に雪の光りあいたる空こそ、あやしう色なきものの身に染みて、この世のほかの事まで思い流され、おもしろさもあわれさも残らぬおりなれ。すさまじきためしに言いおきけん人の心浅さよ」(朝顔、故藤壷への回想)

ている」と表現する。

そのことの重大さをこの時、私は自分の問題として初めて受け止めたのだと思う。さらにそこで志村さんは色が人間の思考の領域を超えていること、見えない世界からのメッセージであることを、随所で語っておられた。考えてみれば、見えない世界から出現してまたそこに戻っていくのは、人間も同じである。生命はことごとくその向こう側の世界をもっていて、そこから一瞬、この世に現れ、生きて、消えていく。色と人は、同じく「空」なのであり、それは同時に、光も闇も含めた全てのつながりの中で存在しているのだということを、私は志村さんの書を読むたびに思い起こし、感じ取るのである。

読むたびに思うもう一つのことがある。それは「色」を表す言葉、つまり色名や、その表現のことだ。不覚にも私は「色名」というものに意味があり実体があると思っていた。江戸時代に生まれた言葉で「四十八茶百鼠」というのがある。実際に数えてみると茶色は七十五色名、鼠色は六十一色名あり、それを見分けられる江戸人の鋭い感性に感心していたのである。しかし本書でも志村さんはこう書いておられる。

> 楊梅、橡(団栗)、五倍子、榛、栃、梅、桜、蓬、現の証拠、薔薇、野草、およそ山野にある植物からすべてから鼠色は染め出せるのです。しかも一つとして同じ鼠はないのです。

自然界においては「同じ色」など実在しないのである。同じ色と違う色が分類できるから色には名前がつけられる。しかし同じ色が存在しないのなら色名は単なる「おおまかな指標」でしかない。不正確であるし、実体がない。では色名に意味はないのか。それについて志村さんはこう書く。「どんな名を冠しても、一つの情緒的な世界をかもし出すことが出来たのでしょう。夕顔鼠など、たそがれに白々と咲く夕顔に翳の射す情景を想像したのですが、その色は紫がかった茶鼠色なのです」と。色名と色の描写が、ここでは「情緒的な世界」と表現されているように、日本の古典文学には、色が多くのものをもたらしたのだった。それは本書の「日本の色」に見える。

とりわけ志村さんが注目したのが『源氏物語』である。いくつもの例を引いて、『源氏物語』の中の「なまめかし」について書いている。志村さんの「なまめかし」は、藍を染めている最中の実体験に基づいていた。それは「初染めの※縹色」で、「力が漲っている。艶である。清々しい。その時思わずなまめいてみえた」と。しかし『源氏物語』の「なまめかし」はそれを超えてさらに「複雑多様」であった。喪の色である「鈍色」。そこに『源氏物語』は「いとどなまめかしき」を見ている。「今までのはなやかな、艶々とした色彩が否定されていく」その対比が白黒の世界を際立たせ、「いとどなまめかしき」ものになるのだ。志村さんにとっても、もちろん読者にとっても、驚くべきことだ。

そこから考えると、色とは関係の中に立ち現れるものであり、色名もまた実際の色と一対一対応するものではなく、他の言葉との組み合わせで、多様な情感を構成するものであったろう。それは和歌に導かれた日本の文学の世界で熟成されてきた。私自身も、※歌合に使う色の表現や、物語における※襲の色目に関心を寄せてきたが、色と言葉の関係は自然および生命の表現として、さらに深く立ち入って考えるべきことだくみの言葉で言うところの「色の背後」にある「一すじの道」であり、色の背後にある「植物の生命」である。「本当の赤はこの世にない」と言う時の、「純粋無垢な赤」が存在する、この世の「背後」なのである。

それらの言葉で「説明」されるだけなら、私の胸は苦しくならなかっただろう。しかしある種の小説が、この世ならぬ存在をリアルに描写する時に、読者が恐怖しながらもその魅力に引き込まれるように、私は志村ふくみの染めの現場からありありと、その「　X　」を感じ取ってしまった。この書のあらゆる箇所にそれが潜んでいる。たとえば「一色一生」にはこういう文章がある。

……甘い物（麩、酒、水飴等）辛い物（石灰）を欲しがっている時が、藍の顔をみていると自然にわかるようになった。

朝夕静かに櫂を入れて攪拌すると、藍は心地よげに身をゆだね、思いがけぬ静穏がひととき訪れる。

……程よく温められた甕には、力のある艶々とした藍が健やかな香りを放ち、……

ここでは、染色家である志村ふくみが藍を建てているのではなく、「藍が」、その身を志村さんに委ねている。そこに糸を静かに入れると「糸は藍の中にひそみ、盛んな色素と香気を吸収」する。ここでは、志村さんが糸を染めているのではなく、「糸が」みずから藍甕の中に沈み、色と香りを吸収するのである。糸は引き上げられ空気に触れた瞬間、「目をみはるような鮮烈な緑」となる。さらに水で洗われて再び空気にふれると、涼しく深い藍色が「誕生」する。それを「健やかな子供の笑顔となって私にほほえんでくれた」と書く。ここで初めて志村さんの顔が見える。それは、藍染めの糸と向かい合って互いに微笑む「二人」である。

本書には人間以外の自然が躍動し、主体となり、主語となって動き、生きている。そういう状況に慣れない私の心はざわめき、時々その場を離れ、「落ち着けよ」と自分に言い聞かせる。

「かめのぞき」という一文では、藍は※揺籃期から晩年まで変貌し、最晩年には「かめのぞき」という色になる、とある。しかし「あっという間に短く燃え尽き、夭折してしまう甕もあれば、一朝毎に熟成し、薄紙をはぐように静かに老いてゆく甕」もあり、「その力を使い果たしてある朝忽然と色を無くした」甕もあったという。まさに藍が命として、本書の中で生き、寿命をまっとうする。

志村さんが染色を語るとき、主語は志村さんではない。色であり、糸であり、木々や葉や花や実や虫など、色や糸が出現するさまざまな植物・生物であり、その背後にある水と空気と土、つまり風土である。さらに言えば、その全体の向こうにある目に見えない「自然の理」である。

私がそれに気づいたのはつい最近のことで、二〇二一年に新版が刊行された鶴見和子さんとの対談本『いのちを纏う―色・織・きものの思想』（藤原書店）の「序」を書いた時だった。なんと遅かったのだろう。見れども見えず、読めども読めず、であった。そこで私は次のように書いている。

これらの言葉は、色や自然が「主体」である。「なりたがっている」「受ける苦しみ」「姿を隠す」など、主体として動詞をもっている。……「ひとりひとり」と言う。「主張」と言っている。「蓄え」「訴え

1　自分の恵まれた境遇に引け目を感じて、他人から褒められても素直に受け止められない強情な性格。

2　周りを気にしない大胆な行動を取るが、困っている人に救いの手を差し伸べる思いやりのある性格。

3　善悪の基準がはっきりしていて、他人と考えが違っても、自己のあるべき姿を求めていく芯(しん)の強い性格。

4　周囲への影響力があるのに、他人から評価されることに慣れておらず、賞賛されると戸惑ってしまう内気な性格。

問五　真央は四葉さんと関わることによって大きく変わりました。変化した真央の姿として最も適当なものを次の中から選び、記号で答えなさい。

1　他人から容姿をけなされても、ありのままの自分を誇れるようになった。

2　海外で暮らす自分を想像できるようになり、将来に対する展望が広がった。

3　店長の態度を変化させたことで、恵まれない境遇に立ち向かうようになった。

4　図書館で本を借りて読むようになって、人それぞれの人生があることを学んだ。

二　次の文章を読んで、後の各問に答えなさい。

【Ⅰ】

私は小説であろうと評論であろうと、すらすらと早く読み進める方だが、※志村ふくみさんの『野の果て』は数ページ読むと、その場を離れ、心を落ち着かせて呼吸を整え、再びその世界に入る、という読み方になった。

圧倒される、言葉が食い込んでくる、追い詰められる――いろいろ表現を探してみたが、どれも少しずつ違う。人が自然界の中で自分の命をつなげる必要に迫られたとき、こんなふうになるのではないか？

私は毎朝、近くの小高い丘にある林道を一時間ほど歩く。登り降りがあって息が切れる。同時に、全ての名はわからないほどのさまざまな木々や、季節の花々が目に入り、春からは数種類の鳥がにぎやかで、冷たい風、突然降りはじめる雨、道の残り雪など、それぞれの季節の道の違いに気をつけないと、滑りそうになる。

それは確かに「自然」ではあるが、所詮(しょせん)、行政の管理する公の林道で、私はあくまでも安全であり、他の歩行者ともすれ違う。登山も幾度か経験したが、これも登山ルートというもので管理され、スキーをしても範囲から外れるなと言われ、水泳をしても見守られている。

『野の果て』の言葉から離れて呼吸を整えているときに、突然そんなことを思い巡らしていた。私は『野の果て』を読みながら、そういう管理された「自然を楽しむ」という気分とは全く異なる自然に向き合っていたのである。自然を見る、愛(め)でる、その美しさを堪能するのと、自然界の一つ一つの命に、覚悟の上でとことん関わるのとでは、次元が異なる。私は森にいるのでも海中にいるのでもなく、書斎で本を読んでいたのであるが、そこにある言葉の一つ一つの力が、この世の向こう側に、自分を引き込むようであったのだ。

「あの世」とか死の世界、という意味ではない。それは自然界なのだが、私たちが日常に接する目に見える自然界であるだけでなく、志村ふ四葉さんと話していると、真央は自分にそんなに詳しくないことがわかる。何が好きで、嫌いで、どういう風になりたいか。そもそも余裕をもって、自分と向き合う時間など、これまでの人生にまったくなかった。四葉さんは自分をよく知っているようだった。何ができて、何ができないか、熟知しているようだった。だから、いつも落ち着いているのかもしれない。なんでも出来る超人よりも、真央にはそっちの方がかっこいいと思った。

にもかかわらず、彼女と一緒にいても、嫉妬を感じることはなかった。それは四葉さんがおばさんだからだろうか。ふいに彼女は真剣な顔になった。

「私なんかより、あなたの方がずっとずっと素晴らしいわ。真央さんは素晴らしい人間よ。真央さんを見てると、自分が恥ずかしくなるのよ。恵まれているのに気がつかず、世間知らずで、なにも学ばず、何ひとつ成し遂げられないまま、こんな年齢になってしまったの。真央さんみたいに聡明で思いやりがあって、自立していて、地に足がついた女性を、他に見たことがないわ。なによりも、とても努力家よ」

と、四葉さんは言った。平気で嘘をつく人なのに、真央はその時、彼女が本心を言っているのがわかった。

年上の女性はみんな真央を褒めてくれる。ありがたいが、そこには同情が滲(にじ)んでいる。でも、四葉さんからは真央へのまっすぐな※リスペクトだけが感じられた。四葉さんは真央を自分より上の人間とみなしているところがある。そうだ、真央はずっとひとりで頑張ってきた。目の奥が熱くなった。

（『オール・ノット』柚木麻子の文による）

注　バブル期…一九八〇年代後半に起こった好景気の時代。
昼間と同じように蓄積された冷え…昼間に冷房が効いた店内で身体が冷えてしまっていた。
おばさん…四葉さんのこと。
揶揄…からかうこと。
アフタヌーンティー…軽食。
みつばさん…四葉さんの祖母。
TOEIC…国際コミュニケーション英語能力テスト。
リスペクト…尊敬すること。

問一　――線①とありますが、「新生活」のありようを述べた次の中から最も適当なものを選び、記号で答えなさい。

1　憧れていた学生生活とは全く異なり、アルバイトし続ける現実の厳しさに疲れ果ててしまっている。
2　将来まで重くのしかかる授業料がいつも気になり、夢を叶(かな)えることができなくなってしまっている。
3　就職しなくてはならない事情を抱える生活の中で、徐々に感受性がすり減っていってしまっている。
4　毎月の生活費に追い立てられる焦りと不安から、日々を楽しむことができなくなってしまっている。

問二　――線②とありますが、どんな「時間」ですか。文中から10字以内で抜き出しなさい。

問三　===線とありますが、四葉さんはなぜこのようなことを行ったのでしょう。30字以上40字以内で記しなさい。

問四　本文からうかがえる四葉さんの性格として最も適当なものを次の中から選び、記号で答えなさい。

ンドイッチを真央のためにせっせと作ってきてくれていた。
「真央さんは英国式の※アフタヌーンティーに出てくるようなお菓子が、本当に好きなのねえ。スコーンやビスケットが出てくる小説があるの。読んでみる?」

四葉さんは英国の小説を次々にすすめてくれた。気付いたら、いろんな本を教えてもらっていて、真央は図書館で借りて読むようになっていた。アガサ・クリスティーもイアン・マキューアンもカズオ・イシグロも初めて読んだ。思ったより全然難しくないし、謎解きの要素が入るせいか、ページを捲る手が止まらない。なにかの拍子に観光学部だと告げたら、四葉さんはさらっとこういった。

「将来、ホテルに就職したら、きっと社員割引でアフタヌーンティーが楽しめるわねえ。私は小さな頃から祖母のおともで世界中いろんなホテルのアフタヌーンティーに通っていたから、詳しいのよ」

彼女はそんな話をいくらでもしてくれる。休み時間に二人で業務用パソコンであれこれ検索した。※みつばさんが大好きだったという、日本橋にある、アフタヌーンティーが評判の老舗ホテルを調べるうちに、いつのまにか、真央の第一志望は決まっていた。社員寮もあり、福利厚生も整っている。

「ロンドンにも支店があるのよね。このホテル。エリザベス女王も訪れたことで有名なのよ。真央さんみたいに、どんな場所でも頑張れる人なら、案外そっちでも働けたりして」

という四葉さんの言葉が決定打になったのだ。

日本じゃない場所で暮らしている自分なんてこれまで一度も想像したことがなかった。この国から遠く離れたところで、いちから人間関係や人生を構築できたら、どんなにいいだろう。少なくとも、※TOEICで高い点数をとると就職に有利なのは間違いない。真央は四葉さんの勧めてくれたラジオ番組で、その日から勉強を始めることにした。

奨学金返済から逆算して選んだだけの学部だけれど、多少なりとも、自分の興味のある分野に引き寄せただけで、真央の卑屈な気持ちは解けていった。

アフタヌーンティーが出てくる本の中だと、児童書でわかりやすいせいもあってバーネットの「小公女」を一番気に入っている。休憩時間に気になった箇所を開いて、四葉さんに見せた。

「生まれつき心のひろい人は、自分のもちものをおしみなく人にわかちあたえるだけではなく、その心をもわかちあたえる。だから、なにもあたえる品物がないときでも、その人の心はいつもゆたかであるから、心をふんだんにわかちあたえることができるのだ……。つまりあたたかい、親切な助言やら、なぐさめやら、わらいやらである。……ときには、あかるい、心からのわらいがなによりもありがたいことがあるものなのだ」

これって四葉さんのことみたい、と真央が笑うと、四葉さんは少し複雑な顔をした。

「心が広いねえ、うーん。でも、私はたまたま恵まれていただけ。すすめておいてなんだけれど、主人公のセーラもそうだけれど作者のバーネットも、生まれつきの貧富の差や人種差別について鈍感なところがあるし……」

そんな風に眉を寄せる四葉さんもまた、褒められると必ず自分を厳しく振り返るセーラっぽいと思うのだ。

店長が、
「あ、どうも、お疲れ様。宮元さんだったっけ？」
と、頭を下げるようになったことだろうか。真央が四葉さんといつも一緒にいるせいで、ぞんざいに扱ってはまずい、と判断するようになったのかな、と思い至ったが、すぐに忘れてしまった。
四葉さんが作ってきてくれるサンドイッチのおかげで真央は、きゅうりって美味しいな、と思うようになった。口がさっぱりして、体温がすうっと下がる気がする。四葉さんの作るサンドイッチは芸術品のようで真似する気にはなれないが、この辺にはいくらでもある無人野菜販売所できゅうりを安く買いだめし、塩をかけてバリバリと食べるようになった。頭がすっきりして、いつもより夜風が涼やかに感じられた。四葉さんが毎日のようにもってきてくれる、手作りのビスケットやスコーンやパウンドケーキのおかげで、市販のお菓子にお金を使うことも少なくなった。
ただ、ひっかかることは逆に増えたかもしれない。清掃のアルバイトで一緒になるベテランのおじさんに「ブス」とか「デブ」と暴言を吐かれることを、仕方ないや、と真央はそれまで聞き流していたのだが、ある時から、我慢がならないほど腹立たしく感じるようになった。すぐに、四葉さんのくれたアドバイスを実行した。
ビジネスホテルを統括するグループの総務部にメールした。御社の系列ホテルを出張でよく利用する、九州の某総合商社の営業部員だと名乗った。何故御社を利用するかといえば、自分で選んだわけではなく、入社以来、先輩たちが東京に行く時は、みんなそうしていたからで、我が社の伝統のようなものである。横浜での接待が多いのでいつも一泊多めに宿泊し、昼過ぎまで寝てからチェックアウトしている。そのため、周囲の部屋は清掃に入っていることが多いが、これまでしゃべり声や物音が気になったことはない。しかし○○駅近くの△△店でのみ、これまで計五回、ベテランの従業員がアルバイトを怒鳴りつける声を聞いて、叩き起こされた。容姿を※揶揄（やゆ）する汚い言葉で声のボリュームも大きかった。以来、不眠に悩まされている。これ以上続くようだと、もう御社のホテルは利用しないし、我が社の総務部を通して、関東に出張する社員の宿泊を控えるよう、進言するつもりだ、と書いた。
その週末から、真央はおじさんとバイト先で顔をあわせることはなくなった。
夏休みのせいだからではない。②真央には時間ができた。相変わらずアルバイトばかりの日々だけれど、心にふっと涼やかな風が吹き込む瞬間がある。そんな時、真央は何をするでもなかった。網戸からの夜風を感じたり、ぼんやりと家の前のトマト畑を眺めたりした。
五十嵐さんからひっきりなしにラインが来て困っているという若いパートさんがいると杉下さんから聞いて、真央は四葉さんを社員食堂まで引っ張ってきた。杉下さんもその真央と年齢のあまり変わらない既婚のパートさんも、一匹狼の四葉さんが、親身に相談に乗ってくれることに驚いたようで、真央は得意になった。黙って話を聞いていただけの彼女がその後、何をしたのかはわからずじまいだが、五十嵐店長のセクハラやパワハラは今やもうほとんど見ることはない。
バックヤードは前よりも片付いている。店内の空調は穏やかで、心なしか、客の数が増えた。発注数や商品の並べ方も、四葉さんの意見が取り入れられているということだった。その間も、四葉さんはお菓子やサんだろう。

八月に入ってメディアセンターが閉まったら、漫画喫茶に通うことになる。その出費に真央は今から身構えていた。

お茶は手作りしペットボトルで持ち歩く。スーパーで閉店後に廃棄が決まった惣菜をもらえるだけもらい、タッパーに詰めなおす。ご飯は鍋でたくさん炊いて一膳分ずつラップして冷凍する。アルバイト先にも学食にもそれを持って行く。サークルには入っていないし、ゼミの飲み会にはまれに誘われてもいかない。新宿をぶらついたことが一度あるだけで、渋谷にも池袋にもまだ行ったことがない。高校時代からの色あせたGU数枚を着まわし、毎晩シャワーを浴びる時に、身体をすべり落ちた湯を溜めておいて、石鹸で手洗いし、部屋干ししている。

そこまで生活費を切り詰めても四万八千円の家賃と合わせたら、毎月の支出が十万円に届きそうな時がある。真央は仕送りをもらわず、スーパーマーケットの時給のいい早朝と夕方の品出し、週末のビジネスホテルの清掃業務で生活費を捻出していた。体力には自信があるのでもっとバイトを増やすこともできるが、勤労学生控除限度額の百三十万円を超えないように、稼ぎすぎた翌月はシフトを減らし調整している。

大学の授業料は、毎月、日本学生支援機構から振り込まれる十万円の奨学金でまかなっている。授業に出て提出物さえ間に合わせれば、比較的楽に卒業できる学部だとしても、平日は週五回、授業の始まる前の朝六時半から八時半、週四回は夕方五時半から閉店まで働くとなると時々、ただ横になっていたい朝が訪れる。

そんな時は、敷きっぱなしの布団に日がな一日横たわっていた、母の透けそうなほどきゃしゃな身体を思い出す。枕元にいつも置いてある袋詰め個包装のチョコレート菓子を入るだけ口に押し込んで、真央は瞼を無理に押し上げる。四年間で借りることになる奨学金四百八十万円の返済が常に頭にあった。来年は絶対に内定を得ないといけない。毎月二万二百八十三円を返済できるだけの給与がもらえるサービス業に絶対に就かないといけない。

お茶を貰った日から、真央はバイト中、※おばさんに注目するようになった。

いくつかわかったことがある。普通の派遣会社からやってくる試食販売のマネキンさんは数日で居なくなるのに、おばさんはこの一ヵ月、酒類売り場と乳製品売り場をつなぐ通路にずっと立っていること。そして、どの商品にも勝手にひと手間加えて売っていることだ。

新発売のクラッカーには薄切りのオレンジ色のチーズやジャムを載せ、どうやら自宅から持ってきたらしいハーブを彩りよく飾っていたのはまだいいとして、冷たいコーンポタージュに生クリームを足しているのは、さすがによくないのでは、と真央は思った。アイスココアも温めて、塩やスパイスやバターを足しているのも見た。

不思議なのが、試食がきっかけで商品を購入した客から、クレームが来る様子がないことだ。一見、人畜無害なのに、おばさんはズルすることになんの罪悪感も抱いていない風だった。

そういえば、真央が彼女の前で「寒」とつぶやいたあの日から、店の温度がいくぶん上がったというか、風がやわらかくなったのだが、気のせいだろうか。

〈中略〉

変化は小さなものだがじわじわと始まっていた。きっかけは、五十嵐

【国　語】（五〇分）〈満点：一〇〇点〉

【注意】１　解答の字数は、句読点・符号も一字と数えること。
２　設問の都合上、原文の一部に変更あり。

一　次の文章を読んで、後の各問に答えなさい。

その晩、真央はスマホで「国内テーマパークのアジア圏からの観光客誘致の展望」のレポートを打っている最中に、ふと、思いついて、背もたれ代わりにしていた三つ折りの敷き布団から身を起こした。奨学金説明会でもらった大学ロゴマーク入りのマグカップに、麦茶を注いでチンしてみることにする。ブーンというファンの音を打ち負かすように、網戸越しの窓からはひっきりなしに蛙の鳴き声がする。家の前では大家さんがトマトを育てている。いつかは赤くなるのかと思って見ていたが、ずっと緑色のままだ。

多摩川を越え横浜の少し手前、山を切り開いてつくったこの街は雑木林と畑ばかりで、水底の石が見えるほど澄んだ川に貫かれている。急行は停まらないが隣駅は巨大ターミナル駅で、新宿までは各駅停車で四十分という利便性のため、※バブル期には集合住宅やマンションがゆるやかな丘陵を埋め尽くした。その住民の多くが今は高齢となり、生活の気配は緑に飲み込まれ、真央の生まれ育った九州の工業地帯の方がまだ栄えているような気がする。このアパートから自転車で二十分のところにある新設キャンパスも、名前の通った私立大学なのに、その存在を世間に知られていなかった。

一分半して電子レンジが鳴った。火傷しないように取っ手を持って熱いマグに息をふうふう吹きかけた。部屋にエアコンはなく、汗びっしょりで目が覚めることも多いのに、一口飲むと、※昼間と同じように蓄積された冷えが浮かび上がり、端からじんわりと溶けていく。背中のこわばりがふっと消えて、思わず腕をぐるぐると回した。

電子レンジも扇風機も冷蔵庫も暖房も、教科書さえも、同じ大学の就職が決まった先輩たちからタダで譲り受けた。去年の六月まで暮らしていたシェアハウスのメンバーが、同じ居酒屋のバイト仲間だったという彼女たちを紹介してくれた。

①高校三年の春休みにホームセンターのアルバイトで貯めたお金とそれまでの貯金は入学金で消えてしまい、一人暮らしの資金がないまま、着の身着のままで上京して、新生活かスタートした。

わずか八畳のアパートでの同じような年齢の女子四人の共同生活は、それぞれのプライバシーとシャワーの使用時間を死守するのに必死で、それ以上の付き合いは生まれなかったが、互いの情報には助けられた。真央もお返しに、今働いているスーパーの系列店が不定期に募集している梱包作業のアルバイト情報を教えた。それでも、敷金礼金が貯まり、今の部屋を見つけるや否や、真央はいちもくさんにそこを飛び出し、LINEグループも退会した。

パソコンだけはどこからも譲ってもらえなかったので、昼間は大学のメディアセンターのものを使っている。自宅ではこうしてスマホでレポートを書き、自分宛のメールにテキストを貼り付け送信し、またメディアセンターで続きを書き足して、教授とやりとりしている。二千円もする自著を教科書に指定し、古本として流通させないために、毎年版を重ねるタイミングで言い回しを少しずつ変えていることで有名な五十代の教授は、パソコンが買えない学生がいるなんて想像したこともない

2024年度

解　答　と　解　説

《2024年度の配点は解答欄に掲載してあります。》

＜数学解答＞

1　(1)　$\frac{48}{5}$　(2)　$\frac{-2x+1}{3}$　(3)　$-\frac{108x^2}{yz^4}$　(4)　-3　(5)　$(x+2y-2)(x-2y+2)$
(6)　$\pm\frac{1}{2}$　(7)　ア　$-\frac{24}{5}$　イ　$\frac{12}{5}$　(8)　ア　62　イ　34.5　(9)　2
(10)　ア　$36\sqrt{2}$　イ　$6\sqrt{2}$

2　(1)　点C　(2)　6π　(3)　12回　(4)　$96\pi+144\sqrt{3}-432$

3　ア　$n+m$　イ　$n-m$　ウ　＜　エ　$2n$　オ　$2^3\times11\times23$　カ　4
キ　505，251，35，1

4　(1)　$a=2$　(2)　$y=3x+5$　(3)　$\frac{21}{2}$　(4)　1，$\frac{3+\sqrt{97}}{4}$，$\frac{3-\sqrt{97}}{4}$

○推定配点○
1　(7)・(8)・(10)　各2点×6　他　各4点×7　2　各5点×4
3　ア・イ　各2点×2　ウ～カ　各3点×4　キ　4点(完答)　4　各5点×4((4)完答)
計100点

＜数学解説＞

基本　1　(数・式の計算，平方根の計算，式の値，因数分解，二次方程式の計算，一次関数の変域，データの活用，平面・立体図形の計量)

(1)　まず，$(-1.2)^3=\left(-\frac{6}{5}\right)^3=-\frac{2^3\times3^3}{5^3}$であるから，$(-1.2)^3\div\frac{9}{2}\times(-5^2)=-\frac{2^3\times3^3}{5^3}\times\frac{2}{3^2}\times(-5^2)=\frac{2^4\times3}{5}=\frac{48}{5}$

(2)　$\frac{2x-1}{2}+\frac{2-3x}{3}-\frac{4x-1}{6}=\frac{1}{6}\{3(2x-1)+2(2-3x)-(4x-1)\}=\frac{1}{6}(-4x+2)=\frac{-2x+1}{3}$

(3)　$\left(\frac{-2x}{y}\right)^4\times\left(\frac{3y}{-z^2}\right)^3\times\left(\frac{z}{2x}\right)^2=\frac{2^4\times x^4}{y^4}\times\left(-\frac{3^3\times y^3}{z^6}\right)\times\frac{z^2}{2^2\times x^2}=-\frac{2^2\times3^3\times x^2}{y\times z^4}=-\frac{108x^2}{yz^4}$

重要　(4)　$x^2+y^2+6xy=(x+y)^2+4xy$…①　ここで，$x+y=\frac{1+\sqrt{5}}{2}+\frac{1-\sqrt{5}}{2}=1$，$xy=\frac{1+\sqrt{5}}{2}\times\frac{1-\sqrt{5}}{2}=\frac{-4}{4}=-1$より，①$=1^2+4\times(-1)=-3$

重要　(5)　$x^2-4y^2+8y-4=x^2-4(y^2-2y+1)=x^2-\{2(y-1)\}^2=\{x+2(y-1)\}\{x-2(y-1)\}=(x+2y-2)(x-2y+2)$

(6)　$\frac{1}{2}(2x+1)^2-4x=-(2x-1)$　両辺を2倍して，$(2x+1)^2-8x=-2(2x-1)$　展開・整理して，$4x^2-1=0$　左辺を因数分解して，$(2x+1)(2x-1)=0$　ゆえに，$x=\pm\frac{1}{2}$

(7)　右図のように，直線$y=-3x+b$は2点$(-4,\ -3a)$，$(b,\ a)$を通る。$y=-3x+b$に，$x=-4$，$y=-3a$を代入して整理すると，$-3a-b=12$…①　$x=b$，$y=a$を代入して整理すると，$a+2b=0$…②　①×2＋②より，$-5a=24$　$a=-\frac{24}{5}$　これを，②に代入して，$-\frac{24}{5}+2b=0$　$b=\frac{12}{5}$

基本 (8) データを小さい方から並べると，41，55，55，60，62，73，87，92，98となる。9個のデータの中央値は，小さい方から5番目の得点だから62点。次に，(四分位範囲)＝(第3四分位数)－(第1四分位数)…① ここで，第3四分位数は小さい方から7番目と8番目の平均得点だから$\frac{87+92}{2}$＝89.5点，第1四分位数は小さい方から2番目と3番目の平均得点だから$\frac{55+55}{2}$＝55点である。よって，①＝89.5－55＝34.5(点)

重要 (9) 三平方の定理より，BC＝$\sqrt{5^2+12^2}=\sqrt{169}=13$ 円の中心をOとする。右図のように，OからAB，BC，CAに垂線OP，OQ，ORを引く。OP＝OQ＝OR＝rとおく。△OAB＋△OBC＋△OCA＝△ABCであるから，$\frac{r}{2}(12+13+5)=\frac{1}{2}\times5\times12$ これを解いて，$r=2$

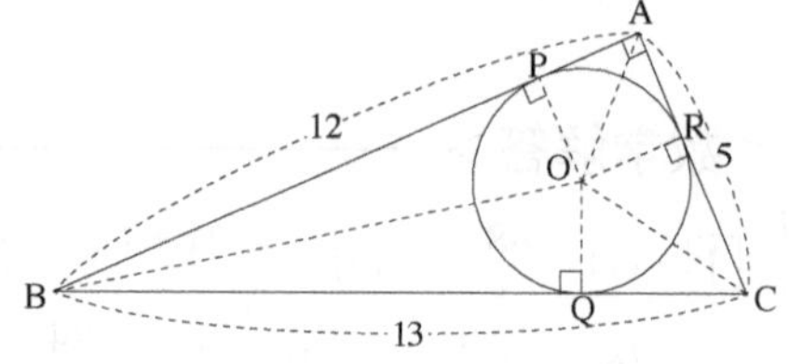

重要 (10) 対角線ACとBDの交点をHとすると，OH⊥面ABCDである。△OAHで三平方の定理より，OH＝$\sqrt{OA^2-AH^2}=\sqrt{6^2-(3\sqrt{2})^2}=3\sqrt{2}$ 正四角錐O－ABCD＝$\frac{1}{3}$×(正方形ABCD)×OH＝$\frac{1}{3}\times6^2\times3\sqrt{2}=36\sqrt{2}$ 次に，△AQDの面積は四角形ABCDの面積の$\frac{1}{3}$，三角錐P－AQDの高さはO－ABCDの高さの$\frac{1}{2}$であるから，三角錐P－AQD＝正四角錐O－ABCD×$\frac{1}{3}\times\frac{1}{2}=36\sqrt{2}\times\frac{1}{3}\times\frac{1}{2}=6\sqrt{2}$

2 (平面図形の計量－回転移動)

基本 (1) 下図は，正三角形PQRが1回から4回移動したときの図である(点線は1回前の正三角形PQRを示している)。図から，初めから4回移動したとき，頂点Pは点Cの位置に移動する。

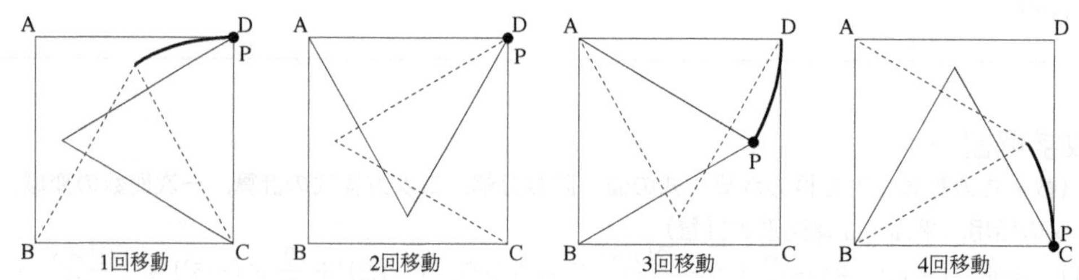

重要 (2) 求める長さは，図の3か所の太線の和である。つまり，半径12，中心角30°のおうぎ形の弧の長さ3つ分であるから，$3\times2\pi\times12\times\frac{30}{360}=6\pi$

基本 (3) 下図は，正三角形PQRが5回から12回移動したときの図である(点線は1回前の正三角形PQRを示している)。図から，点Pが初めて元の位置に戻るのは，初めから12回移動したときである。

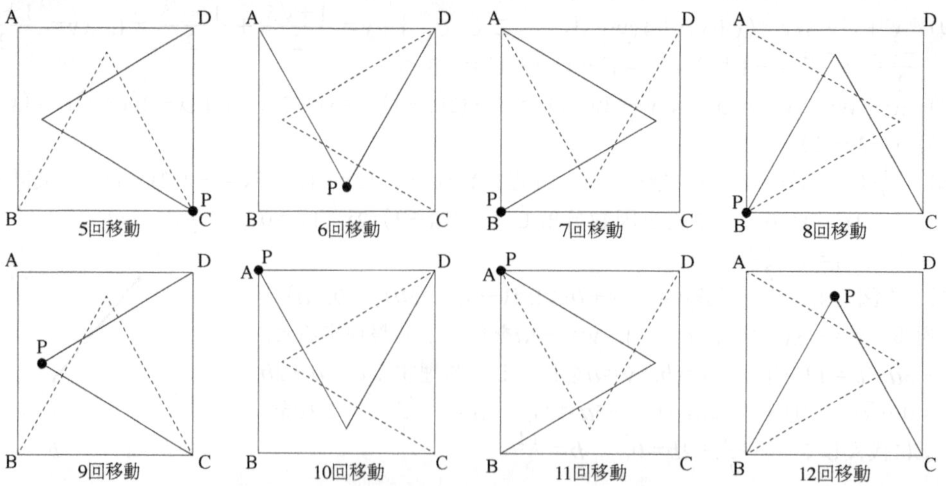

やや難 (4)　求める図形は，右図の斜線部分となる。まず，3点A，D，Eで囲まれた部分の図形の面積は，(正方形ABCD)−{(正三角形EBC)+(おうぎ形ABE)+(おうぎ形DCE)}$=12^2-\left(\frac{\sqrt{3}}{4}\times12^2+2\times\pi\times12^2\times\frac{30}{360}\right)=144-36\sqrt{3}-24\pi$　よって，求める図形の面積は，(正方形ABCD)$-4\times(144-36\sqrt{3}-24\pi)=96\pi+144\sqrt{3}-432$

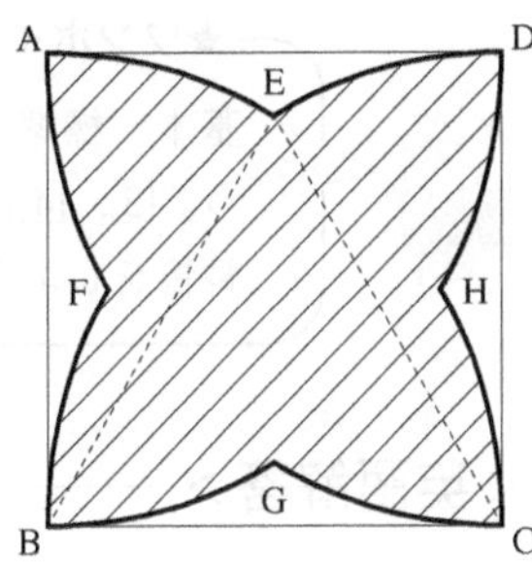

重要 **3** **(数の性質)**

ア，イ　$m^2+2024=n^2$　移項して，$n^2-m^2=2024$　左辺を因数分解して，$(n+m)(n-m)=2024$　ウ　$n^2-m^2=2024(>0)$より，$m^2<n^2$である。ここで，m，nは正の整数であるから，$\sqrt{m^2}<\sqrt{n^2}$として，$m<n$となる。
エ　$(n+m)+(n-m)=2n$　オ　$2024=2^3\times11\times23$　カ　$(n+\mathrm{m},\ n-\mathrm{m})=(1012,\ 2)$，$(506,\ 4)$，$(92,\ 22)$，$(46,\ 44)$の4個　キ　連立して解くと，$\begin{cases}n+m=1012\\n-m=2\end{cases}$ ∴$\begin{cases}m=505\\n=507\end{cases}$，
$\begin{cases}n+m=506\\n-m=4\end{cases}$ ∴$\begin{cases}m=251\\n=255\end{cases}$，$\begin{cases}n+m=92\\n-m=22\end{cases}$ ∴$\begin{cases}m=35\\n=57\end{cases}$，$\begin{cases}n+m=46\\n-m=44\end{cases}$ ∴$\begin{cases}m=1\\n=45\end{cases}$

以上より，$m=505$，251，35，1

4 **(図形と関数・グラフの融合問題)**

基本 (1)，(2)　2点A，Bは$y=ax^2$上の点であるから，A$(-1,\ a)$，B$\left(\frac{5}{2},\ \frac{25}{4}a\right)$と表せる。直線ABの傾きが3であるから，ABの式は，$y=3x+b$とおける。$x=-1$，$y=a$を代入して，$a=-3+b$…①　$x=\frac{5}{2}$，$y=\frac{25}{4}a$を代入して，$\frac{25}{4}a=\frac{15}{2}+b$…②　②−①より，$\frac{21}{4}a=\frac{21}{2}$　$a=2$　これを①に代入して，$2=-3+b$　$b=5$　よって，ABの式は，$y=3x+5$

重要 (3)　$y=2x^2$に$x=\frac{1}{2}$を代入すると$y=\frac{1}{2}$　∴P$\left(\frac{1}{2},\ \frac{1}{2}\right)$　直線AB上の点でx座標が$\frac{1}{2}$である点をCとおくと，C$\left(\frac{1}{2},\ \frac{13}{2}\right)$　よって，$\triangle\mathrm{PAB}=\frac{1}{2}\times\left(\frac{13}{2}-\frac{1}{2}\right)\times\left\{\frac{5}{2}-(-1)\right\}=\frac{1}{2}\times6\times\frac{7}{2}=\frac{21}{2}$

やや難 (4)　まず直線ABの下側に，点Pを通り，直線ABに平行な直線(ℓ_1とおく)を引く。ℓ_1と$y=2x^2$との交点がQである。ℓ_1の式を，$y=3x+c$とおいて，$x=\frac{1}{2}$，$y=\frac{1}{2}$を代入すると，$\frac{1}{2}=\frac{3}{2}+c$　$c=-1$　よって，ℓ_1の式は，$y=3x-1$となる。これと，$y=2x^2$を連立して，$2x^2-3x+1=0$　左辺を因数分解して，$(2x-1)(x-1)=0$　$x\neq\frac{1}{2}$より，$x=1$　次に，直線ABの上側に，点$\left(\frac{1}{2},\ \frac{25}{2}\right)$を通り，直線ABに平行な直線($\ell_2$とおく)を引く。$\ell_2$と$y=2x^2$との2つの交点がQとなる。$\ell_2$の式を，$y=3x+d$とおいて，$x=\frac{1}{2}$，$y=\frac{25}{2}$を代入すると，$\frac{25}{2}=\frac{3}{2}+d$　$d=11$　よって，ℓ_2の式は，$y=3x+11$となる。これと，$y=2x^2$を連立して，$2x^2-3x-11=0$　二次方程式の解の公式より，$x=\frac{-(-3)\pm\sqrt{(-3)^2-4\times2\times(-11)}}{2\times2}$　$x=\frac{3\pm\sqrt{97}}{4}$

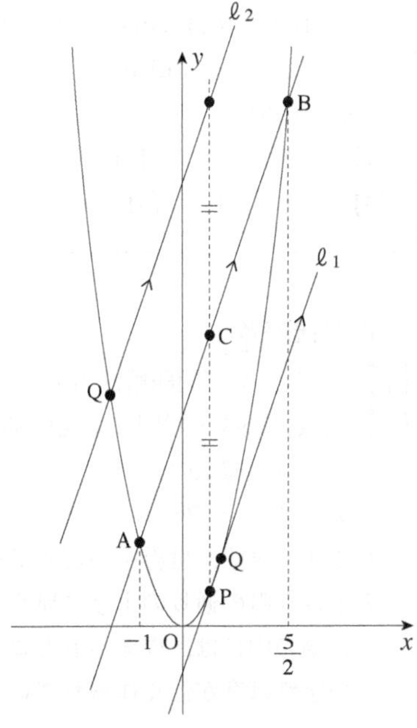

★ワンポイントアドバイス★

基本～標準レベルの問題が出題されている。①，②の基本問題を確実に正解しよう。③，④は上手く誘導に乗って解答しよう。記述問題では，要領よく答案を書く練習をしよう。

＜英語解答＞

【1】 第1部 No. 1 2 No. 2 1 No. 3 3 第2部 No. 1 4 No. 2 2 No. 3 2
第3部 No. 1 (To make space for) shoes (.) No. 2 (Because the) crime rate (in Japan is) lower (than that of other countries.) No. 3 Technology (has.) No. 4 Yes (,) it is (.)

【2】 問1 ① ア ⑥ エ 問2 (方法) 高い所にあるレンガや窓が下の方より小さくなっている。(効果) 城が実際よりも高く見えるように錯覚させる。 問3 ウ
問4 ゲストに道順を教えるのに，一本指で道を指すこと。 問5 A 問6 エ
問7 エ→ア→ウ→カ→オ→イ 問8 ⓐ magic ⓑ keep ⓒ correct
ⓓ garbage trucks 問9 1 Yes, they did. 2 They take classes at Disney University. 3 Because Walt wanted them to think of themselves as actors. [Because they are considered to be acting out a role.] 4 It takes ten minutes.
問10 1 ○ 2 × 3 × 4 × 5 ○ 6 ○

【3】 (1) in which (2) go abroad (3) take (4) pronouncing

【4】 1 known 2 up 3 passed, since 4 number, is 5 nothing, eat
6 No, team

【5】 (例) I want people all over the world to know about Japanese tea ceremony. I am in the tea ceremony club. In our club, we sometimes invite foreigners to join us and we serve them matcha. It is difficult to explain how to drink tea in English, but I feel very happy when the guests understand my English and learn about Japanese culture.

○推定配点○

【1】 各2点×10 【2】 問10 各3点×6 他 各2点×17(問7，問8ⓓ各完答)
【3】 各2点×4 【4】 各2点×6 【5】 8点 計100点

＜英語解説＞

【1】 リスニング問題解説省略。

【2】 (長文読解・説明文：語句補充，内容吟味，英文挿入，語句整序)

(全訳) 魔法の王国

ディズニー ワールドのすべてのパークの中で，マジックキングダムには最も多くの観光客が訪れます。実際，世界中のどのテーマパークよりも多くの来場者が毎年訪れます。1900年のアメリカの小さな町の通りのように見えるメインストリート USAで入ります。

建物の中には，ウォルトとロイが育ったミズーリ州の町をモデルにしたものもあります。通り沿いの店舗は窓が低く作られている(①)ので，子どもたちが中を覗くことができます。ここでは鉄道

に乗ってマジックキングダムを巡ることができます。赤い電車はウォルトにちなんで名付けられました。緑色のものはリリー・ベルで，妻の名前にちなんで名付けられました。

メインストリートの一番端には，ロイヤルブルーとゴールドの27の塔と4つの塔がそびえ立つシンデレラ城が立っています。ヨーロッパの城からインスピレーションを得たもので，跳ね橋と水を張った堀があります。「大理石レンガ」は石のように見えますが，実際にはガラス繊維のパネルを鉄骨フレームに取り付け，しっくいとコンクリートでコーティングしたものです。塔は地面に建てられ，その後クレーンで所定の位置に持ち上げられました。

連邦法では，飛行の安全のため，高さ200フィートを超える建物には上部に赤色の点滅ライトを表示する必要があると定めています。それはおとぎ話の効果を台無しにしてしまうため，シンデレラ城の高さはわずか189フィートです。ただし，②強制遠近法を使用しているため，はるかに高く見えます。上の「レンガ」と窓は，下のものよりも小さいです。これにより，あなたの目は城が実際よりもはるかに高く見えるように騙されます。

シンデレラ城エリアからは，マジックキングダムの6つの土地へと道が分岐しています。時計回りにファンタジーランド，トゥモローランド，メインストリート，アドベンチャーランド，フロンティアランド，リバティスクエアです。

【中略】

さまざまなランドは，ウォルトがおとぎ話やファンタジーだけに興味を持っていたわけではないことを示しています。彼はまた，歴史の瞬間，重要な現代のアイデア，そして世界の他の地域への紹介を提示したいと考えていました。

舞台裏

ディズニーワールドで魔法を起こすには，7万人を超えるキャストメンバーが必要です。ほとんどの人は仕事を始める前に，マジックキングダムの裏手にあるディズニー大学で授業を受けます。彼らはウォルト・ディズニー，ディズニー・ワールド・リゾート，ディズニーのキャラクター，そして③ゲストに対する振る舞い方について学びます。その後，特定の仕事のやり方や，演じるキャラクターの見た目や演技の仕方についてのさらなるトレーニングが行われます。(多くの場合，1人のキャストメンバーが別の日に役割を交代します。)

ディズニーの従業員がキャストメンバーと呼ばれるのには理由があります。ウォルトは，彼らに自分たちをディズニーワールドという大きなショーの俳優だと思ってもらいたかったのです。実際の舞台ではなく，たとえ彼らがパークゲストの中にいたとしてもいつでも，役を演じているとみなされます。小さなことでも大切です。一本指で道を指してゲストに道案内をすることは「悪いショー」とみなされるかもしれませんが，大きく開いた手で道を示すことは「良いショー」と呼ばれます。

ディズニーのキャラクターたちが，どのように魔法のように正しいランドに現れるのか疑問に思ったことはありますか？　あるいは，なぜあなたは彼らが属さないところで彼らに会わないのでしょうか？　ある時，ディズニーランドで，ウォルトはカウボーイのキャストメンバーがトゥモローランドを通ってフロンティアランドに向かう途中を歩いているのを見つけました。ウォルトにとってそれはとても場違いに感じられました。それは彼がゲストに望んでいた魔法のような感覚を台無しにしてしまいました。

そのため，ディズニーワールドにはキャストメンバーのための地下トンネルがあります。A彼らはゲストに見られないように，彼らのランドに到達するためにそれらを通り抜けます。ユーティリティーと呼ばれるこれらのトンネルは，マジックキングダムの下に1つの大きな円を形成し，中央を通ってメインストリートの下を通る接続トンネルがあります。

あなたがキャストメンバーだったら，おそらく1マイルほど離れた場所に駐車し，バスでトンネルの入り口まで行くでしょう。トンネル内で最初に立ち寄るのは，軽食をとるマウスケテリアかもしれません。ホールの向かいにはワードローブデパートがあります。自分のサイズとその日どこで働くかを伝えます。衣装を渡された後は，更衣室で着替えて持ち物を保管します。

ミッキーマウスには，タキシードやスキューバスーツなど，約136種類の衣装があります。ミニーマウスはサファリスーツを含めて100以上持っています。すべてのキャラクターの衣装は洗濯が必要な衣類が多くなります。幸いなことに，ディズニーワールドには敷地内に専用のランドリーがあります。

公園の端から端までトンネルを抜けて徒歩10分です。トンネルは④色分けされており，公園のどのセクションが真上にあるかを示す標識が付いています。

目的のランドに入るには，エレベーターか階段で1階上に上がります。あなたは29のマークのないドアのうちの1つを通ってマジックキングダムに入ります。

⑤暑い夏の日に，頭からつま先まで覆う衣装を着て陽気さを保つのがどれほど難しいかを想像してみてください。キャストが十分な休憩を取れるようにするためのルールがあります。くつろぐために，彼らは階下の休憩室に戻るかもしれません。

トンネルのおかげで，公園内でゴミ箱を空にするゴミ収集車を見ることはできません。(⑥)その代わり，ゴミは公園から20インチのパイプを通って時速60マイルまでの速度で吸い込まれます。トンネルでは，中央の収集エリアに向かうゴミが飛んでいく音が時々聞こえます。

オフィス，保管エリア，キッチン，ヘアサロン，メイクアップルームに加え，デザインスペースやリハーサルスペースもあります。公園のコンピューターシステムであるデジタルアニメーションコントロールシステム(DACS)もここにあります。サウンドシステム，オーディオ・アニマトロニクスキャラクター，アトラクションを操作および監視します。ステージのカーテンが時間通りに開き，パレードが予定どおりに開催されるようにするのに役立ちます。

配送トラックが商品と食料を運び，トンネルに到着し，最終的に公園に配布されます。作業員はゴルフカートに乗って走り回ります。トンネルは賑やかな場所です！

問1　①　直前の内容が直後の内容の理由を表している。　⑥　ゴミ収集車がない「代わりに」パイプで運ぶ，と言っている。

問2 「上の『レンガ』と窓は，下のものよりも小さいです。これにより，あなたの目は城が実際よりもはるかに高く見えるように騙されます」とある。

問3 「時計回りにファンタジーランド，トゥモローランド，メインストリート，アドベンチャーランド，フロンティアランド，リバティスクエアです」とある。メインストリートの左側はアドベンチャーランドだとわかる。

問4 「一本指で道を指してゲストに道案内をすることは「悪いショー」とみなされるかもしれません」とある。

問5　キャストが移動する方法について述べていることから考える。They walk through them の them は underground tunnels を指している。

問6　公園のどのセクションが真上にあるかを示すためにトンネルが色分けされていると言っているので，エが答え。　ア 「ゲストがトンネル内のどこにいるかを分かりにくくするために，異なる色でマークされている」 ゲストは関係がないので，誤り。　イ 「ゲストがトンネル内のどこにいるかを簡単に認識できるように，異なる色でマークされている」 ゲストは関係がないので，誤り。　ウ 「キャストメンバーがトンネル内のどこにいるかを分かりにくくするために，異なる色でマークされている。」「分かりにくくするため」ではないので，誤り。　エ 「キャストメンバーがトンネル内のどこにいるかを簡単に認識できるように，さまざまな色でマークが付けられている。」
問7　間接疑問文なので，〈疑問詞＋主語＋動詞〉の形になる。また，〈 it is ～ to … 〉で「…することは～である」という意味になる。
問8 「7万人を超えるキャストが，ディズニー ワールドでⓐ魔法を起こすために重要な役割を果たしています。魔法のような感覚をⓑ維持するために，キャストメンバーのための地下トンネルがあります。マジック キングダムでは，パークのゲストがⓒ正しいランドにいるキャラクターだけを見ることができるように，トンネルを使用して移動します。また，公園内のゴミはトンネル内のパイプを通って収集されるため，公園利用者はⓓゴミ収集車を目にすることはありません。」
問9　1 「ウォルトとロイはミズーリ州の町で育ったか？」「ウォルトとロイが育ったミズーリ州の町」とある。　2 「ディズニーワールドのキャストメンバーのほとんどは，そこで働き始める前にどのようにしてディズニーについて学ぶか？」「ほとんどの人は仕事を始める前に，マジックキングダムの裏手にあるディズニー大学で授業を受けます」とある。　3 「ディズニーの社員はなぜキャストと呼ばれるのか？」「ディズニーの従業員がキャストメンバーと呼ばれるのには理由があります。ウォルトは，彼らに自分たちをディズニーワールドという大きなショーの俳優だと思ってもらいたかったのです」とある。　4 「マジックキングダムの端から端まで地下トンネルを通って歩くとどれくらいかかるか？」「公園の端から端までトンネルを抜けて徒歩10分です」とある。

重要　問10　1 「マジックキングダムは，ディズニーワールドのパークの中で最も人気がある。」「ディズニーワールドのすべてのパークの中で，マジックキングダムには最も多くの観光客が訪れます」とあるので，正しい。　2 「高さ200フィートを超える建物は連邦法で許可されていないため，シンデレラ城の高さは200フィート未満である。」「連邦法では，飛行の安全のため，高さ200フィートを超える建物には上部に赤色の点滅ライトを表示する必要があると定めています」とあり，禁止されているわけではないので，誤り。　3 「マジックキングダムの6つの土地は，ウォルトがおとぎ話とファンタジーにしか興味がなかったことを示している。」「さまざまなランドは，ウォルトがおとぎ話やファンタジーだけに興味を持っていたわけではないことを示しています」とあるので，誤り。　4 「ディズニーワールドではキャストは毎日同じ役を演じる。」「多くの場合，1人のキャストメンバーが別の日に役割を交代します」とあるので，誤り。　5 「キャストはマジックキングダム地下の休憩室を利用できる。」「彼らは階下の休憩室に戻るかもしれません」とあるので，正しい。　6 「マジックキングダムでは，地下コンピューターシステムのおかげでゲストは時間通りにパレードを見ることができます。」コンピューターについて「ステージのカーテンが時間通りに開き，パレードが予定どおりに開催されるようにするのに役立ちます」とあるので，正しい。

【3】（正誤問題：関係代名詞，副詞，使役構文，動名詞）

(1)　(b)1990年，私が大学生(a)だったとき，(c)学生が発音について学ぶ音声クラスを受講しました。クラスの教授は(d)とても親切だったので，毎回のレッスンが楽しかったです。　(c)　もともとは students learn about pronunciation in a class なので，a class が先行詞となった場合，students learn about pronunciation in が残る。よって，which ではなく in which となる。

(2)　ある日，彼は私たちに，夏休み(c)中にロンドンの大学で(b)予定されている世界的に有名な教授による音声学の授業が(a)あると言いました。発音にはあまり興味がなかったのですが，もしかしたら(d)外国に行くよいチャンスかもしれないと思いました。　(d)　副詞の abroad を用いる場合 to は不要である。

(3)　私は両親にその授業を(a)受けさせてくれるように頼みました。最初は，イギリスに行くのにお金がかかったので，彼らはイエスとは言いませんでした。実際，私の家族はそれほど裕福ではありませんでした。もう諦めかけたとき，父が部屋に入ってきました。彼は，(b)お金を貸してあげるから，大学を(c)卒業したら返してほしいと言いました。結局，両親は私がロンドンに(d)行くことを許可してくれました。 (a) 〈 let ＋ O ＋原形動詞 〉で「 O に～させる」という意味を表す。to take の to が不要である。

(4) 授業は難しすぎて，私には先生の言ったことをすべて(a)理解することができませんでした。宿題をたくさん(b)するように言われましたが，すべてがとても楽しかったです。発音の(c)勉強にもっと興味が湧きました。日本に帰国してからは，カセットテープの音声をたくさん聞き，イギリスアクセントで単語やフレーズを(d)発音する練習をしました。 (d) practice は後に動名詞だけを従えるので，不定詞は誤りである。

【4】 (書き換え：分詞，慣用表現，現在完了，比較，不定詞)

1 「ショウヘイは日本とアメリカにおいて有名な野球選手である。」→「ショウヘイは日本とアメリカにおいて多くの人々に知られる野球選手である。」 過去分詞は「～される」という意味を表す。

2 「私は高校生のとき，早く寝たことがなかった。」→「私は高校生のとき，いつも夜更かししていた。」 stay up late で「夜更かしをする」という意味を表す。

3 「私は10年前に友人たちと富士山に登った。」→「私が友人たちと富士山に登ってから10年が経った。」「～した，～してしまった」という意味は現在完了の完了用法で表す。

4 「今日ではより多くの人々が運動している。」→「運動をする人々の数は今日増加しつつある。」主語は「数」を表す number になるので，動詞は単数形になる。

5 「その貧しい男は食べ物がなかった。」→「その貧しい男は食べるべきものがなかった。」〈 nothing to ～ 〉で「何も～するべきものがない」という意味になる。

6 「私たちは今年，東京高校駅伝ですべてのチームの中で一番速く走った。」→「今年，東京高校駅伝において，私たちのチームほど速く走ったチームはなかった。」〈 no other ～ is —er than … 〉で「…より—なものはない」という意味を表す。

【5】 (英作文)

「英語を学んで実現させたいこと」というテーマについて英作文をする問題。なるべく具体的な内容について，わかりやすく書くようにするとよい。「できるだけたくさんの英文を」とあるので，より長い英文にするとよいが，まとまりを欠くことにならないよう注意したい。また，単語・熟語や文法上のミスによって減点されることが多いので，不用意なミスを失くすように注意するべきである。さらに，他の場所に一度下書きをして，語彙や文法をチェックした後に，できるだけ丁寧な字で清書することも大切なことである。

★ワンポイントアドバイス★

【4】の6には比較を用いた問題がある。この文の内容は〈 ～ er than any other … 〉(他のどんな…よりも～)でも表せる。書きかえると We ran faster than any other team at ～ となる。other の後の名詞が単数形になることを覚えておく。

＜国語解答＞

一　問一　4　　問二　自分と向き合う時間　　問三　努力を惜しまずひたむきに生きる真央を心から尊敬し，手助けしたいと思ったから。　問四　2　　問五　2

二　問一　4　　問二　色とは関係～成するもの　　問三　染めるというのは，二度とやってこない植物の「ある時点」の命が糸に移るという驚異であり，奇跡である
問四　色なきもの　　問五　3

三　問一　をしの妻鳥　　問二　3　　問三　4　　問四　2

四　問一　①　是非　　②　侵犯　　③　養殖　　④　朗詠　　⑤　怠　　⑥　赴　　⑦　暫定
問二　①　転　　②　鳴　　③　象

○推定配点○
一　問三　10点　　他　各5点×4　　二　問三　10点　　他　各5点×4　　三　各5点×4
四　各2点×10　　計100点

＜国語解説＞

一　（小説一文脈把握，情景・心情）

問一　1「憧れていた学生生活」が誤り。真央がどのような学生生活を思い描いていたかは本文中に記述がない。また観光学部について「奨学金返済から逆算して選んだだけ」という記述があるが，これは真央が大学受験の時点で奨学金を借りて進学することを分かっていた証拠であり，つまり仕送りがなく奨学金とアルバイトで生計を立てるということは予測できていたものと思われる。　2　全体誤り。「授業料」は奨学金でまかなえているが，真央が気にかけているのは奨学金の返済や，日々の生活費のことである。だからこそ「奨学金返済から逆算して」観光学部を選び，服も新しく買わないほど生活を切り詰めている。「夢を叶えることが」以降は，真央が具体的にどのような夢を持っていたかということは記述されておらず，それが「叶えられなく」なっている現状というものも本文中に根拠がない。　3「徐々に感受性が」以降誤り。感受性がすり減るというのは，感動する心や興味・関心が持てなくなるということであるが，真央が新生活をきっかけにそのような状態になったとする根拠は本文中にない。すり減っているのであれば，新生活を始める以前はさまざまなことに感動できていたとか，そういった描写が必要である。

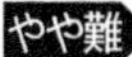
問二　傍線部②の前「その週末から，……なくなった」，後「心にふっと涼やかな風が吹き込む瞬間」という記述があり，そこから察すると「時間ができた」とは，〈心の余裕ができた〉のような意味と推測される。特に「その週末から，……なくなった」のは，おそらく四葉さんと関わった結果としてのことであるが，四葉さんとの関わりで真央は本を読んだり，就職先について考えたりしている。それについて「自分と向き合う時間など，これまでの人生にまったくなかった」という記述があることから，傍線部②とは「自分と向き合う時間」と考えられる。傍線部からは遠いが，設問指示に従って「～時間」と抜き出せるところを探していくしかない。

問三　二重傍線部から，真央に対して四葉さんが好意的な評価をしていると考えられる。また食べ物を与えるというのは，真央が学生であることをふまえると直接生活の助けとなる行為である。四葉さんは真央に対して「私なんかより，……」という発言の中で，「努力家」と評し，真央はその言葉から「リスペクト」を感じている。これらのことから，〈努力家の真央を尊敬している〉〈助ける〉といった要素を含めて記述したい。「私なんかより，……」という発言の中では「なによりも，とても努力家よ」という表現があるので，四葉さんが真央を評価している最大の点は

「努力家」というところである。また，真央は「小公女」の記述を四葉さんみたいだと感じているが，その中には「自分のもちものをおしみなく人にわかちあたえる」とあるので，やはり〈助ける〉〈援助する〉のようなニュアンスが，二重傍線部にはあると考えられる。

重要 問四　1「強情」が誤り。「小公女」の話をした際の四葉さんの印象は「褒められると必ず自分を厳しく振り返る」と記述されているが，これは「強情」なのではなく謙虚，あるいは自省を忘れない性格なのだと言えるだろう。「強情」だとすると，単に自分を褒める人を否定するだけになり，自省が含まれない。　3「善悪の基準がはっきり」が誤り。たとえば四葉さんは試食で「ズル」をしている，つまり「ズル」は四葉さん自身の中では悪ではないのだろうが，しかして善と思っているという描写もなく，四葉さんが何を善で何を悪としているかということがはっきり本文中から読み取れるわけではない。　4「戸惑ってしまう内気な」が誤り。選択肢1の解説通り，戸惑っているわけではなく自省をしているのである。

問五　1「ありのままの自分を誇れるようになった」のであれば，「ブス」「デブ」などと評された自分の容姿について考えが変わった，という方向に物語が進まなければならないが，真央は四葉さんと出会って就職希望先を見つけたり，四葉さんに「地に足がついた女性」と褒められて嬉しくなったりしているのであり，容姿のことは無関係である。　3「店長の態度を変化させたこと」だけが真央にとって重要だったわけではなく，四葉さんと関わる中で就職希望先を見つけ，自分の将来を想像できたことが重要である。また「恵まれない境遇に立ち向かう」というのは，将来に〈希望を持つ〉こととは厳密には異なる。恵まれない環境に立ち向かうのであれば，真央の場合は経済的な成功を目指すなどが考えられるが，そうではなく「アフタヌーンティー」という自分の好きなものと関連させて将来を考えている。　4「人それぞれの人生」が誤り。たしかに本を読むようにはなっているが，それによって「人それぞれの人生」があることを知ったという描写はない。本については「謎解きの要素」を楽しんだり，「小公女」の「生まれつき心のひろい人」についての一節が四葉さんのようだと感じたりしているまでで，人の人生に思いを馳せたわけではない。

二　（評論－脱文・脱語補充，文脈把握）

問一　引用箇所について，第八段落では「ここでは，……『藍が』，その身を志村さんに委ねている」「『糸が』みずから……」「藍色が『誕生』する」と，人間ではなく色や糸を行為の主体だと説明している。本来無生物であるはずの色や糸から，生物のような主体性を感じる，ということである。よって4が適当。1と迷うかもしれないが，「呼吸」だと意味範囲が限定されすぎてしまううえに，呼吸はあくまでも生理反応であるゆえ，〈主体性がある〉ということがはっきりせず，不適当。

問二　傍線部「色名に意味はないのか」という疑問について，第十五・十六段落では「志村さん」の記述を紹介している。次いで第十七段落で「色とは関係の中に……構成するものであったろう」と筆者は総括しているので，このうち「色とは関係の中に……構成するもの」が，「どのようなもの」と捉えているかという設問に対して的確に答えられる部分である。

問三　『野の果て』について，筆者は最終二段落でその内容と感想をまとめている。「人間を含めた……存在するもの」ということに気付かされた筆者は，『野の果て』著者の「志村さん」が行う染色というものについて，「染めるとは，……奇跡である」と，第十八段落で言及した「色即是空」の世界のなかで，その一瞬を移しとるものなのだ，を感じ取っている。よってこの「染めるとは，……奇跡である」の部分が『野の果て』の感想の核をなす部分と言える。

問四　『源氏物語』からの引用箇所について，第二段落では「花もみじの……烈しいことばである」と筆者は解説している。つまり，『源氏物語』では「色なき色にまで来てしまった」という感覚にそのすごみがあるのである。この「色なき色にまで来てしまった」ということは，『源氏物語』の中では「色なきもの」の世界に到達したということである。第三段落空欄Y直前でも「すべての色彩を含み，それを超えた色彩の局限の世界」とあるが，これは第二段落で言う「花もみじの華やかな美しさも充分に味わい尽くした今」，「色なき色にまで来てしまった」ことと合致する。よって「色なきもの」が適当。

重要 問五　文章Ⅱは「鈍色」について，それが問四解説で述べた通り「色なきもの」と紫式部によって表現されたことについて述べた文章である，ということをまず把握しておく必要がある。文章Ⅱは，最終段落「無彩色の……紫式部である」からも分かる通り，色とその表現のしかたということについて注目している。　1「色が対比されることで成り立つ」が誤り。『源氏物語』における「情緒」は，色同士の対比ではなく，紫式部がそれを「色なきもの」と表現したということにある。この時点で3を選んでもよいだろう。　2　文章Ⅱでは，問四解説で述べた通り「色なきもの」について述べられている。その色とは第一段落で言及されるように「鈍色」であり，「鈍色」以外の色の話ではないので「色名」の豊富さは無関係と言えるため不適当。　4　2の解説通り，文章Ⅱは「鈍色」とその表現に注目した話であり，「複雑多様」な色彩の話ではないため不適当。

三 （古文―文脈把握，情景・心情，漢字の書き取り）

〈口語訳〉　福島県田村の郷の住人，馬の允(という役人)のなんとかとかいう男で，鷹使いであった男が，鳥を(狩で)得ることができず，むなしく帰ったときに，あかぬまという所に，おしどりが一つがい(＝夫婦)でいたのを，くるりという矢で射ったところ，外すことなく雄鳥に当てた。(男は)そのおしどりをそのままそこで鷹に餌として与えて，食べ残しを鷹の餌袋に入れて家に帰った。(男は)その次の夜の夢に，とても美しい女で小柄な女が，(男の)枕もとに来てさめざめと泣いて座っている(のを見た)。不思議に思って，「なぜあなたはこのように泣くのか」と問うと，(女は)「昨日あかぬまで，たいした落ち度もございませんのに，長年の(連れ添った)夫を(あなたが)お殺しになった悲しみに耐えられず，(ここに)参上して嘆き・恨みを申し上げるのです。この(嘆きの)思いのせいで，私自身も生き長らえることはできないでしょう」と言って，一首の歌を詠んで，泣きながら去ってしまった。〈日が暮れると，(夫が生きていた頃は，夫と)誘い合って共に過ごしたのに，(夫亡き今では)あか沼の真菰にまぎれて一人で寝ることがつらいのです。〉しみじみと不思議に思っているうちに，中一日あった後，(鷹の)餌袋を見ると，餌袋におしどりの妻鳥が，雄のくちばしを自分のくちばしにくわえ合わせて，死んでいた。これを見て，この馬の允は，すぐに髪を切って出家してしまった。

問一　まず，これは男の見た夢である。よって現実で起きたことではなく，一種の〈お告げ〉のようなものである。女の発言をまとめると〈夫が殺されて悲しい〉ということであるが，この状況にあてはまるのは，男が鷹に餌として与えたおしどりの雄である。よってこの女はおしどりの雄の妻であると考えられる。本文中だと「をしの妻鳥」が当てはまる。

問二　1「謝罪すらされない我が身を情けなく」が誤り。「謝罪すらされない」という内容は女の発言にない。また，女は「殺し給へるかなしみにたへずして，参りてうれへ申すなり」と発言しており，「給へ」は尊敬の補助動詞「給ふ」の已然形である。原則として帝以外の者が自分自身に尊敬語を使うことはないので，ここで尊敬語を使われているのは，おしどりの雄を殺した馬の允の男である。つまり，〈あなたに夫が殺されたこと〉が悲しいのであり，「我が身を情けなく」思っているわけではない。　2「夫のように」が誤り。女は「この思ひによりて」自分も長生きしないだろう，と発言しているが，「この思ひ」とは1の解説通り〈夫が殺された悲しみ〉である。また，女は悲しみや恨みを伝えたのみであり，「遺言」のように自分の死後どうしてほしいかという話はしていない。　4「誰かに」が誤り。1の解説通り，明確に夫を殺した馬の允に伝えるためである。

問三　「うき」は形容詞「うし」の連体形。「うし」は漢字では「憂し」と書き，「つらい，いやだ」という意味。ここでは夫を殺された悲しみということから，「憂し」を知らなくても4を選べるとよい。

重要 問四　まず「出家」がどういうものかを知っておく必要がある。出家とは俗世と縁を切って仏教の本格的な信者になることである。出家すると，例えば恋愛や結婚をすることは基本的にできず，戒律として殺生も禁じられる。男はおしどりの雄を鷹の餌として殺したところ，おしどりの妻が夫を殺された悲しみを訴えてきた，ということである。つまり，おしどりを殺したことで罪悪感を覚え，殺生を二度と行わないような状況に自分を追い込んだと考えられる。よって2が適当。ちなみに3の「無常」とは仏教における「諸行無常」という考え方を指しており，この世のすべては永遠ではなく，常に移り変わっていくものだ――といったような意味であるが，それは悪いことではなく，いわば当たり前のことで，むしろこの世は無常なのだと認識することが仏教においては重要である。

四　（漢字の書き取り，熟語）

問一　①　名詞としては「良い(＝是)ことと悪い(＝非)こと」。副詞としては「どうあっても」。副詞の「是非」は「是非来てください」などで使われる。　②「他の領土や権利などをおかすこと」。同音異義語「審判」は「判決・判断することや判決・判断する人」。　③「魚・貝・海藻などを，人工的に育てふやすこと」。　④「詩歌を声高く歌い上げること」。同音異義語「漏洩」は「秘密や液体がもれること」。　⑤「なまける」という意味。「なまける」もこの漢字だが，その場合は「怠ける」と送り仮名が異なる。　⑥「ある状態に向かう」。「心の赴くまま」とは，欲求に身を委ねる様子を意味する。　⑦「正式な決定がなされるまで，仮の措置として，とりあえず定めること」。

問二　①「本末転倒」の「本末」は「物事の根本とそうでないもの」。「末」は「主要でない部分」という意味の「枝葉末節」などでも使われている。　②「大山鳴動」は知らない受験生が多いだろうが，「大騒ぎすること」。「大山鳴動してねずみ一匹」とした場合は，「大騒ぎしたわりには結果が小さい，または期待はずれの結果に終わること」。　③「森羅万象」の「森羅」は「無数に並びつらなること」，「万象」は「あらゆる物」という意味。

★ワンポイントアドバイス★

現代文は本文が長い。論説文は傍線部を含む三段落をとりあえず読み，そこに解答根拠がなければ一旦保留して別の設問を解いてから，別の段落を読むという工夫をしてみよう。小説は本文を読み飛ばすことはおすすめできない。論説文で時間を短縮しよう。古文はところどころ現代語訳もついてはいるが，基本的には自力で訳せるよう単語や文法，古文常識はおさえておこう。

2023年度

★★★★★★★★★★★★★★★★★★★★★★★

入　試　問　題

2023年度

国学院大学久我山高等学校入試問題

【数　学】（50分）　<満点：100点>

【注意】 円周率はπとする。

1　次の □ を適当にうめなさい。

(1) $\frac{7x-1}{3}-\frac{5x-2}{6}-\frac{x-2}{5}=$ □

(2) $x^4y^8z\div(-2x^2y^3)^3\div\left(\frac{z}{xy}\right)^2=$ □

(3) $(\sqrt{12}+\sqrt{20})\left(\frac{6}{\sqrt{3}}-\frac{10}{\sqrt{5}}\right)=$ □

(4) 2次方程式$\sqrt{2}x^2-x-\sqrt{2}=0$を解くと，$x=$ □ である。

(5) xを超えない最大の整数を［x］と表す。例えば，［3.14］＝3である。
$a=[\sqrt{5}]$，$b=\sqrt{5}-a$のとき，$a^5+a^4b-a^3b^2-a^2b^3$ の値を求めると □ である。

(6) 関数$y=ax^2$ において，xの変域が$-2\leqq x\leqq 1$のとき，yの変域は$-9\leqq y\leqq 0$である。このとき，$a=$ □ である。

(7) 20人の生徒に10点満点のテストを実施した。下の表は，5点の生徒と10点の生徒を除いた，得点とその人数を表したものである。

得点（点）	0	1	2	3	4	6	7	8	9
人数（人）	0	0	0	0	0	3	5	3	3

ここで，10点の生徒の人数は5点の生徒の人数のちょうど2倍である。
このとき，20人の生徒の得点の中央値は ア 点で，最頻値は イ 点である。

(8) 100円硬貨1枚，50円硬貨2枚，10円硬貨2枚を使って支払える金額は □ 通りある。ただし，「支払い」とは，使わない硬貨があってもよいものとし，金額が1円以上の場合とする。

(9) 右の図のような，6つの内角の大きさがすべて等しく，周の長さが39の六角形ABCDEFがある。AB＝8，BC＝7，CD＝6のとき，EF＝ □ となる。

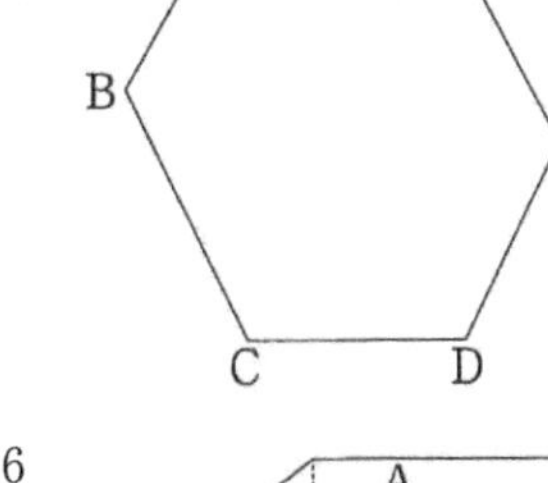

(10) 右の図のような，1辺の長さが2の立方体がある。この立方体の6つの面において，各面の対角線の交点をA，B，C，D，E，Fとする。A，B，C，D，E，Fを頂点とする立体の体積は □ である。

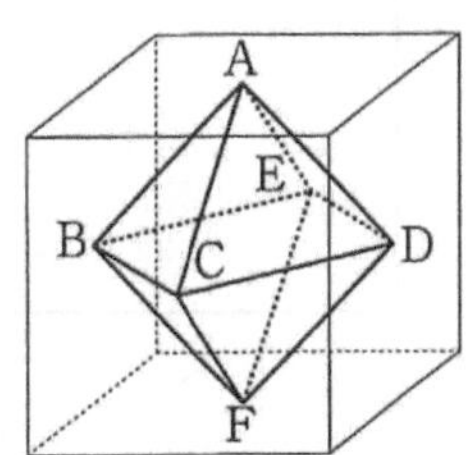

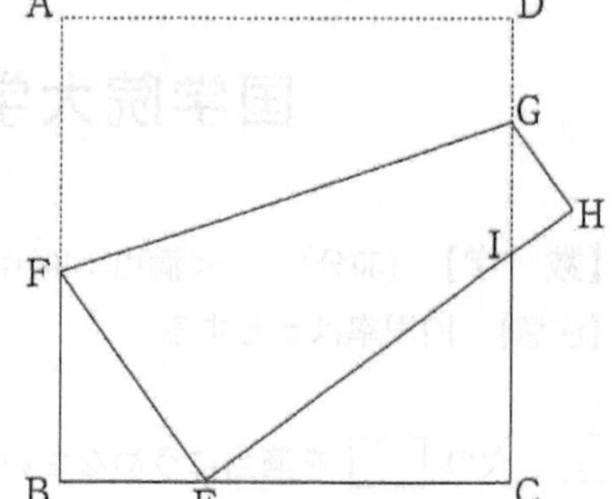

2　右の図のように，1辺が9の正方形ABCDの辺BC上にBE＝3となるように点Eをとり，頂点Aが点Eに重なるように折る。折り目をFGとし，頂点Dが移った点をHとする。EHとGCの交わる点をＩとするとき，次の問いに答えなさい。

(1)　EFの長さを求めなさい。

(2)　CIの長さを求めなさい。

(3)　GIの長さを求めなさい。

(4)　GFの長さを求めなさい。

3　円周角の定理を学習した太郎さんと花子さんが，先生と話をしています。［ア］，［ウ］～［ク］の空欄に適する値を答えなさい。ただし，［キ］と［ク］の解答の順序は問わない。また，［イ］は選択肢から適する番号を選んで答えなさい。

<問1>

右の図のように，Oを中心とする円の周上に3点A，B，Pがある。∠APBの大きさを求めなさい。

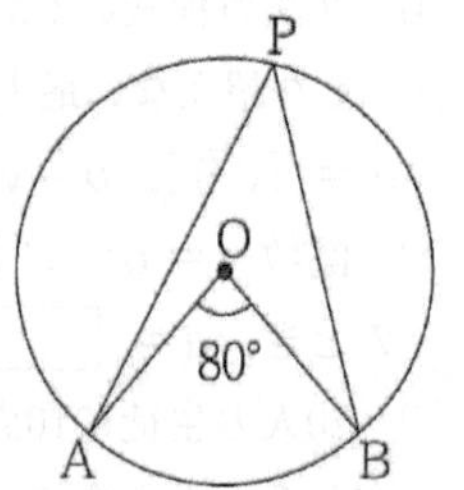

太　郎：円周角の定理を使えるよね。

花　子：そうすると，<問1>の答えは，∠APB＝［ア］°になるね。

太　郎：円周角の定理を使ったおもしろい問題はないかな？
　　　　先生に聞いてみよう。

先　生：それならいい問題がありますよ。<問2>なんかどうでしょう？

<問2>

図のように，2点A（0，1），B（0，11）がある。x軸上に点P（p，0）を∠APB＝30°となるようにとる。このとき，pの値をすべて求めなさい。ただし，$p>0$とする。

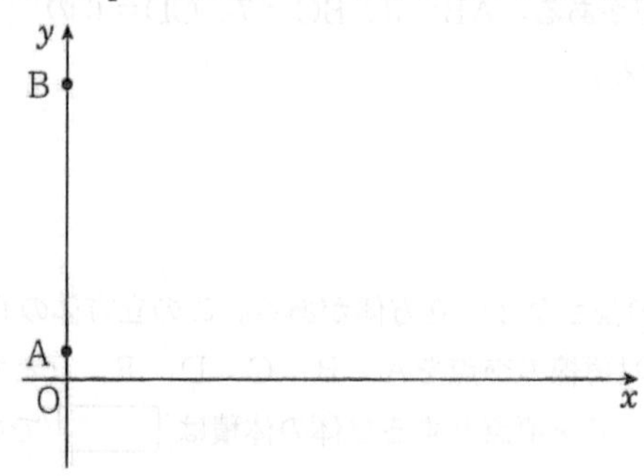

花　子：円周角の定理を使うにはどうしたらいいかな？
太　郎：［イ］円が描けたとしたらどうなるかな？
花　子：そうね，∠APB＝30°だから，［イ］円の中心をCとして，円周角の定理を使うと，∠ACB＝［ウ］°となるね。
太　郎：ということは，△ABCの形状に注目すれば，Cの座標は（［エ］，［オ］）となるのか！
花　子：それと，CPの長さは［カ］になるね。
太　郎：あっ，そうするとpの値は［キ］と［ク］ですね。
先生，これはおもしろい問題ですね。
先　生：そうでしょ！

<［イ］の選択肢>
①　3点O，A，Pを通る　②　3点O，B，Pを通る　③　3点A，B，Pを通る

4　［1］次の問いに答えなさい。

(1)　異なる2点（p．p^2），（q．q^2）を通る直線の傾きをp，qを用いて表しなさい。

(2)　図のように，直線$y=2x$，2点A（1，0），B（1，b）がある。Oは原点，点Bは直線$y=2x$上の点である。

①　bの値を求めなさい。

②　OBの長さを求めなさい。

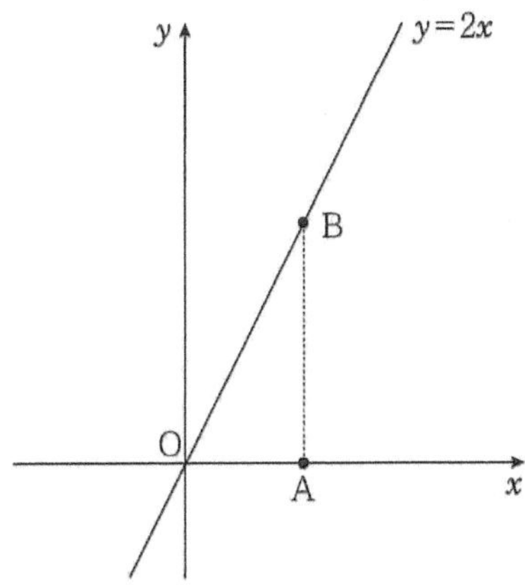

［2］　次のページの図のように，放物線$y=x^2$上に3点P，Q，Rがある。P，Q，Rのx座標をそれぞれp，q，r（$r<p<q$）とする。△PQRはRP＝RQ，PQ＝$\sqrt{5}$の二等辺三角形であり，直線PQの傾きは2である。また，PQの中点をMとすると，直線MRの傾きは$-\frac{1}{2}$である。次の問いに答えなさい。ただし，(3)は途中過程を記しなさい。

(1)　$q-p$の値を求めなさい。

(2)　qの値を求めなさい。

(3)　rの値を求めなさい。

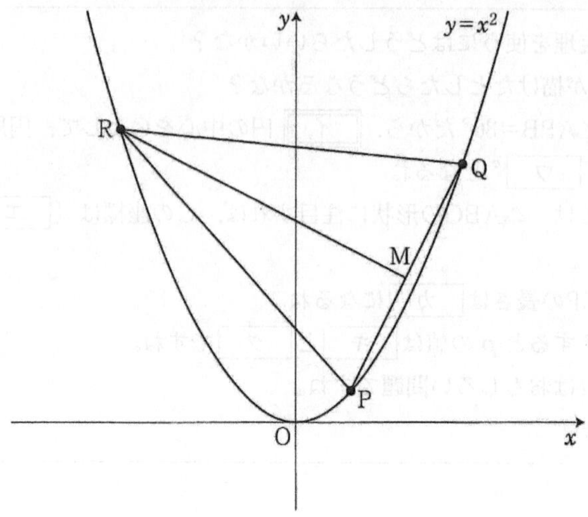
y
y=x^2
R
Q
M
P
O
x

【英　語】（50分）　＜満点：100点＞

【1】 リスニングテスト

第1部

No.1　1　Watch TV.
　　　2　Play tennis.
　　　3　See a play.
　　　4　Do their homework.

No.2　1　Because he hadn't joined the class yet.
　　　2　Because he was sleeping.
　　　3　Because he went to get a dictionary.
　　　4　Because he was checking the network.

No.3　1　A table by the window at 2 p.m. this Wednesday.
　　　2　A table by the window at 8 p.m. this Friday.
　　　3　A table near the entrance at 8 p.m. this Friday.
　　　4　A table near the entrance at 2 p.m. this Wednesday.

第2部

No.1　1　By train.
　　　2　By air.
　　　3　By sea.
　　　4　By bus.

No.2　1　Tuesday.
　　　2　Thursday.
　　　3　Friday.
　　　4　Saturday.

No.3　1　Bring buckets of water.
　　　2　Bring water pistols.
　　　3　Get ready to be wet.
　　　4　Go back home.

第3部

No.1　According to the speaker, what is the highest temperature ever recorded in the United Kingdom?

No.2　According to the speaker, what is one thing we should do to solve global warming?

No.3　According to the speaker, what is the other thing we should do to fight global warming?

No.4　According to the speaker, if we don't do anything to improve what is happening on Earth, what will happen to our children and grandchildren in the future?

<リスニング問題スクリプト>

これからリスニングテストを行います。リスニングの音質および音量については，すでにチェック済みです。このテストには第１部から第３部まであります。試験解答時間はそれぞれ10秒です。それでは始めます。

第１部です。これは，対話とその内容に関する質問を聞き，その答えとして最も適切なものを１，２，３，４の中から１つずつ選び，番号で答える問題です。英文は１度だけ放送されます。では，始めます。

No.1 男：What are we going to do after school today, Rachel?

女：How about watching TV at my place, Jonathan? There's a tennis game on.

男：Well... I'd rather go and see a play.

女：What time does it start?

男：It's from 7 o'clock.

女：Wait. It's already 6:45. It's impossible to get there in time.

男：OK. Then let's go to your place.

Question: What are the man and the woman going to do after school?

No.2 女：Good morning everybody. Our online English class will start soon. Prepare everything you need for this class before it starts. Hey Nick, I can't see your face. Could you please turn on your video?

男：(Silence)

女：Hello? Are you there, Nick? Hello?

男：(Pause) Aww good morning, Ms.Taylor. I'm sorry. I fell asleep for a moment there.
Umm... do we need a dictionary today?

女：Of course, you always do Nick. Go and get it. If there are some words you don't understand, you can look them up yourself.
Can everybody hear me? Can you see my screen? If there are any problems, please let me know.

男：Ms.Taylor, my screen freezes sometimes. What should I do?

女：Hold on a second, Nick. Let me see if the other students are having the same problem. (Pause)
I guess it is just you. There must be something wrong with your network. Please check it is working.

Question: Why didn't the boy respond to the woman at first?

No.3 女：Good afternoon. This is Miramar Ocean View Restaurant. How can I help you?

男：Good afternoon. I'm Honda. I'm wondering if I can reserve a table for this Wednesday?

女：Let me check... I'm sorry, we don't have any free tables that day, but we have some on Friday. We will be open from 2 p.m. to 11 p.m. Would that be ok?

男：That sounds great. A table for 2 people at 8 p.m. please.

女：Would you like to sit by the window or near the entrance?

男：I'd like a quiet table by the window.

女：All right. Your reservation is all set, Mr. Honda. We look forward to seeing you.

Question: What table did the man reserve?

第２部です。これは，英文とその内容に関する質問を聞き，その答えとして最も適切なものを１，２，３，４の中から１つずつ選び，番号で答える問題です。英文は１度だけ放送されます。では，始めます。

№１ 男

Hi, I'm Alex, and I live in Tokyo. This spring break, I'm planning to take a trip to Hiroshima. The Shinkansen and the airplane both take about 4 hours to get to the city center. However, the airplane costs less than the Shinkansen. So, I've decided to choose the cheaper route. While staying there, I'm going to do some sightseeing by bus and ferry.

Question: How is the speaker going to Hiroshima?

№２ 女

Today it's sunny and warm here in Kugayama. However, we will have some bad weather starting from tomorrow. From Monday to Wednesday, there will be a high chance of rain, but there should be more pleasant conditions from Thursday. It will be mostly cloudy on Thursday and sunny on Friday and Saturday.

Question: According to the weather report, when is it going to be rainy?

№３ 男

Hi I'm Somchai from Thailand. In my country, we have Songkran, Thailand's most famous festival, from April 13th to 15th every year. This festival is held at the beginning of the traditional Thai New Year. If you're joining this festival, prepare to get wet. The local people go around throwing buckets of water and using water pistols. During this period, we also make our way to our hometowns to spend time with older relatives.

Question: According to the speaker, if tourists take part in Songkran, what do they need to do?

第３部です。これは，英文を聞き，№１から№４の質問に対する答えを，英語で書く問題です。英文は２度放送されます。放送中，メモをとっても構いません。では，始めます。

On July 19th 2022, the United Kingdom broke its record for the highest temperature. Before that day, the highest temperature was 38.7℃, but the U.K.

recorded 40.2℃ last summer. Not only in the U.K. but all over the world, we are seeing rising temperatures, which cause a lot of problems - for example, wildfires and rising sea levels. It is said that temperatures are likely to rise even further. We need to take actions to stop this.

First, saving electricity is one of the best ways to solve global warming, which is caused by increased greenhouse gases such as CO_2 in the air. Electricity is mostly made by burning coal, oil and gas, which produces CO_2. The less electricity we use, the less CO_2 will be produced.

Second, planting trees is another way to fight global warming. Plants can change CO_2 into O_2. Green spaces, such as parks and gardens, can also help to keep the temperatures cool.

In conclusion, to improve what is happening on Earth, we must work on what we can do in our daily life. If we don't, our children and grandchildren will not survive in the future.

繰り返します。

On July 19th 2022, the United Kingdom broke its record for the highest temperature. Before that day, the highest temperature was 38.7℃, but the U.K. recorded 40.2℃ last summer. Not only in the U.K. but all over the world, we are seeing rising temperatures, which cause a lot of problems - for example, wildfires and rising sea levels. It is said that temperatures are likely to rise even further. We need to take actions to stop this.

First, saving electricity is one of the best ways to solve global warming, which is caused by increased greenhouse gases such as CO_2 in the air. Electricity is mostly made by burning coal, oil and gas, which produces CO_2. The less electricity we use, the less CO_2 will be produced.

Second, planting trees is another way to fight global warming. Plants can change CO_2 into O_2. Green spaces, such as parks and gardens, can also help to keep the temperatures cool.

In conclusion, to improve what is happening on Earth, we must work on what we can do in our daily life. If we don't, our children and grandchildren will not survive in the future.

以上でリスニングテストを終了します。

【2】 次の「これまでのあらすじ」と「本文」を読み，後の問いに答えなさい。

＜これまでのあらすじ＞

Jen and her boyfriend Ben were having dinner with friends. Ben told their friends that Jen's dreams sometimes came true after a certain amount of time.

As people asked questions, Jen explained what happened with her dreams. She also added that nothing important ever came true. She said it was only little things. The friends asked a lot of questions and Jen became uncomfortable. The party ended and Ben went home. He was an electrician and had an early job across town. Jen fell asleep while she was dreaming that Ben would ask her to marry him.

Jen woke up the next morning in a sweat with a strange ringing sound in her ears. The dream she had was the worst one she could remember: *Ben was caught in a fire at the building which he worked in and he couldn't find a *way out. The smoke and heat from the fire was terrible! And then there was a loud *metallic ringing sound as something heavy fell down on him.*

Jen (①) to calm her *heart beat. She looked at the clock. It said 7:05 a.m. Ben was probably already at work, but she wanted to call him anyway.

'Hello?' Ben answered after the second ring.

'Hi, it's me,' Jen said. 'I just wanted to hear your voice. You OK?'

'I'm great, babe!' he said. 'Just getting ready to start the day. This is a big job, and it is good. I'm going to need some *extra money pretty soon. Don't you know ② what I mean?'

Jen's heart jumped. "Did he say that he needed money to buy me a wedding ring?" She smiled. 'I love you, Ben,' she said.

'I love you too, Jen,' he said. 'I'll see you after work, OK?'

'OK,' she *replied. 'Be safe today.'

'Always,' he said, and then *hung up.

It wasn't her first bad dream, and she knew her bad dreams never came true.

Jen got out of bed and began getting ready for the day. An hour later, she was driving to work. She was still thinking about the dream. Ben's new job was in a building on the other side of town from the clinic in which she worked as a nurse. ③ It took an hour to get through traffic from one side of the city to the other, so there was no way for her to check up on Ben until later that evening. She tried not to think about the dream, but she *couldn't help worrying.

When her lunch break came at noon after a busy morning, she was glad for a moment of peace. A couple of the other nurses were in the break room, too. They all were simply enjoying the silence ... until Sherry dropped a spoon to eat her soup with. It made a loud metallic ringing on the table.

The ringing sound caused one of the strongest sense memories for Jen. It was the same sound in her head that morning. The same sound in the terrible dream in which Ben was in a fire and something heavy fell down on him!

Jen looked at the clock. It said 12:07 p.m. She thought back to the time on the clock at which she woke up: 7:05 a.m. Her bad dreams never came true, but ④ the feeling Jen had deep in her heart at that moment wasn't something she could run away from.

The clock now said 12:08 p.m. Jen did some quick figures and realized she had 1 hour and 14 minutes to do something. She jumped up, *grabbed her bag and rushed out of the break room.

When Jen got in her car, she dialed Ben's number with one hand while she started the car with the other. His phone rang and rang and finally went to voicemail as she drove down the street.

'Ben, it's me,' Jen said quickly. 'Call me when you get this, please.' She hung up just as she turned onto the *highway. It was lunchtime, so traffic was a little heavy, (⑤) it was not as bad as rush hour at the end of the day. Still, it would probably take a full hour to get to Ben's building.

Jen looked at the clock in her car. It said 12:16 p.m. She picked up her phone again and dialed Ben's friend Jaime's number. He picked up after the third ring.

'Hi, Jaime, it's Jen,' she said.

'Hi, Jen!' he replied. 'What's up?'

She asked herself, "Should I say anything to him about my dream?" After a long *pause she decided to be honest. 'I had a dream that Ben was caught in a fire in the building which he worked in,' Jen said. 'I know I told you last night that my dreams don't come true, but this one is really ⑥ bothering me. And now he is not answering my call and I'm *freaking out a little bit.'

'OK. I'll go over there and check on him.' Jaime said.

'Thanks, Jaime,' Jen said. 'I hope it's nothing.'

'Me too,' Jaime said. 'Don't worry, he'll be OK, Jen.'

Jen hung up and looked at the clock again. It was 12:22 p.m.

The traffic wasn't bad and Jen was able to keep moving for the first 30 minutes of the drive to Ben's building. Then, about five miles from the building, the traffic stopped completely. She tried Ben's phone again, but there was still no answer. She *texted Jaime, but he didn't answer right away. She looked at the clock. It was 12:54 p.m. She had 28 minutes before the dream might come true.

Finally she arrived at the Ben's building. She looked at the clock − 1:12 p.m. She had ten minutes. She ran toward the door to the lobby. As soon as she walked in, she could smell it − (⑦)! Her heart *sank, and she began to panic. It was real. There was a fire! Her dream was going to come true!

way out：逃げ道　metallic：金属の　heart beat：心拍数　extra：追加の
replied：返答した　hung up：電話を切った　couldn't help worrying：心配せずにはいられなかった
grabbed ：～をつかんだ　highway：高速道路　pause：休止　freak out：ひどく困惑する
texted：(携帯電話で)～にメッセージを送った　sank：落ち込んだ

問１　(①) に入る語句として，最も適切なものを選び，記号で答えなさい。

ア　cried out　　イ　thought about her dream again

ウ　took a deep breath　　エ　moved quickly

問２　下線部②の具体的な内容を日本語で答えなさい。

問３　下線部③を日本語になおしなさい。

問４　下線部④を日本語になおしなさい。

問５　(⑤) に入る語として，最も適切なものを選び，記号で答えなさい。

ア　so　　イ　or　　ウ　for　　エ　but

問６　下線部⑥の意味として，最も適切なものを選び，記号で答えなさい。

ア　to make someone clean　　イ　to make someone better

ウ　to make someone interested　　エ　to make someone worried

問７　(⑦) に入る語は直前の it が指すものである。(⑦) に入る S から始まる英語１語を本文中から抜き出し，答えなさい。

問８　次の英文が入る最も適切な箇所を探し，その直後の２語を英語で答えなさい。

Jen put the phone down and tried not to think about the dream from last night.

問９　次の英文は本文をまとめたものです。本文の内容から考えて，(　) 内の文字から始まる英語１語をそれぞれ答えなさい。

Jen had a very bad dream. In it, her boyfriend Ben was caught in a fire. She tried not to think about the dream. While at $_1$(w______), something happened that reminded her of the dream. She realized that there was just over an hour before the dream might come true. She called Ben, but $_2$(r______) his voicemail. She decided to drive over to make sure that Ben was safe. On the way, Jen called Jaime and he said to her that he would $_3$(c______) up on Ben as well. The traffic wasn't bad at first, but it got worse and kept her from $_4$(m______) forward. When she finally arrived, she found there was a fire.

問10　次の問いに，主語と動詞を含んだ英文で答えなさい。

1　Was Ben caught in a fire at the building in which he worked?

2　Who brought back one of the strongest memories for Jen?

3　What time did Jen think her bad dream was going to come true?

問11　本文の内容と一致するものには○，一致しないものには×を記入しなさい。

1　After waking up with a ringing sound in her ears, Jen felt that the dream she had just then was worse than any other dream in her life.

2　It took more than one hour for Jen to get ready to leave home for work.

3　The break room was silent enough for Jen to hear a spoon hit the table.

4　As Jen drove the car toward Ben's workplace, she spoke to Ben on the phone.

5　In the afternoon, Jen called Jaime three times.

【３】 次のエッセイの各段落（１～５）にある下線部には文法上の誤りが１ケ所ずつある。訂正した語句を答えなさい。

（例題） It is <u>almost</u> impossible <u>for</u> me to finish <u>cleaning</u> all the rooms in my house <u>until</u> next Sunday. 解答：by

1 The countries in Europe <u>which</u> I'm going to visit with my husband <u>has</u> a lot of sightseeing spots. I <u>have wanted</u> to visit some beautiful castles in Germany for a long time, and it <u>will come true</u> this summer.

2 A country <u>named</u> the Holy Roman Empire <u>was made</u> in the middle of the 10th century. In the 17th century, they had the Thirty-Years' War in this area, and most of <u>the</u> land was destroyed. It was one of the most terrible <u>war</u> in human history.

3 Germany <u>has become</u> two countries, East Germany and West Germany, when World War II ended. Then, in 1990, they <u>were put</u> together into one country. It has since become the greatest economic power in Europe. Cars <u>made</u> in Germany, such as Mercedes, BMW and Porsche, <u>are</u> now popular around the world.

4 Berlin is the largest city in Germany. Around 3,700,000 people live <u>there</u>. In the city, you can find a lot of orchestras and opera houses. I am quite interested in <u>listening to</u> classical music, so I am planning <u>to go</u> to some classical concerts <u>holding</u> during my stay there.

5 I am looking forward to <u>visiting</u> Neuschwanstein Castle, a castle which was built by King Ludwig II in the 19th century. It is said that <u>the</u> castle looks <u>beautifully</u> when it is seen from a bridge nearby. Sleeping Beauty Castle in Disneyland in the US is based <u>on</u> this castle.

【4】 次の1～5の各組の英文がほぼ同じ意味になるように，（　）内に適切な1語を入れなさい。

1 I was so tired that I could no longer run.
  I was (　　) tired to run any longer.

2 You can go to the station on that bus.
  That bus will (　　) you to the station.

3 Parents should be careful of their child's social media, gaming and Internet use.
  Parents should pay (　　) to their child's social media, gaming and Internet use.

4 Nobody can tell how old he is.
  It is impossible to tell his (　　).

5 The research says that the number of children out of school in Myanmar has more than doubled in two years.
  (　　) to the research, the number of children out of school in Myanmar has more than doubled in two years.

【5】 次のテーマに沿って，できるだけたくさんの英文を自由に書きなさい。囲み内の語句は英文を書くための参考です。これらの語句を使わなくてもかまいません。

英文のテーマ：久我山高校を選んだ理由

dream	university	belong	make efforts
friend	tradition	follow	school uniform

だね。

2　Bさん　当時の四十歳過ぎといえばかなり高齢になるんだけれど、元気にお参りをする女性の姿を見てうらやましく思って、作者も長生きをしていつまでも元気でいたいと思ったんだね。

3　Cさん　登りの途中で苦しくてたまらなくなった作者は、四十歳を過ぎた女性が旅装束をせずに裾をたくし上げただけの普通の着物で身軽に下山する姿を見てうらやましいと思ったんだね。

4　Dさん　ご利益を得ようとして七回参拝するはずだったのに一回目で疲れて歩けなくなった作者は、計画通りに四回目の参拝に向かう四十歳過ぎの女性を見てうらやましいと思ったんだね。

問三　本文の結末における筆者の心情として最も適当なものを次の中から選び、記号で答えなさい。

1　憤慨　　2　後悔　　3　満足　　4　感激

問四　次の1～4には本文と同じ「うらやましげなるもの」の一節があります。最も適当なものを選び、記号で答えなさい。

1　人の国よりおこせたる文の物なき。
　（人の国＝地方　おこせたる文＝送ってきた手紙）

2　思ふ人のいたく酔(ゑ)ひて同じ事したる。
　（思ふ人＝愛する人　いたく＝とても）

3　はづかしき人の、物などおこせたる返事。
　（はづかしき人＝立派な人　おこせたる＝送った）

4　髪いと長くうるはしく、さがりばなどめでたき人。
　（いと＝とても　うるはしく＝きちんと整い　さがりば＝垂れ下がった額髪　めでたき＝すばらしい）

四

次の①～⑩の文の――線のカタカナをそれぞれ漢字に直しなさい。

① 恩師の話にケイハツされる。
② 細心の注意がカンヨウだ。
③ ヒクツな態度をとる。
④ 物語がカキョウに入る。
⑤ 雇用をソクシンする。
⑥ 身をコにして働く。
⑦ 家の改築をウけ負う。
⑧ 梅雨前線がテイタイする。
⑨ 暖衣ホウショクの時代に襟を正す。
⑩ 名曲にトウスイする。

3　人間が生きるために家畜の生命を奪うからこそ、その家畜を慈しみながら飼育することが互いの存在を尊重しケアする行為につながる。

4　ペットを飼う行為とも家畜を大量処理する行為とも異なる畜産では、人間が生きていくうえで他の固有の命を奪うことが自覚されるようになる。

問五　本文の内容として最も適当なものを次の中から選び、記号で答えなさい。

1　透明で汚れも痛みもない世界を人間に与える培養肉は、地球環境の悪化を救う切り札である。

2　培養肉はさまざまな利点を人々に与える一方で、人類の歴史が大きく変わる問題をはらんでいる。

3　畜産の合理化を目指す培養肉の導入によって、食肉階級社会の固定化問題が重くのしかかってくる。

4　培養肉が普及することで、人間がこれまで感じてきた自然界への摩擦や抵抗がようやく取り払われる。

三　次の文は『枕草子』の「うらやましげなるもの」の一節です。後の各問に答えなさい。

稲荷（伏見稲荷）に思ひ起こして詣でたるに、※中の御社（みやしろ）のほどの、わりなう（ひじょうに）苦しきを念じ（我慢して）登るに、いささか（少しも）苦しげもなく、遅れて来と見るものどもの、ただ行きに（どんどん）先に立ちて詣づる、いとめでたし（とても感服する）。①二月午（うま）の日の暁（あかつき）（夜明け前）に、いそぎしかど、坂のなからばかり歩みしかば、巳（み）の時ばかりになりにけり。やうやう（次第に）暑くさへなりて、まことにわびしくて（辛くて）、など、かからでよき日も（なぜこんなに暑苦しくない良い日も）あらんものを（あろうのに）、何しに詣でつらむとまで涙も落ちて休み困（こう）ずるに（くたびれていると）、四十余ばかりなる女の、※壺装束（つぼしょうぞく）などにはあらで（ではなくて）、ただひきはこえたる（着物の裾を上げる）が、「まろ（私）は※七度詣でし侍（はべ）るぞ。三度は詣でぬ（巡拝した）。いま四度はことにもあらず（あと四回はたいしたことではない）。まだ未（ひつじ）に下向しぬべし（帰途につけるだろう）」と、道にあひたる人にうち言ひて、くだり行きこそ、ただなる所（普段の場所）には目にもとまるまじきに（とまらないだろうけれども）、②これが身にただいまならばや（今すぐなりたい）、とおぼえしか。

（清少納言「枕草子」の文による）

〈注〉中の御社…山の上にある社。上社・中社・下社の三社があった。
壺装束…女性の参詣や旅行時の服装。
七度詣で…一日で伏見稲荷の三社を七回巡拝すること。

問一　――線①の異名と季節を次の中からそれぞれ選び、記号で答えなさい。

異名　1　やよい　2　はづき　3　きさらぎ　4　みなづき

季節　1　春　2　夏　3　秋　4　冬

問二　――線②とありますが、その理由について述べた次の生徒の解釈の中から最も適当なものを選び、記号で答えなさい。

1　Aさん　お参りする人たちをうらやましく思って参拝した作者だけど、普段着慣れない壺装束で歩くのが遅くなって、一緒に登った四十歳過ぎの女性に追いつきたいと思ったんある程度まで免れるのかもしれない。培養のための液剤は大量に必要であり、そのための自然に対する負荷についてはあまりにも議論されておらず、維持管理を必要とする電気も欠かせないこともあまりにも無視されているが、水面上昇は少しは抑えられるのかもしれない。

そして、地球の温暖化をある程度まで免れた人類は、培養肉によって、痛みの少ない透明な喜び、経由のない目的に直に到着するうれしさ、苛立ちのない自己満足のケアの世界に慣れ始めるだろう。ますます、人間社会のなかから陰影と摩擦は取り払われる。無菌室のように、どこまでも透明で、汚れがなく、摩擦のない、古典物理学のような世界。生命を奪う、奪われるという内澤が感じた緊張感がいっそう弱まっていく。④だからこそ、あの本の副題は「三匹の豚と**わたし**」なのだと思っている。

食行為は本来的に摩擦と抵抗の行為である。培養肉を大きなきっかけとして、食事はやがて自然界と人間の摩擦ではなく、調和の世界へと移行していくかもしれない。しかし、摩擦のない世界に生きることは、地球に生きることだといえるのだろうか。

(藤原辰史「培養肉についての考察」の文による)

〈注〉プレスリリース…企業・組織が発表する公式文書。
ウィンストン・S・チャーチル…イギリスの政治家。

問一 ――線①とありますが、「培養肉」が開発される理由として最も適当なものを次の中から選び、記号で答えなさい。

1 人口増加の問題と地球環境破壊の解消に加え、安全に家畜を増やすことができるようになるから。

2 家畜の飼育に必要な土地を減らすことで、人口増加と気候変動の問題を解決することができるから。

3 テクノロジーの発達によって工業化が進展することで、家畜を殺す罪悪感から逃れることができるから。

4 社会的問題となっている家畜の生産に代わって、世界の人々に動物性タンパク質を供給する必要があるから。

問二 ――線②とありますが、筆者が「チャーチル」の文を引用した意図として最も適当なものを次の中から選び、記号で答えなさい。

1 経済成長が進んだ国では畜産技術の合理化によって食肉需要が増大することを示すため。

2 畜産の合理化の流れとして培養肉が流通するようになるのは当然の流れであることを示すため。

3 食肉需要の増大に対応して工業化と技術化が進めば人々が培養肉を好むようになることを示すため。

4 人間と家畜との関係の中で生じたケアの世界の消失は人びとから喜びの感情を奪うことを示すため。

問三 ――線③を文中の語を用いて40字以上50字以内で説明しなさい。

問四 ――線④の説明として最も適当なものを次の中から選び、記号で答えなさい。

1 家畜が健やかに育つよう愛情を込めて飼育した後に殺すのは人間にとってあたりまえの行為であり、そこに罪悪感を抱く必要はない。

2 殺し殺されるという命の危険が伴う直接飼育には、畜産を工業化して大量処理する形からは得られない家畜との信頼関係が生まれる。

第二に、肉を食べるために屠畜するというプロセスをスキップすることが及ぼす、精神史的な問題である。自分の家で三匹の子豚を、それぞれ名前をつけて育て、かわいがり、最後に屠畜場に持っていって処分をしてもらい、その処分の様子にも全て付き添い、最後にみんなで食べる、というプロセスを描いた内澤旬子の『飼い喰い――三匹の豚とわたし』(二〇一二年)は、おそらく、この問題に正面から取り組んだ稀有な書物だろう。二〇一〇年の宮崎県で起きた牛豚の口蹄疫の感染拡大で、それを防ぐために行政が殺処分をしたところ、商売として飼って屠畜場に送り出すものなのに「かわいそう」という農家に違和感を持ったというネットの反応があった。内澤はこう反論している。

　でも、違うのだ。畜産は、そんな単純なものではない。自分がやってみて思ったのは、生き物を育てていれば、愛情は自然に湧く、ということだ。多頭飼いすれば、ペットとは感覚が違ってくるが、それでもまず健やかに育ってほしいと思わなければ、豚は(牛も鶏も)育たない(特に牛は頭数も少なめなので、一頭ごとへの個別の愛情が湧きやすいと思われる)。経済的な打撃を受けてがっかりしているのはもちろんだが、それだけではないのだ。

　「健やかに育て」と愛情をこめて育てることと、それを出荷して、つまり殺して肉にして、換金すること。動物の死と生と、自分の生存とが(たとえ金銭が介在したとしても)有機的に共存することに、私はある種の豊かさを感じるのだ。

畜産の現場が消えていく、というのは、つまり最終的に(半年から数年後に)殺すことに向けてケアを続ける、という文化の担い手がいなくなる時代が、有史以来、初めてやってくる、ということを意味する。もちろん、現在の大規模畜産が生み出してきた膨大な化学薬品の大量の投与や、生育環境の悪化は、すでにこの「ケア」の意味も「殺す」の意味も薄め、限りなく「処理」や「生産」に変えてきたことは否めない。だが、培養肉、すなわち肉のある部位の細胞だけを培地の上で組織培養し人間に食べさせるというプロセスは、③内澤のいう「豊かさ」の痕跡も消す。生命を奪うことと生命を慈しむことは矛盾しない、という一筋縄ではいかない世界が薄れていく。

一番乱暴な「夢明」という名前の三元豚(二種類の品種を掛け合わせ、雑種第一代を作り、それに三種類目を掛け合わせて作る、病気に強い豚)について内澤はこんな感想を漏らしている。「脱走した時に取っ組みあったし、何よりこの豚の、底意地の悪く頭のいい感じが、「喰べてやる」という気にさせるではないか」

牛馬豚の体重は重く、力があり、注意をしないと、かわいがろうとして人間も怪我をしたり、場合によっては殺されたりする可能性もある。内澤も、巨体の豚たちが乗ってきたり、豚たちが暴走したりして、何度も悲鳴をあげている。下手をすると殺されるかもしれない力持ちの動物に餌を与え、水をかけて洗い、育てるという行為は、基本的に人間が怪我をする危険性の少ないペットを飼う行為とは根源的に異なる。

【中略】

家畜を飼わない、家畜を殺さない、家畜を殺す罪悪感を抱かない、そして、メタンガスが出ない。このような「利点」を持つ培養肉という擬似肉がこれからの食肉の主流となるのであれば、もしかすると温暖化は

synthetic foodが将来摂取されるようになることも間違いないだろう。これによって食卓の喜びが取り払われることはないだろうし、低俗な食事の陰鬱なユートピアに人がどっと押し寄せることもけっしてなかろう。そもそもその新しい食べものは、実際のところ自然由来の食品と区別はつけられないだろうし、どんな変化も、人が気づかないほどじわじわと進行するだろう。

チャーチルが述べているのは、第一に、工業の進展による畜産の合理化という夢であり、鶏を一羽飼って、骨や羽などの食べるさいに無駄な部分をいちいち除去するよりは、工場内であらかじめ肉だけを生産できるようなテクノロジーの待望、つまり培養肉技術への期待である。しかし、それにもまして重要なのは、第二に、その夢が実現することでもたらされることへの不安に対する先回りの反論である。化学的に工場で合成された食品に人びとが示す嫌悪感と、機械化された食品を食べることによる喜びの喪失は、当時の読者も十分に想像できたであろう。だが、チャーチルは、それが、人が気づかない程度にwithout observationじわじわと広まっていくことで、その嫌悪感は緩和されるのではないか、と想像しているわけである。

ひるがえって、培養肉について考えてみよう。それがどれほど気候変動の正義にかなうものであっても、それに対する嫌悪感は容易に消えるものではないだろう。遺伝子組み換え作物のように、培養肉を使っているという表示をさせないことで、チャーチルのいうように、人に気づかれないようにいつの間にか自分の食べた料理に使用されている日が来るかもしれない。あるいは、培養肉は、インスタントラーメンやハンバーガーなどの低価格の食品にだけ使用され、それ以外の天然肉（と言われる日がくるのかわからないが）はもっぱら高級料理店で使用される、という食肉階級社会の到来も十分に考えられる。なぜなら、食肉は地球温暖化をもたらす、と国際社会で繰り返し喧伝されている以上、地球上から畜産業者が減少すれば、天然肉価格は高騰するだろう。経済状況からして食べざるをえない、という状況に持ち込まれるのは、これまでの食の近現代史がたどってきた歴史そのものである。

食品偽装の問題として、あるいは、階級の固定化の問題として、食肉が私たちの暮らしに登場する可能性は高い。これはあまりにも重いテーマであり、今後も議論が必要である。ただ、これらの二つの問題は、培養肉でなくても食の歴史がたどってきた問題の枠内にあるものだ。だが、わたしたちは、培養肉がわたしたちに与えるもうひとつの枠組みを破壊するような問題を考えなくてはならない。

それは第一に、畜産や屠畜の文化が衰弱するという問題である。あるいは畜産や屠畜の文化が博物館の展示物としてしか保存されなくなる、と言ってもよいかもしれない。畜産や屠畜の文化は世界的に多様性に富んでおり、それが、多くの地域で失われていくのは大きな損失であることは否定できない。エサの保存と配合、調教、小屋の設営、病気への対処、去勢、分娩、糞尿処理、安全な水の供給、肥育、運動、運搬、屠畜方法、肉の捌き方、肉の加工方法、骨や皮や内臓の利用方法など、無数に積み重なった屠畜文化が衰弱し、これを経由しない食肉が世界中の人の口に届くようになるのは、つまり、光合成による炭素の同化を経由せずに、細胞の培養（に必要な電力や養分）によって人間がエネルギーを得られる人類史の大きな転換点と言える。

つぎに「広い土地を必要としない」とは、どういうことか。現在、経済先進国の主流になっている大規模家畜生産を営むうえでは、その施設を建設するのに広大な敷地が必要だ、ということよりも、その家畜に飼料を食べさせるために、膨大な耕地が必要になる、ということこそが問題である。飼料は、飼料用のトウモロコシや麦類などの濃厚飼料が主流となっている。たとえば、約七〇〇キロの肉牛一頭を生産するのに必要な濃厚飼料は五〇〇〇キロから六〇〇〇キロとなる。小さな工場で培養肉を作製できるのならば、この五〇〇〇キロから六〇〇〇キロ分を育てるのに必要な土地を、別の目的に使用できる。ちなみに、一頭分の飼料用トウモロコシ生産に必要な土地は日本の場合、平均で一〇アールであるので、一頭につき、一〇メートル×一〇メートルの土地が一〇個も必要になる。

もっといえば、一頭の生育に必要な安全な淡水を「ヴァーチャル・ウォーター」と呼ぶが、一二〇〇万キロ、つまり一万二〇〇〇トンとなる。これは牛が飲む水だけではなく、牛が食べた飼料を育てるのに必要な水も含まれる。

淡水を奪い合う「紛争」が各地で起こり、ミネラルウォーター業界が世界中で安全な水を求めて資金を投入しているうえに、世界穀物価格が高騰(こうとう)する現在、以上のことからだけでも、家畜の生産が社会的な問題であることを示していると言えるだろう。

ただ、現在、畜産に対する風当たりが強い理由は、膨大な農地と淡水を必要とすることだけではない。とりわけ牛がもたらす温室効果ガスの影響である、ということは知られているだろう。ウシは、四つの胃でエサを反芻(はんすう)する。その間に、四〇〇〇種類の微生物たちがエサを分解し、そこからゲップとしてメタンガスが放出されるが、このメタンガスが二酸化炭素の二五倍の温室効果があると言われ、二酸化炭素に換算すると年間七五六万トン、日本で走るバスが年間で排出する四一〇万トンと、タクシーが排出する二四八万トンの合計よりも多い。

培養肉の開発が、水、土地、気候変動、それぞれの危機を軽減するために効果を発揮することは、数値的にみれば疑いえないだろう。培養肉ベンチャーのモサ・ミート社は、自社ホームページで「ライフサイクルアセスメント」という研究所の二〇二一年二月の報告を引用している。「仮に、通常の牛肉が培養した牛肉に全部置き換われば、気候への影響を九二パーセント、大気汚染を九三パーセント、土地の利用を九五パーセント、水の使用量を七八パーセントほど削減できる」。しかも、牛の屠(と)畜(ちく)もゼロパーセントになる。ちなみに、俳優のレオナルド・ディカプリオも、二〇二一年に、アドバイザー兼出資者としてモサ・ミートのプロジェクトに参画している。日本からは、三菱商事が出資者として参加している。

以上のように理詰めで考えていくと、培養肉が世界各地で、現在起こっているさまざまな危機の対応に大きな貢献を果たすことは間違いなさそうに思える。②しかも、このような農業や畜産を工業化しようという試みは、ここ数十年に始まったことではない。※ウィンストン・S・チャーチルは、一九三二年に刊行された『思想と冒険』のなかでこんなことを述べている。

われわれは、鶏の胸の肉と手羽先の肉を食べるためにこれを一羽飼うというようなバカバカしいことから逃れ、この二つの部分を適当な方法によって別々に生育させることが可能になるであろう。合成食品

3　あからさまにお世辞を言う美穂子の態度を素直に喜ぶことができなかったから。
4　いつも自分を頼って甘えてくる美穂子に負担を感じて距離を置きたくなったから。

問二　□にあてはまる語を文中から漢字2字で抜き出しなさい。

問三　――線②とありますが、隆志に対する祖父の考えとして最も適当なものを次の中から選び、記号で答えなさい。
1　隆志が山車に乗る権利を千尋に譲ってくれてありがたいと考えた。
2　太鼓のリズムも刻めなかった隆志がようやくまともになったと考えた。
3　自分の負けを素直に認めたことが、隆志の今後の成長につながると考えた。
4　千尋に負けてもやけにならず、前向きに努力を続ける隆志を偉いと考えた。

問四　――線③とありますが、ここから読み取れる千尋の様子として最も適当なものを次の中から選び、記号で答えなさい。
1　いくら努力しても才能を発揮することができない自分の悲運を嘆いている。
2　見違えるほど成長して海外に旅立つ決心をした隆志に追いつこうとしている。
3　千尋を気遣った発言で、成長するきっかけを与えてくれた隆志に感謝している。
4　祖父が隆志に告げた言葉をかみしめながら、自分の弱さに向き合おうとしている。

問五　――線④とありますが、千尋は何のためにこのような時間が必要だと考えたのですか。解答欄に合うように40字以上50字以内で説明しなさい。

二　次の文章を読んで、後の各問に答えなさい。

①培養肉とは、ウシなどの家畜の筋細胞を体外で組織培養した食品のことをいう。

二〇二二年三月三一日、東京大学大学院情報理工学系研究科の教授と日清食品ホールディングスの研究グループは、世界で初めて、食用可能な材料だけで培養肉を「作製」することに成功したと※プレスリリースした。資料にはこう書いてある。「世界的な人口増加やライフスタイルの変化により、将来、地球規模で食肉消費量の増加が見込まれています。一方で、畜肉の生産が地球環境に与える負荷や、家畜を育てるための飼料や土地の不足も大きな問題となっています」。また、培養肉の利点として、家畜を飼育するよりも「地球環境に与える負荷が低い」うえに、「広い土地を必要とせず」、さらには「厳密な衛生管理が可能であること」を挙げている。

「ライフスタイルの変化」とはなにか。経済成長が著しい国で炭水化物中心の食事から旨味（うまみ）の多い動物性タンパク質を多く摂取する食事に人びとが移行することは、普遍的にみられる現象である。これは高度経済成長期の日本が経験したことと同型の経験である。要するに、これから人口はますます増え、いくら菜食主義者が欧米諸国で増えようとも食肉需要の増大は止まらないだろう、という予測が前提となっている。

も自分がどうしたいかを分かっていたじゃないか。

それが、なんだ。なんだこのざまは。

たった一人、自分より絵がうまい人に出会ったくらいで、自分がどうしたいのかも分からないのか。

真琴を描いた肖像画を誰かに破られたとき、千尋は嬉しかった。自分の絵と真琴が描いた絵を並べられているのが、どうしても耐えられなかった。破ってくれた人に感謝したくらいだ。それなのに、千尋は怒っているふりをした。喜んでいることを、どうしても悟られるわけにはいかなかった。

靴にガラスの破片を入れられたときもそうだ。誰かに悪意を向けられたことよりも、怪我をして合宿に行かなくて済んだことを喜んだ。合宿へ行き、真琴の描く絵を見ることが、どうしても耐えられなかった。

祖父に真琴の絵を見てもらいたかった。見て、お前なんか足元にも及んでいないとぶった切って欲しかった。祖父がそう言うなら諦めようと、人のせいにして逃げ出そうとしていた。

自分で自分の才能の限りを、認めることが怖くて。悔しくて。

隆志は、すごい。祖父が褒めるだけある。彼こそが、小鳥遊村の英雄だ。期待の星だ。

そんなに遠くないところから、太鼓と掛け声が聞こえてくる。空気を振動させるその熱気が、崩壊しかけている涙腺を更に刺激する。

好きだ、と千尋は思った。

誰をも興奮させるこの太鼓の音が好きだ。

喉をからして叫ぶ掛け声が好きだ。

すれ違うときに必ず挨拶をする村の人たちが好きだ。

小鳥遊村が、大好きだ。

ブランドの服が買えなくても、コンビニがひとつしかなくても、流行に取り残されても、電車が一時間に一本しかなくても。

理屈ではなかった。ただ、今この瞬間に、ここにいることが好きだと思った。

村を出て、バカにされないように虚勢を張っている間に、自分が本当に好きなことを忘れてしまっていた。

ものさしを取り戻さなければいけない。

子供の頃はちゃんと持っていた、自分がどうしたいのか、何を好きで、どうなりたいのか、それを測るものさし。

家に帰ったら、④寄宿舎に戻る日をもう少し延期すると母に言おうと千尋は決めた。もうしばらくこっちにいて、子供の頃のように自由に絵を描いてみよう。受験用のデッサンではなく、ただ、自由に、気の向くままに。

これからも絵を描きたいのか。

それとももう辞めたいのか。

ちゃんと、自分自身で、決めなければいけない。

（宮西真冬「友達未遂」の文による）

問一 ――線①の理由として最も適当なものを次の中から選び、記号で答えなさい。

1　真琴より自分が劣っていることを美穂子にだけは知られたくなかったから。

2　いつまでも自分に憧れ続けている美穂子の思いに応える自信がなかったから。

「……どうして？」

「な？　分からんじゃろ？　俺も何が何だか分からんくてさ。ぽかんってじーちゃんの顔を見上げてたら、〈お前は自分の方が負けたって思ったとき、素直に認めた。偉いぞ〉って」

　急に、胸が苦しくなった。呼吸をするのが難しい。隆志に気づかれないように、静かに息を吐き出す。

「人は自分の負けをなかなか認められない。客観的に見ることは大人にだって難しい。でも自分の負けを認めないと人は成長しないんだって。自分の弱さをちゃんと自覚しないと、克服もできないし、良いところだって伸ばせない。だから、お前は絶対に大きくなるぞって。そうじーちゃん言ってくれたんだよね。あれ、嬉しかったなあ。ほら、俺って、小さい頃から何してもダメだったからさ」

　隆志の声が、祖父のそれのように聞こえた。

〈負けを認めろ。自分の弱さを誤魔化すな〉

　祖父は思いがけない人に、千尋に必要な言葉を残してくれていた。きっと本人も気づかないところで。

「隆志！　そろそろ神輿が帰ってくるぞー！」

　山車の側から、彼を呼ぶ声が聞こえた。今行く！　と返事をし、千尋に向き直る。

「とにかくさ。千尋ちゃんが村を出て星華行ったの見て、俺も自分がしたいことをちゃんとやれるようになりたいって思ったんだ。山車に乗るって決めたときから、何も変わってないって分かって、なんか嬉しかった。だから、ありがとう」

「もういいって。別にあんたのために星華行ったわけじゃないし。まあ、頑張ってよ、アメリカでもどこでも行って」

　じわじわと目頭が熱くなっているのを気づかれないように、投げやりな言い方をする。けれど隆志はそんなことを気にしていない様子で、ありがとう、とまた言った。

「俺、アメリカ行ったら、祭りの写真とか動画を見せようと思っとるんよ。小鳥遊村のこと、宣伝してさ。村のこと、すっげえ好きじゃけえ。千尋ちゃんの写真も見せようと思っとる。男よりかっこええ女の子がおるって」

　じゃあ、と隆志は手を上げて、山車まで走り、気合入れろー、と叫んだ。

　船から降りてきた神輿を先導するために、隆志はまた声を上げる。これから山車と神輿はまた村中を練り歩き、夕方には宮入りする。

　見物人は神輿について歩き出した。絵里子たちに、行こうと誘われたけれど動けず、ちょっと用事があるから先に行ってと無理やり頼み込んだ。

　③人気のなくなった海岸を歩く。砂浜に降りると歩きなれない下駄の中に砂が入り込むから躊躇（ちゅうちょ）なく脱ぎ捨て、波打ち際まで行く。

　涙が、足の甲を濡らす。

　村を出て、成長しているつもりだった。外の世界を知って、自分を知って、強くなっているつもりだった。

だけど。

　山車に乗りたかった小学六年生の私は、誰よりも強かったじゃないか。

　前例がなくても、星華に行きたいと言い放ち、実行した私は、誰より隆志は、んー、と返事をしながら両腕を上げて、背筋を伸ばす。

「最初で最後の、神輿の先導。無事に港まで連れてこられてよかった。俺、来年から一年間高校休学して、アメリカに交換留学するんよ。だから、しばらく村におらんけえ」

アメリカ。留学。

考えたこともない選択肢に、頭を殴られたようにショックを受けた。□が小さいのは私の方じゃないか。たった三時間ほどの高校に進学したからって何だ。それがどれほどのことだというのだろう。

「でも、千尋ちゃんに会えてよかった。どうしても、お礼が言いたかったけえ」

「お礼って？　私、何もしてないけど」

「ほら、昔さ、俺が太鼓の叩き手に選ばれそうになったことあったじゃろ？」

「……そんな大昔のことがどうかした？　ああ、叩き手をしたくなかったから、助かったとか？」

話の行方が分からず投げやりな物言いになると、隆志は、そうじゃなくて、と困ったように眉を下げた。「あのときさ、めちゃくちゃ千尋ちゃんがかっこいいって思ったんよね。周りに何か言われても傷つかん、女だからって乗せてもらえん方が嫌じゃって、千尋ちゃん言ったじゃろ？　あの言葉には痺れたね。ああ、この人は、自分のものさしをちゃんと持ってて、周りに何を言われても動じないんじゃって。俺もそんな風になりたいって思ったんよ」

千尋は声が出せなかった。昔の自分はそんな風に強かったのだろうかと思い起こす。今の自分はそんなに強くない。ものさしなんて、どこにあるのかも分からない。他人の意見に、視線に、左右されっぱなしだ。

「あのとき、俺、本当は、ラッキーって思ってた。千尋ちゃんが山車に乗れないから、俺が乗れるって。でも、千尋ちゃんのあの言葉聞いたら、すっげえ恥ずかしくなった。自分の実力じゃないのに山車に乗るのも、それを喜んだのも。じゃけえ、言ったんよ。俺じゃなくて、千尋ちゃんの方がいいって。……素直にそう思ったけえ」

千尋は言葉が出なかった。今でもそんな風に思ってくれている隆志に、答える言葉が見つからない。

「……なんだ。私はてっきり、うちのじーちゃんが怖いから身を引いたのかと思ってた」

頬を引きつらせながら笑いにして誤魔化そうとすると、隆志は真剣な表情で、ああ、と頷いた。

「それもあるかもしれんなあ。千尋ちゃんちのじーちゃん、めっちゃ怖かったけえ。でも、②俺、じーちゃんに褒められたの、あのときが最初で最後かもしれん」

「褒められた？　あんたあのとき、じーちゃんにめっちゃ貶されたじゃん。まともにリズムも刻めないとか何とか……」

「ああ、太鼓のことじゃなくて、千尋ちゃんの方がいいって言ったこと」

隆志はおかしそうに口の中で笑いを堪えた。

「千尋ちゃんが山車に乗ってたときだったかなあ。俺はそれについて歩いてたんよ。そしたら突然じーちゃんが来て、かき氷奢ってやるって言ってきて。俺、めっちゃビビったんよな。何ごとだって思ってさ。でも、素直にイチゴのかき氷奢ってもらって食べてたら、お前は偉かったって、頭ぐりぐり撫で始めたんよ」

更に笑う。

「動揺しすぎて、方言が出とるよ。千尋がなまってるの、久々に聞いたわ」

「今までいろんな叩き手がいたけど、私は千尋ちゃ、……千尋先輩の太鼓が、一番かっこええと思う」

美穂子の褒め殺しに、

「もういいって。お世辞なんか言わなくても」

「違うよー千尋ちゃん。美穂子のはお世辞なんかじゃないけえ。だって、美穂子は千尋ちゃんに憧れて、太鼓会に入って、叩き手やったんじゃから。星華に行きたいのだって、千尋ちゃんがいるからなんよー。千尋ちゃんは美穂子のヒーローなんよ。なー、美穂子?」

彩夏の問いかけに、美穂子は照れるでもなく、まっすぐと千尋を見つめて頷いた。眼鏡の奥に輝く瞳があまりに眩しい。①千尋はその視線を、正面から受け止めることができなかった。

あなたはまだ知らないのだ。世界にはもっともっと素敵な人がいる。きっといつかその人に出会ったとき、私なんかに憧れていたことを、後悔するときが絶対に来る。

「あ、そろそろじゃ」

絵里子が声を上げる。神輿が舟に乗るところだった。

山車は神社から港まで神輿を先導してきて、御座船に引き渡す。神輿を乗せた御座船は湾内を回り、港では太鼓が打ち鳴らされ、海上安全や無病息災を祈願するお祓いが行われるのだ。

太陽が昇り始め、見物人や担ぎ手たちの顔もはっきりと輪郭が浮き彫りになってきた。神輿を乗せた御座船が沖に出ると、花火が打ち上げられる。どっと歓声が上がり、拍手が沸き起こる。

「千尋ちゃん」

さっきまで山車の先頭に立ち、先導していた男性に声をかけられた。何ごとだろうかと目を凝らすと、

「え……、もしかして隆志?」

「もしかせんでも、隆志じゃけど。どうしたん、そんな目真ん丸にして」

からりと笑う隆志は、千尋の記憶とは違い、すらりと背の高い男の人に成長していた。

「いや、しばらく会ってなかったから、分からんかった」

「酷いわー。まあ、千尋ちゃん、こっちに帰ってきてもあんまり遊ばんと、絵ばっかし描いてたからなあ。会わんくても、しょうがないか」

「絵ばっかり描いてたって、何で知ってるわけ?」

「だって、千尋ちゃんの母さん、いっつも俺に会うたびに愚痴ってたで。あの子は家に帰ってきても、じーちゃんと話してるか絵描いてるか、勉強してるかのどれかじゃあって。おばちゃんと全然喋ってくれんてな。学校から家帰るとき、千尋ちゃんちの前通るけん、よくおばちゃんにはお茶飲ませてもらいつつ、話させてもらっとるんよ」

「……そうなんだ」

人懐っこい子犬のような笑顔は昔と何も変わっていないのに、体つきが全く変わっていて、どきりとさせられる。出っ張った喉仏も、ごつごつと節だった大きな手も、昔からは想像できないほどに、大人だった。

「でも、千尋ちゃんが来てくれてよかった。今日は俺の最初で最後の晴れの舞台じゃったから」

「最後?」

【国　語】〈五〇分〉〈満点：一〇〇点〉

【注意】1　解答の字数は、句読点・符号も一字と数えること。
2　設問の都合上、原文の一部に変更あり。

一　次の文章を読んで、後の各問に答えなさい。

〈あらすじ〉大島千尋（ちひろ）は、全寮制の星華高等学校の美術コース三年生。一年生の真琴が入学してきてから自分の才能に対する自信を失ってしまう。ある日千尋は描いた肖像画を誰かに破られ、さらに夏休み前にはスニーカーにガラスの破片を入れられて怪我を負う。夏休みを迎えて故郷に戻った千尋は、中学時代の同級生の絵里子と後輩の彩夏、美穂子とともに祭りに行く。

待ち合わせの小鳥遊（たかなし）港へ行くと見物人に交じって、絵里子と彩夏、美穂子がカラフルな浴衣を着て街灯の下で待っていた。

「ごめん。遅れた」

謝ると、絵里子は、わあ綺麗、と声を上げた。

「やっぱり千尋は違うわ。すっごい綺麗。どこのブランドの?」

そんなことない、と言いかけて、

「いや、これはお母さんが買ってきたやつだから、そこらへんで買ったやつじゃない?」

「え?　そうなの?　千尋ちゃんのお母さんやるなあ」

彩夏に褒（ほ）められ、何て言っていいか分からず、返事ができなかった。

誤魔化（ごまか）すように、美穂子に、山車（だし）と神輿（みこし）まだ来てない?　と訊（たず）ねる。

「もうそろそろだと思うんじゃけど」

美穂子が言ったとき、来たぞ、と声がした。民家の陰から山車と神輿が出てくる。

タンタタン。

「よーいやっさ!」

見物人が太鼓のリズムに合わせて掛け声をかける。その途端、体中の血液が煮えたぎるような興奮が頭に向かって動き出した。ああ、これだ、と千尋は思う。これでこそ、祭りだ。

タンタタン、よーいやっさ、タンタタン、よーいやっさ。

徐々にリズムを速めながら山車と神輿が港に設置された会場に近づいてくる。引き手、担ぎ手の若い衆はすでに汗だくだったけれど、その顔はいつもと違ってかっこよく見える。

小学生たちが山車に向かって走り出すと、危ないからと言って親たちが慌てて引き留めるのが視界の片隅に入った。そうだ、これからが良いところなのだ。

見物人の前まで来ると、先頭で掛け声をかけていた男が「行くぞー!」と声を張り上げた。それと同時に太鼓のリズムがより一層速くなり、いよいよ山車が左右にひっくり返された。叩き手の四人の子供は振り落とされないようにさらし布で縛られているが、あまりに豪快に返すため、誰か落ちてしまうんじゃないかと心配になる。よく見ると、今年は女の子が一人乗っている。あまりに細く、小さくて、目が離せない。

「あの子、大丈夫かな。落ちんじゃろうか」

千尋がぼそっと呟（つぶや）くと、絵里子がぷはっと噴き出した。

「何言っとるんよ。村で初めての女子の叩き手が」

「いや、そうじゃけど……」

慌てて弁解しようとして顔が真っ赤になった。それを見て、絵里子が

大切なことはメモしておこうネ！

2023年度

解　答　と　解　説

《2023年度の配点は解答欄に掲載してあります。》

＜数学解答＞

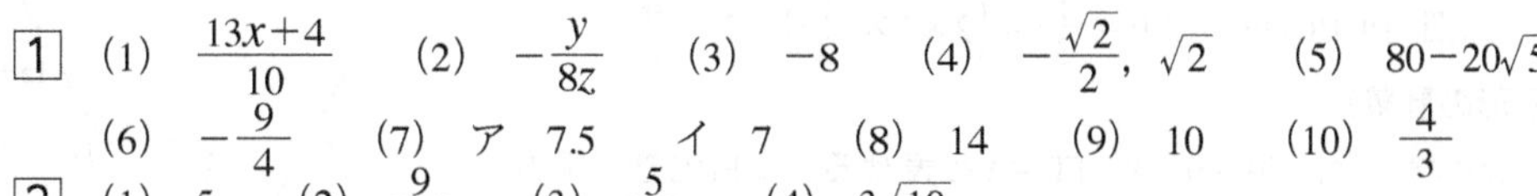

[1]　(1)　$\frac{13x+4}{10}$　(2)　$-\frac{y}{8z}$　(3)　-8　(4)　$-\frac{\sqrt{2}}{2}$，$\sqrt{2}$　(5)　$80-20\sqrt{5}$

(6)　$-\frac{9}{4}$　(7)　ア　7.5　イ　7　(8)　14　(9)　10　(10)　$\frac{4}{3}$

[2]　(1)　5　(2)　$\frac{9}{2}$　(3)　$\frac{5}{2}$　(4)　$3\sqrt{10}$

[3]　ア　40　イ　③　ウ　60　エ　$5\sqrt{3}$　オ　6　カ　10　キ　$5\sqrt{3}-8$

ク　$5\sqrt{3}+8$(キク…順不同)

[4]　[1]　(1)　$p+q$　(2)　①　2　②　$\sqrt{5}$　[2]　(1)　1　(2)　$\frac{3}{2}$

(3)　$\frac{-1-\sqrt{29}}{4}$(途中過程は解説参照)

○推定配点○

[1]　(7)　各2点×2　他　各4点×9　[2]　各4点×4　[3]　キ，ク　4点(完答)

他　各3点×6　[4]　[2](3)　7点　他　各3点×5　計100点

＜数学解説＞

[1]　(式・平方根の計算，二次方程式の解，式の値，関数の変域，データの活用，場合の数，平面・立体図形)

(1)　$\frac{7x-1}{3}-\frac{5x-2}{6}-\frac{x-2}{5}=\frac{1}{30}\{10(7x-1)-5(5x-2)-6(x-2)\}=\frac{1}{30}(70x-10-25x+10-6x+12)=\frac{1}{30}(39x+12)=\frac{13x+4}{10}$

(2)　$x^4y^8z\div(-2x^2y^3)^3\div\left(\frac{z}{xy}\right)^2=x^4y^8z\div(-8x^6y^9)\div\frac{z^2}{x^2y^2}=x^4y^8z\times\left(-\frac{1}{8x^6y^9}\right)\times\left(\frac{x^2y^2}{z^2}\right)=-\frac{x^6y^{10}z}{8x^6y^9z^2}=-\frac{y}{8z}$

(3)　$(\sqrt{12}+\sqrt{20})\left(\frac{6}{\sqrt{3}}-\frac{10}{\sqrt{5}}\right)=(2\sqrt{3}+2\sqrt{5})(2\sqrt{3}-2\sqrt{5})=(2\sqrt{3})^2-(2\sqrt{5})^2=12-20=-8$

(4)　$\sqrt{2}x^2-x-\sqrt{2}=0$　二次方程式の解の公式から，$\frac{-(-1)\pm\sqrt{(-1)^2-4\times\sqrt{2}\times(-\sqrt{2})}}{2\times\sqrt{2}}=\frac{1\pm3}{2\sqrt{2}}$　$x=-\frac{\sqrt{2}}{2}$，$\sqrt{2}$

(5)　$a=[\sqrt{5}]=[2.236\cdots]=2$　より，$b=\sqrt{5}-2$　$a^5+a^4b-a^3b^2-a^2b^3=a^4(a+b)-a^2b^2(a+b)=(a+b)(a^4-a^2b^2)=(a+b)\times a^2(a^2-b^2)=(a+b)\times a^2(a+b)(a-b)=a^2(a+b)^2(a-b)=2^2\times(\sqrt{5})^2\times(4-\sqrt{5})=80-20\sqrt{5}$

(6)　$x=-2$のとき，$y=-9$を通ることから，$y=ax^2$に代入して，$-9=a\times(-2)^2$　$a=-\frac{9}{4}$

(7)　5点の生徒数をx人，10点の生徒数をy人とする。合計人数から$x+y=6$　5点の生徒数と10点の生徒数の関係から$y=2x$　2式を連立して，$x=2$，$y=4$　20個のデータの中央値は10人目と11人目のデータの平均であり，$\frac{1}{2}(7+8)=7.5$点　最頻値は7点

重要　(8)　1種類の硬貨を使うとき，10円，20円，50円，100円，2種類の硬貨を使うとき，60円，70円，110円，120円，150円，200円，3種類の硬貨を使うとき，160円，170円，210円，220円　以上より，14通り。

重要 (9)　右図のように，辺BA，EFを延長した直線の交点をG，辺BC，EDを延長した直線の交点をHとする。△AFG，△CDHは正三角形であるから，四角形GBHEは2組の対角がそれぞれ等しいので平行四辺形である。EF$=x$とおく。GE$=$BHより，GF$=13-x$　すなわち，AF$=13-x$と表せる。BG$=$HEより，$8+(13-x)=6+$DE　すなわち，DE$=15-x$と表せる。周の長さより，$8+7+6+(15-x)+x+(13-x)=39$　これを解いて，$x=10$

(10)　$\frac{1}{3}\times$(四角形BCDE)$\times$AF$=\frac{1}{3}\times\left(2\times2\times\frac{1}{2}\right)\times2=\frac{4}{3}$

2 (平面図形の計量)

(1)　AF$=x$とおくと，FB$=9-x$，FE$=x$と表せる。△FBEで三平方の定理より，FE$^2=$FB$^2+$BE^2　$x^2=(9-x)^2+3^2$　これを解いて，$x=5$

(2)　折り返した角だから，∠FEH$=90°$　△FBEと△ECIで，∠B$=$∠C$=90°$…①　内角の和より，∠BFE$=180°-$(∠B$+$∠BEF)$=90°-$∠BEF…②　3点B，E，Cは同一直線上にあるから，∠CEI$=180°-$(∠FEH$+$∠BEF)$=90°-$∠BEF…③　②③より，∠BFE$=$∠CEI…④　①④より，2組の角がそれぞれ等しいので△FBE∽△ECI　よって，FB：EC$=$BE：CIが成り立つ。　4：6$=$3：CI　したがって，CI$=\frac{9}{2}$

(3)　GI$=y$とおくと，DG$=$CD$-$(CI$+$GI)$=9-\left(\frac{9}{2}+y\right)=\frac{9}{2}-y$　よって，GH$=$DG$=\frac{9}{2}-y$と表せる。△FBEと△GHIで，∠B$=$∠H$=90°$…①　∠BEF$=$∠CIE$=$∠HIG…②　①②より，△FBE∽△GHI　よって，FB：GH$=$FE：GIが成り立つ。　$4:\left(\frac{9}{2}-y\right)=5:y$　よって，$y=\frac{5}{2}$

重要 (4)　右図のように，AとEを結びFGとの交点をJとすると，AE⊥FGである。また，Gから辺ABに垂線GKを引く。△AJFと△GKFで，∠AJF$=$∠GKF$=90°$，∠AFJ$=$∠GFKであるから，内角の和より，∠FAJ$=$∠FGKとなる。よって，△ABE≡△GKFが成り立つ。ゆえに，KF$=$BE$=3$　△GKFで三平方の定理より，GF$^2=$KF$^2+$GK^2　GF$^2=3^2+9^2$　GF>0より，GF$=3\sqrt{10}$

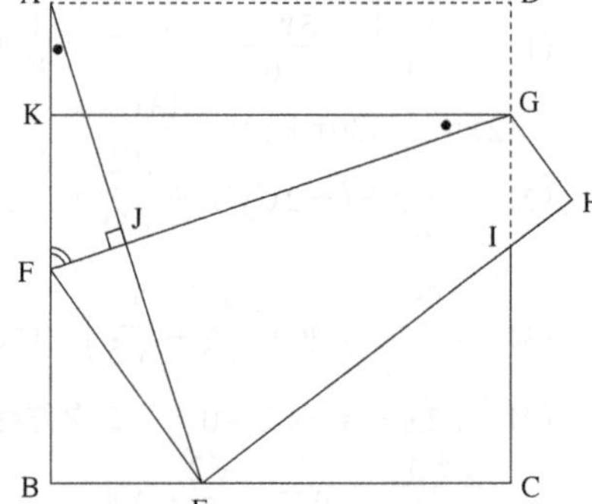

3 (円の性質，図形と関数・グラフの融合問題)

(ア)　円周角の定理より，∠APB$=\frac{1}{2}$∠AOB$=\frac{1}{2}\times80°=40°$　(イ)　∠APBが円周角となることを利用するから，3点A，B，Pを通る円を考える。(ウ)　円周角の定理より，∠ACB$=2$∠APB$=2\times30°=60°$　(エ)(オ)　△ABCは1辺10の正三角形である。Cを通り，x軸に平行な直線とy軸との交点をHとする。CH$=10\times\frac{\sqrt{3}}{2}=5\sqrt{3}$　AH$=10\times\frac{1}{2}=5$　よって，点Cの座標は$(5\sqrt{3},\ 6)$　(カ)　円の半径より，CP$=10$　(キ)(ク)　Cからx軸に垂線CIを引く。△CIPで三平方の定理より，CP$^2=$CI$^2+$PI^2　$10^2=6^2+(p-5\sqrt{3})^2$

$p^2-10\sqrt{3}p+11=0$　二次方程式の解の公式から，$p=\frac{-(-10\sqrt{3})\pm\sqrt{(-10\sqrt{3})^2-4\times1\times11}}{2\times1}$

$p=\frac{10\sqrt{3}\pm16}{2}$　$p=5\sqrt{3}\pm8$

4 （図形と関数・グラフの融合問題）

［1］ (1) （直線の傾き）$=\dfrac{(y\text{の増加量})}{(x\text{の増加量})}=\dfrac{p^2-q^2}{p-q}=\dfrac{(p+q)(p-q)}{p-q}=p+q$ (2) ① $y=2x$に点Bの座標を代入して， $b=2\times1$ $b=2$ ② $\mathrm{OB}=\sqrt{\mathrm{AO}^2+\mathrm{AB}^2}=\sqrt{1^2+2^2}=\sqrt{5}$

［2］ (1) pを通りx軸に平行な直線と，Qを通りy軸に平行な直線の交点をHとする。△PHQと［1］(2)の△OABは合同である。OA＝1より，$q-p=1$ (2) 放物線$y=x^2$上にある2点PとQのx座標の差が1，y座標の差が2であるとき，$\mathrm{P}\left(\dfrac{1}{2},\ \dfrac{1}{4}\right)$，$\mathrm{Q}\left(\dfrac{3}{2},\ \dfrac{9}{4}\right)$である。よって，$q=\dfrac{3}{2}$

(3) (2)より，$\mathrm{P}\left(\dfrac{1}{2},\ \dfrac{1}{4}\right)$，$\mathrm{Q}\left(\dfrac{3}{2},\ \dfrac{9}{4}\right)$だから，$\mathrm{M}\left(1,\ \dfrac{5}{4}\right)$となる。よって，直線MRの傾きが$-\dfrac{1}{2}$なので，$\dfrac{r^2-\frac{5}{4}}{r-1}=-\dfrac{1}{2}$ これより，$4r^2+2r-7=0$ これを解くと，$r=\dfrac{-1\pm\sqrt{29}}{4}$ $r<\dfrac{1}{2}$だから，$r=\dfrac{-1-\sqrt{29}}{4}$

★ワンポイントアドバイス★

基本～標準レベルの問題が出題されている。1, 2の基本問題を確実に正解しよう。3, 4は上手く誘導に乗って解答しよう。記述問題では，要領よく答案を書く練習をしよう。

＜英語解答＞

【1】 第1部 No. 1 1 No. 2 2 No. 3 2 第2部 No.1 2 No. 2 1 No. 3 3
第3部 No. 1 It's 40.2. No. 2 It's saving electricity. No. 3 It's planting trees.
No. 4 They will not survive.

【2】 問1 ウ 問2 ベンがジェンに結婚指輪を買うためにお金を必要としているということ。
問3 車の間を通って町の片側から反対側まで行くのに1時間かかった。 問4 ジェンがその瞬間心の奥深くに抱いていた感情は，彼女が逃れることができるものではなかった。
問5 エ 問6 エ 問7 smoke 問8 It wasn't 問9 1 work
2 reached 3 check 4 moving 問10 1 No, he wasn't.
2 Sherry did. 3 She thought it was going to come true at 1:22 p.m.
問11 1 ○ 2 × 3 ○ 4 × 5 ×

【3】 1 have 2 wars 3 became 4 held 5 beautiful

【4】 1 too 2 take 3 attention 4 age 5 According

【5】 （例） My dream is to become a baseball player and a doctor. To get to this goal, I need to make efforts to practice baseball and study every day. I believe my future friends in Kugayama and I can help each other to improve ourselves. I think I can do all of these things in Kugayama.

○推定配点○

【1】 各2点×10 【2】 問1・問5・問8～問10 各2点×10 他 各3点×10

【3】 各2点×5 【4】 各2点×5 【5】 10点 計100点

<英語解説>

【1】 リスニング問題解説省略。

【2】 **(長文読解問題・物語文：語句補充，内容吟味，英文和訳，指示語，英文挿入)**

(大意)　<これまでのあらすじ>ジェンとボーイフレンドのベンは友人たちと夕食を食べていた。ベンは友人たちに，ジェンの夢は一定の時間がたつと実現することがあると話した。みんなが質問をしたので，ジェンは自分の夢に何が起こったのかを説明した。彼女はまた，重要なことは何も実現しないと付け加えた。彼女は，それはほんの些細なことだと言った。友人たちは多くの質問をし，ジェンは気まずくなった。パーティーは終わり，ベンは家に帰った。彼は電気技師で，町の向こう側で朝早い仕事をしていた。ベンが彼女に結婚を申し込む夢を見ている間に，ジェンは眠りに落ちた。

ジェンは翌朝，耳元の奇妙な音で汗をかきながら目覚めた。彼女が見た夢は彼女が覚えている中で最悪のものだった：ベンは彼が働いていた建物で火事に巻き込まれ，逃げ道を見つけることができなかった。火からの煙と熱はひどいものだった！　そして，何か重いものが彼の上に落ちたとき，大きな金属の鳴る音がした。

ジェンは①深呼吸をして心臓の鼓動を落ち着かせた。彼女は時計を見た。午前7時5分だった。ベンはおそらくすでに仕事をしていたが，とにかく彼に電話したかった。

「もしもし？」ベンは2回目の呼び出し音の後に応答した。

「こんにちは，私よ」とジェンは言った。「あなたの声が聞きたかっただけなの。大丈夫？」

「ぼくは最高だよ，ベイビー！」と彼は言った。「一日を始める準備をしているところだよ。これは大きな仕事で，それはいいことだ。ぼくはすぐに追加のお金が必要になるんだ。②ぼくが何を言っているかわかるかい？」

ジェンの心臓は跳ね上がった。「彼は私に結婚指輪を買うためにお金が必要だと言っているの？」彼女は微笑んだ。「愛してるわ，ベン」と彼女は言った。

「ぼくも愛しているよ，ジェン」彼は言った。「仕事が終わったら会おう。オッケイ？」

「わかったわ」と彼女は答えた。「今日気をつけてね。」

「いつも気をつけてるよ」と彼は言い，電話を切った。

それは彼女の最初の悪い夢ではなかったし，悪い夢が本当になることなどないと彼女は知っていた。

ジェンはベッドから起き上がり，その日の準備を始めた。1時間後，彼女は車で通勤していた。彼女はまだ夢について考えていた。ベンの新しい仕事は，彼女が看護師として働いている診療所から見て町の反対側にある建物だった。③街の片側から反対側まで車を通り抜けていくのに1時間かかったので，その夜遅くまで彼女がベンの様子を確認する方法はなかった。彼女は夢のことを考えないようにしたが，心配せずにはいられなかった。

忙しい朝を終えて正午に昼休みが来ると，彼女はひとときの安らぎを喜んだ。休憩室には他の看護師も数人いた。彼女らは皆，ただ沈黙を楽しんでいた…シェリーがスープを食べるためにスプーンを落とすまでは。テーブルの上で大きな金属音がした。

鳴っている音は，ジェンにとって最も強い感覚の記憶の1つを引き起こした。それはその朝の彼女の頭の中の音と同じだった。ベンが火の中にいて，何か重いものが彼の上に落ちた恐ろしい夢の中と同じ音だった！

ジェンは時計を見た。午後の12時7分だった。彼女は目が覚めた午前7時5分の時計上の時を思った。彼女の悪い夢は叶うことはなかったが，④ジェンがその瞬間に心の奥底で感じた感情は，彼女が逃げることができるものではなかった。

時計は現在，午後12時8分を示している。ジェンはいくつかの簡単な計算を行い，何かをするのに1時間14分あることに気付いた。彼女は飛び上がってバッグをつかみ，休憩室から飛び出した。

ジェンが車に乗り込むと，片手でベンの番号をダイヤルし，もう一方の手で車を始動した。彼女が通りを運転しているときに，彼の電話は鳴り続け，最終的にボイスメールに届いた。

「ベン，私よ」とジェンはすぐに言った。「これを聞いたら，私に電話して。」彼女は高速道路に入ったところで電話を切った。お昼時だったので，渋滞は多少あった⑤が，夕方のラッシュアワーほどではなかった。それでも，ベンの建物に行くにはおそらく丸1時間かかるだろう。

ジェンは車の時計を見た。それは午後12時16分だった。彼女は再び電話を取り，ベンの友人ジェイミーの番号をダイヤルした。彼は3回目の呼び出しの後電話に出た。

「ジェイミー，ジェンです」と彼女は言った。

「ハイ，ジェン！」彼は返事をした。「どうしたの？」

「私の夢について彼に何か言うべきだろうか？」と彼女は自分自身に言った。長い沈黙の後，彼女は正直になることにした。「ベンが働いている建物で火事に巻き込まれる夢を見たの」とジェンは言った。「昨夜，私の夢は叶わないと言ったのは知っているけど，これは本当に私を⑥悩ませているのよ。それで今，彼が私の電話に出ないので，私はひどく困っているの。」

「わかった。ぼくがあそこに行って，彼を見てみるよ。」とジェイミーは言った。

「ありがとう，ジェイミー」とジェンは言った。「何もなければいいけど。」

「ぼくもそう思うよ。」ジェイミーは言った。「心配しないで，彼は大丈夫だよ，ジェン。」

ジェンは電話を切り，もう一度時計を見た。午後12時22分だった。

交通渋滞はひどくなく，ジェンはベンの建物までのドライブの最初の30分間走り続けることができた。その後，建物から約5マイル離れたところで，交通は完全に止まってしまった。彼女はベンの電話をもう一度試したが，まだ応答がなかった。彼女はジェイミーにメッセージを送ったが，彼はすぐに応えなかった。彼女は時計を見た。午後12時54分だった。夢が叶ってしまうまであと28分だった。

最後に，彼女はベンの建物に到着した。彼女は時計を見た—午後1時12分だった。彼女には10分あった。彼女はロビーのドアに向かって走った。彼女が入るとすぐに，彼女はそれを嗅ぐことができた—⑦煙！　彼女の心は沈み，パニックになり始めた。それは本当だった。火事があったのだ！彼女の夢は実現するところだった！

問1　心臓の鼓動を落ち着かせるためにすることなので，ウが答え。ア「泣き叫んだ」，イ「夢について再び考えた」，ウ「深呼吸をした」，エ「素早く動いた」

問2　直後に「彼は私に結婚指輪を買うためにお金が必要だと言っているの？」とある。「追加のお金」はそのためだと思われるので，この内容を使ってまとめる。

問3　〈 it takes … to ～〉で「～するのに…かかる」という意味になる。〈 get through ～ 〉は「～を通り抜ける」という意味。on side of the city は「町の一方の端」という意味。the other は the other side of the city を省略したものである。

問4　Jen had deep in her heart at that moment という部分が feeling を修飾している。目的格の関係代名詞が使われているが，省略されている。よって，the から moment までが主語になる。また，she could run away from という部分が something を修飾している。ここでも目的格の関係代名詞が使われているが，省略されている。

問5　前後の内容が対立しているので，逆接の接続詞を選ぶ。

問6　bother は「～を悩ませる」という意味なので，エが答え。ア「誰かをきれいにすること」，イ「だれかをよりよくすること」，ウ「だれかに興味をもたせること」，エ「だれかを困らせること」

問7 直前に「それを嗅ぐことができた」とある。また,「火事があったのだ」とあるので,ジェンが嗅いだのは「煙」だとわかる。

問8 挿入文「ジェンは電話を置き,昨夜の夢のことを考えないようにした。」 ジェンが電話をかけた場面で,ジェンが電話を切ったという内容が書かれていない部分を探す。また,ジェンが悪夢について心配していることを含む場面であることに注意する。

問9 ジェンはとても悪い夢を見た。その中で,彼女のボーイフレンドのベンが火事に巻き込まれた。彼女はその夢について考えないようにした。1仕事中に夢を思い出させる出来事があった。彼女は夢が叶うかもしれない時まであと1時間しかないことに気づいた。彼女はベンに電話をかけたが,彼のボイスメールに2届いた。彼女はベンが無事であることを確認するために車で行くことにした。途中,ジェンはジェイミーに電話し,彼はベンのことを3調べると言った。渋滞は最初は悪くなかったが,悪化し,彼女は4前に進めなくなった。彼女が最後に着いたとき,彼女は火事があったことに気づいた。

問10 1 「ベンは彼が働いていたビルで火事にとらえられたか。」 火事にとらえられたとははっきり書かれていないので,no を使って答える。 2 「ジェンに最も強い思い出の一つをもたらしたのは誰か。」 シェリーがスープを食べるために落としたスプーンの音によって,ジェンは悪夢を思い出した。 3 「ジェンは,何時に自分の悪い夢が本当になると思ったか。」 最後の段落に「午後1時12分だった。彼女には10分あった」とあるので,午後1時22分だと答える。

重要 問11 1 「耳の中で鳴る音で目が覚めた後,ジェンはちょうどその時見た夢は他のどの夢よりもひどいと感じた。」「彼女が見た夢は彼女が覚えている中で最悪のものだった」とあるので,正しい。 2 「ジェンが仕事のために家を出る準備をするのに1時間以上かかった。」「ジェンはベッドから起き上がり,その日の準備を始めた。1時間後,彼女は車で通勤していた」とあるので,誤り。 3 「休憩室は,スプーンがテーブルにぶつかるのをジェンが聞くほど静かだった。」「彼女らは皆,ただ沈黙を楽しんでいた…シェリーがスープを食べるためにスプーンを落とすまでは」とあるので,正しい。 4 「ジェンがベンの職場に向かって車を運転しているとき,彼女はベンと電話で話した。」 ジェンが話した相手はジェイミーなので,誤り。 5 「午後に,ジェンはジェイミーに3回電話をかけた。」 電話をかけたのは1度なので,誤り。

【3】 (正誤問題:動詞,慣用表現,分詞,SVC)

1 「私が夫と一緒に訪れるヨーロッパの国々にはたくさんの観光スポットがある。ドイツの美しい城にずっと行きたいと思っていたが,今年の夏はそれが叶う。」 主語は countries なので,三単現にはならない。has を have にする。

2 「10世紀半ばに神聖ローマ帝国という国ができた。17世紀には,この地域で三十年戦争が勃発し,土地のほとんどが破壊された。それは人類の歴史の中で最も恐ろしい戦争の一つだった。」 前に〈 one of ~ 〉があるので,複数形にする。war を wars にする。

重要 3 「第二次世界大戦が終わって,ドイツは東ドイツと西ドイツの二つの国になった。その後,1990年に1つの国にまとめられた。それ以来,ドイツはヨーロッパで最大の経済大国になった。メルセデス,BMW,ポルシェなどのドイツ製の車は,今や世界中で人気がある。」 when は時間の流れの一点を示す言葉なので,現在完了とともには使えない。has become を過去形にする。

4 「ベルリンはドイツ最大の都市だ。約370万人が住んでいる。市内にはオーケストラやオペラハウスがたくさんある。私はクラシック音楽を聴くことにとても興味があるので,滞在中に開催されるクラシックコンサートに行く予定だ。」 コンサートは「開かれる」ものなので,hold を受け身の意味を表す過去分詞にする。

5 「私は,19世紀にルートヴィヒ2世が築いた城,ノイシュヴァンシュタイン城に行くのが楽しみだ。近くの橋から見る城は美しく見えると言われている。アメリカのディズニーランドにある眠れる森の美女の城は，この城がモデルになっている。」〈A look B〉で「A は B に見える」という意味を表す。B には形容詞が入るので，beautifully を beautiful にする。

【4】（書き換え問題：不定詞，動詞，慣用表現，名詞）

1 「私はとても疲れていたので，それ以上走れなかった。」→「私はそれ以上走るには疲れすぎていた。」〈too ～ to …〉で「…するには～すぎる」という意味を表す。

2 「あなたはあのバスで駅まで行ける。」→「あのバスはあなたを駅まで連れていく。」〈take A to B〉で「A を B に連れて行く」という意味を表す。

3 「両親は，子供たちのソーシャルメディア，ゲームそしてインターネットの使用について注意するべきだ。」〈pay attention to ～〉で「～に注意する」という意味を表す。

4 「彼が何歳か誰も言えない。」→「彼の年齢を言うことは不可能だ。」 age は「年齢」という意味。

5 「研究者は，ミャンマーで学校に通っていない子供の数は2年間で2倍以上になったと言う。」→「研究によると，ミャンマーで学校に通っていない子供の数は2年間で2倍以上になった。」〈according to ～〉は「～によれば」という意味を表す。

【5】（英作文問題）

「久我山高校を選んだ理由」というテーマについて英作文をする問題。なるべく具体的な内容をわかりやすく書くように心がける。「できるだけたくさんの英文を」とあることに注意しながら，なるべく具体的な内容を書くようにするとよい。また，単語・熟語や文法上のミスによって減点されることが多いので，不用意なミスを失くすように注意するべきである。さらに，他の場所に一度下書きをして，語彙や文法をチェックした後に，できるだけ丁寧な字で清書することも大切なことである。

★ワンポイントアドバイス★

【4】の4には「～することは不可能だ」という意味の文が使われているが，似た表現として〈there is no ～〉がある。この文を書き換えると There is no telling his age. となる。この構文で使う ing 形は動名詞である。

＜国語解答＞

一 問一 2　問二 世界　問三 3　問四 4　問五 子供の頃にはあった自分の考えを測るものさしを取り戻して，これからの進路を決めたいと思った

二 問一 4　問二 2　問三 家畜の生命を奪って生活を成り立たせていながら，その命を慈しむことで動物と有機的に共存すること。　問四 4　問五 2

三 問一 異名 3　季節 1　問二 3　問三 2　問四 4

四 ① 啓発　② 肝要　③ 卑屈　④ 佳境　⑤ 促進　⑥ 粉　⑦ 請　⑧ 停滞　⑨ 飽食　⑩ 陶酔

○推定配点○

一 問五 10点　他 各4点×5　二 問三 10点　他 各4点×5　三 各4点×5
四 各2点×10　計100点

＜国語解説＞

一 （小説―情景・心情，脱文・脱語補充，文脈把握）

問一　傍線部①直後「あなたはまだ……絶対に来る」からは，美穂子が千尋に憧れているのは世界を知らないからであり，世界を知れば自分などに憧れる理由はないのだ，と千尋が自分を卑下している様子がうかがえる。　1　真琴一人に限らず，世界には千尋よりも憧れるべき人物がいる，という意味合いなので不適当。　3　美穂子は「まっすぐと千尋を見つめて」いたこと，彩夏が「美穂子のはお世辞なんかじゃないけえ」と発言していることをふまえると，美穂子は「あからさまにお世辞を言」っていると判断できないため不適当。　4　美穂子は千尋を尊敬し，憧れているということがわかるのみであり，「甘えて」いるような描写はないため不適当。

問二　アメリカ留学について千尋が「考えたこともない選択肢」としていることと，傍線部①直後で千尋が美穂子に対して感じた「あなたはまだ知らないのだ。世界にはもっともっと素敵な人がいる。」は対応する関係になっている。つまり，千尋は村から三時間かかる高校に進学し，挫折を味わったことで村の人々の知らない世界を知った気になっていたが，アメリカ留学は遠くの高校へ行くなどというよりももっと遠くへ行くことであり，まだ千尋には知らない世界があるのだということを思い知らされた，ということである。

問三　隆志の「な？　分からんじゃろ？……」「人は自分の負けを……」という二つの発言の中で，当時祖父が言ったことが引用されているので，それをもとに解答する。要は，負けを認められれば人は成長できるため，負けを認めた隆志には成長が見込めるということである。4と迷うが，「前向きに努力を続け」たかどうかはかき氷の件の時点ではわからないため不適当。努力したと思われるのは，祭りの後からアメリカ留学を決めるまでの間のことと思われる。

問四　隆志との会話の結果，千尋は「祖父は思いがけない……残してくれていた」と感じている。その後千尋は浜辺で「たった一人，自分より……悔しくて。」と自分の弱さや欠点について細かく自省しており，これは〈負けを認めろ。自分の弱さを誤魔化すな〉，という祖父の言葉をふまえた結果と考えられる。3と迷うが，「千尋を気遣った発言」が誤り。「けれど隆志はそんなことを気にしていない様子で」など，隆志が千尋を気遣って言葉を選んでいる様子はない。

問五　傍線部④直後では「もうしばらく……気の向くままに」とあるが，そうする理由は「これからも絵を……決めなければいけない」と感じていることにある。つまり，単に絵を描くために寄宿舎に戻る日を延期するのではなく，絵を描くことを通して自分の進路を見出そうとしているのである。加えて，自由に絵を描くことで進路を見出せると考えた背景には「ものさしを……測るものさし。」ということがあると考えられるため，「ものさしを取り戻して，進路を見出す」という内容でまとめることが重要である。

二 （論説文―文脈把握，内容吟味）

問一　まず培養肉が必要な理由として，第三段落にあるように「旨味の多い……みられる現象」であり，要は「食肉需要の増大は……前提となっている」ことをおさえておく。次に，第四段落で挙げられている「広い土地を必要としない」ことについては，第五・第六段落を通じて，要は牛をはじめとした家畜の生産には土地も水も多く必要だということが示され，それを「家畜の生産が社会的な問題である」とまとめている。　1・2　人口増加については，第三段落で「これから人口は……前提となっている」をふまえると，培養肉の開発によって解消されるわけではない。　3　これは培養肉の開発理由ではなく，第十二段落最終文にあるように「わたしたちに与えうる……枠組みを破壊するような問題」，つまり培養肉が開発されることによって起こり得ることの予想である。

問二　まず傍線部②直前では，「農業や畜産を……始まったことではない」と述べ，その証拠として1932年という，おそらくかなり昔の文章を引用している。そのうえで，第十一段落では「ひるがえって，培養肉について考えてみよう。……これまでの食の近代史がたどってきた歴史そのものである」としていることから，培養肉の開発は畜産を工業化して合理化する流れの一つだと考えることができる。

問三　まず，内澤のいう「豊かさ」については，引用文内の「動物の死と生と，……感じるのだ」を指すことはわかりやすい。ただ，ここでいう「自分の生存」とは，「換金すること」，つまりお金を得ることで生活することを指している。加えて，傍線部③直後に「豊かさ」の痕跡を消すことについて，「生命を奪うことと……薄れていく」と言い換えている。したがって，「豊かさ」とは，「生命を奪うことと生命を慈しむこと」の矛盾にあると言える。これは「動物の死と生と，……共存すること」にも合致する。したがって，まずは自分の生活のために動物を殺しながらもその動物の命を慈しむ，という内容が書けていればよい。矛盾だとわかるよう，「～ながらも」や「～にもかかわらず」「～一方」などの言葉を使えると尚よし。さらに，「一筋縄ではいかない世界」について，「理屈だけではない，感情の豊かさ」であるということが理解できれば満点だろう。

問四　1「罪悪感を抱く必要はない」が誤り。第十四段落では，口蹄疫の感染を止めるための殺処分を「かわいそう」という農家に対する違和感について取り上げたうえで，「内澤はこう反論している」として内澤の文章を引用している。引用以降の段落からも筆者が内澤に共感する立場であると考えられるため，筆者は「罪悪感を抱くのは自然だ」という考えだろう。　2「家畜との信頼関係」が誤り。本文中に信頼関係について読み取れる箇所はない。夢明の話は単に脱走したときに取っ組みあったというだけなので，「信頼関係」まで読み取ることはできない。　3「互いの存在を尊重しケアする」が誤り。「ケア」については第十五段落にある通り，「殺すことに向け」たものなので人間に向けられるものではない。

問五　1「地球環境の悪化を救う切り札」が誤り。第十八段落では「自然に対する負荷は……無視されている」と，培養肉の維持管理が地球環境を悪化させる可能性について示唆している。
3「固定化」が誤り。第十一段落「培養肉は，インスタントラーメンや……十分に考えられる」より，食肉階級社会は今既にあるわけではなく，培養肉の利用が開始された場合にはじめて「到来」するのである。　4「ようやく」が誤り。「ようやく」は望ましいことに使われる言葉だが，筆者は最終段落で「摩擦のない……いえるのだろうか」と，摩擦が取り払われることについて批判的な立場を示している。

三　(古文―その他，文脈把握)

〈口語訳〉　伏見稲荷に思い立って詣でたときに，中のお社にさしかかるあたりで，ひじょうに苦しいのを我慢して坂を登ったのだが，少しも苦しそうな様子もなく，遅れて来るように見える人たちが，どんどん先に行って詣でるのには，とても感服する。二月の午の日の夜明け前に，急いだけれども，坂の半分くらいまで歩いたところ，巳の時(午前十時あたり)頃になってしまったのであった。次第に暑くさえなってきて，本当に辛くて，なぜ，こんなに暑苦しくない，詣でるのにちょうど良い日もあろうのに，どうしてまた詣でてなどいるのだろうとまで思って，涙も流れ落ちて，休憩してくたびれていると，四十歳すぎくらいの女で，壺装束などではなくて，着物の裾を上げている(だけの)人が，「私は七度詣でをするのですよ。三度は巡拝しました。あと四回はたいしたことではありません。まだ未の時(午後二時あたり)のうちに帰途につけるでしょう」と，道で出会った人に言って，坂をくだって行ったのは，普段の場所では目にもとまらないだろうけれども，このような身に今すぐなりたい，と思われた。

問一　「二月」は「如月」とも書く。古文では，一月～三月が春，四月～六月が夏，七月～九月が秋，十月～十二月が冬である。

問二 「これ」は，作者が苦労して登っている坂を，壺装束という専用の服でもなく裾をたくし上げただけの格好で「あと四回はたいしたことではない」と軽々と登り下りしている女性のことを指す。自分は坂の半分で既に疲れてしまっているので，この女性のように身軽になりたい，ということである。

問三 「やうやう……休み困ずるに」で述べているように，次第に暑くなってきて，坂を登るのが辛くなり，何をしにお参りに来たのだろうかと涙も流してくたびれていたところに，「四十余ばかりなる女」が「『まろは……』」と言って苦もなく登っていくのを見た筆者は，この女に今すぐなりたいと思うほど，お参りに来たことを後悔しているので，2が適当。「まことにわびしく」「休み困ずる」をふまえていない他の選択肢は不適当。題名の「うらやましげなるもの」が「うらやましく思えるもの」という意味であることもふまえ，元気な女をうらやましく思うほど後悔していることを読み取る。

問四 「うらやましげなるもの」という題から，「自分にはないもので，他人にあるもの」だということをまずおさえておく。すると，1は「なき」つまり「ない」と言っているので，何がうらやましいのか不明である。 2は，愛する人の行動であり，うらやましいものとは言えない。3は，立派な人が物などを送ったことに対しての返事ということなので，何がうらやましいのか不明である。

四 （漢字の読み書き）

①「啓発」とは，「新たな知識や気付きを与えて，人を教え導くこと」。 ②「肝要」とは，「最も重要・必要なこと」。 ③「卑屈」とは，「自分をいやしめて服従・妥協しようとする，いくじのない態度」。④「佳境」とは，「興味を感じさせる場面」また，「景色のよい所」。 ⑤「促進」とは，「物事がはやくはかどるようにうながすこと」。 ⑥「身を粉にする」とは，「労苦を惜しまずに働くこと」。⑦「請け負う」とは，「責任を持って任務などを引き受けること」。⑧「停滞」とは，「物事がある所にたまって，調子よく進行しないこと」。 ⑨「飽食」とは，「十分に食べて満ち足りること」。 ⑩「陶酔」とは，「うっとりとしてその気分にひたること」。

★ワンポイントアドバイス★

論説文は，傍線部の周辺だけでなく，文章全体の論理展開もふまえて解答根拠を見極めよう。小説は，人物の一つの言動にも様々な理由や背景があることを意識して読もう。古文は，主人公がどのような立場で，何についてどう感じているのかに注目して流れを把握しよう。

2022年度

★★★★★★★★★★★★★★★★★★★★★★★

入　試　問　題

2022年度

国学院大学久我山高等学校入試問題

【数　学】（50分）　<満点：100点>

【注意】 円周率はπとする。

1　次の $\square$ を適当にうめなさい。

(1) $\dfrac{5x-4y}{3}-\dfrac{4x-y}{2}=\square$

(2) $(-2)^{2022}\div(-2)^{2020}-(-2^{2022})\div(-2^{2021})=\square$

(3) $a=\dfrac{1}{4}$ のとき，$\dfrac{1-a}{\sqrt{a^2+2a+1}+\sqrt{9a^2-6a+1}}=\square$

(4) $(x+y+1)(x+y-1)-(x-y)^2$を展開すると $\square$ である。

(5) 縦の長さがx，横の長さがyの長方形がある。縦の長さを20%短くしても長方形の面積が変わらないようにするには，横の長さを $\square$ %長くすればよい。

(6) 連立方程式$\begin{cases}\dfrac{1}{x+y}+\dfrac{1}{x-y}=7\\ \dfrac{1}{x+y}-\dfrac{1}{x-y}=3\end{cases}$ を解くと，$x=$ ア ，$y=$ イ である。

(7) 関数$y=ax+1$ $(a<0)$ のxの変域が，$b\leqq x\leqq b+2$のとき，yの変域は$-2\leqq y\leqq 4$となる。このとき，$a=$ ア ，$b=$ イ である。

(8) 4を「1＋1＋1＋1」や「1＋1＋2」のように，自然数の和の形で表したとき，その表し方は全部で $\square$ 通りある。ただし，同じ自然数の組み合わせであっても「1＋3」と「3＋1」のように，その順番が異なるものは，異なる表し方であるとする。また，「4」は和の形では表していないものとする。

(9) 図のように，縦9 *cm*，横8 *cm*の長方形ABCDに，円Pが辺AB，BCと接し，円Qが辺AD，DCと接している。2つの円は互いに接し，円Qの半径が円Pの半径の2倍であるとき，2つの円の中心の距離は $\square$ *cm*である。

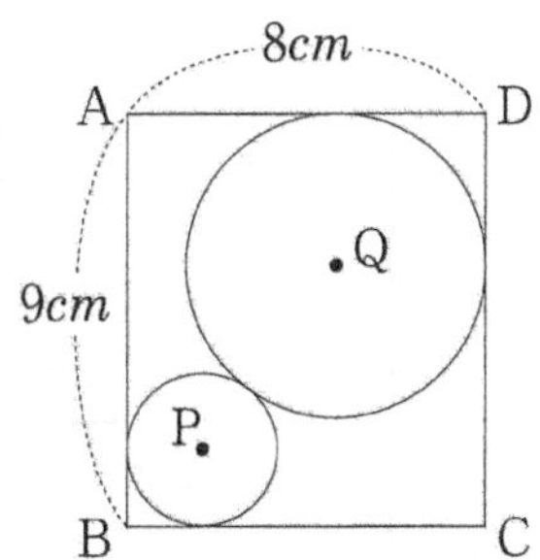

⑽ 図のように，∠AOB＝20° で開いた２枚の鏡OA，OBがある。OA上の点Pから，図のような角度でレーザーを発射する。最初に反射した点をQ，２回目に反射した点をRとする。レーザーは全部で ☐ 回反射したあと点Pに戻る。

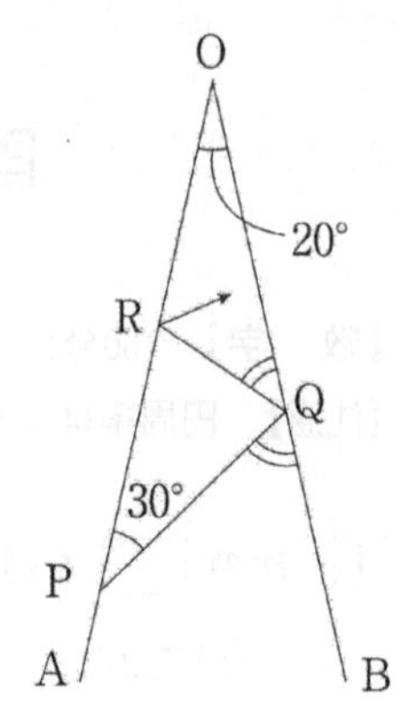

2 次の問いに答えなさい。

⑴ 反例の説明として正しいものをア～エから１つ選び，記号で答えなさい。

ア．あることがらの仮定にあてはまるもののうち，結論が成り立つ場合の例

イ．あることがらの仮定にあてはまらないもののうち，結論が成り立つ場合の例

ウ．あることがらの仮定にあてはまるもののうち，結論が成り立たない場合の例

エ．あることがらの仮定にあてはまらないもののうち，結論が成り立たない場合の例

⑵ 以下の文の ☐ をうめなさい。

k 番目が k である数の列 {１，２，３，……} の１番目から n 番目までのすべての数の列の和を $\sum_{k=1}^{n} k$ で表します。式で表すと，

$$\sum_{k=1}^{n} k = 1+2+3+\cdots+n$$

となります。

同様に，k 番目が k^2 である数の列 {1^2，2^2，3^2，……} の１番目から n 番目までのすべての数の列の和を式で表すと，

$$\sum_{k=1}^{n} k^2 = 1^2+2^2+3^2+\cdots+n^2$$

となります $\sum_{k=1}^{5} k^3$ を式で表すと，

$$\sum_{k=1}^{5} k^3 = \boxed{}$$

となります。

⑶ 図１のヒストグラムに対応する箱ひげ図を，図２のア～カから１つ選び，記号で答えなさい。

図１

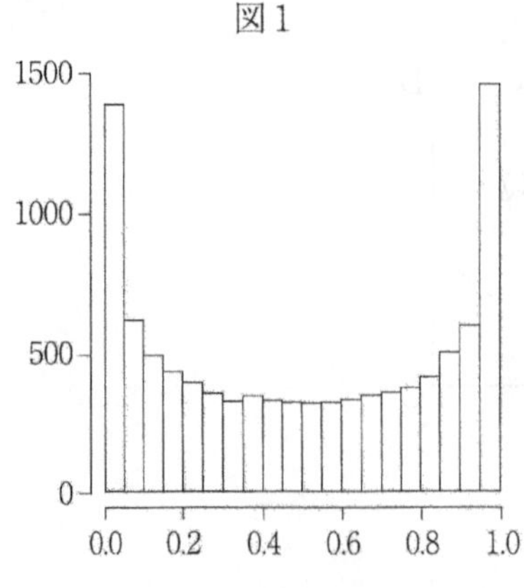

図２

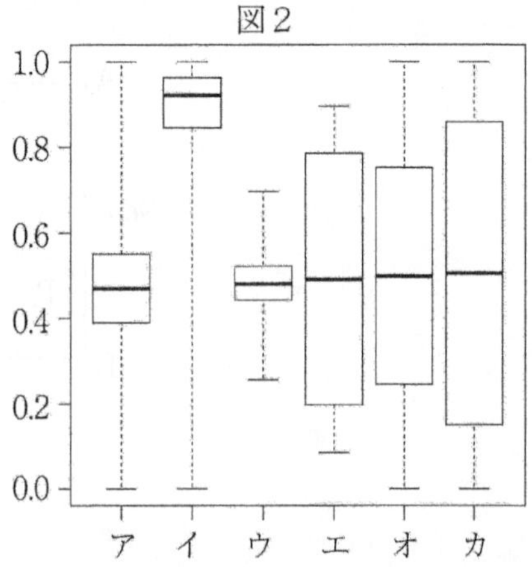

(4) 方程式の解の個数は，グラフの交点の個数を調べることでわかります。
例えば，$-2 \leqq x \leqq 2$ の範囲で考えたとき，x の方程式 $x^2 = x + 1$ の解の個数は2個です。このことは，図1の関数 $y = x^2$ のグラフと関数 $y = x + 1$ のグラフの交点の個数からもわかります。
$-1 \leqq x \leqq 3$ の範囲で考えたとき，x の方程式 $x^3 - 2x^2 = 1$ の解の個数を答えなさい。ここで，関数 $y = x^3 - 2x^2$ のグラフは図2の通りです。

図1

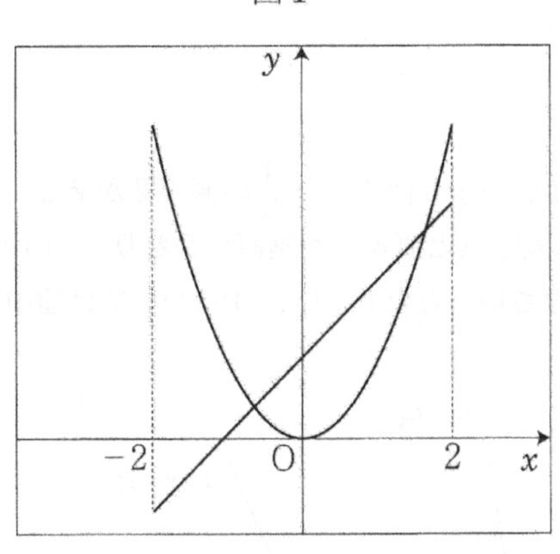

図2

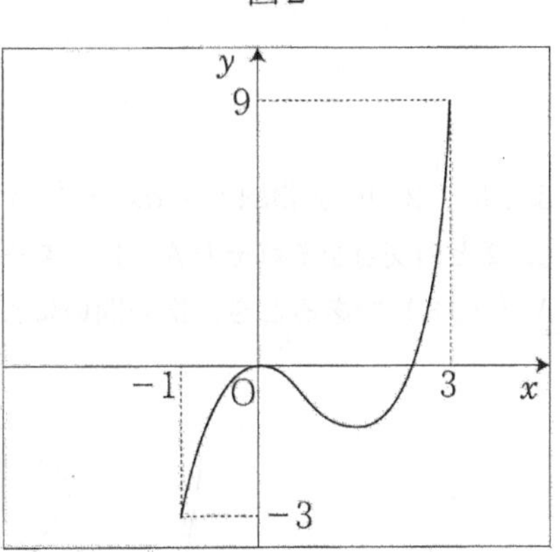

3 右の図のような1辺の長さが4cmの立方体がある。この立方体の辺AB，ADの中点をそれぞれM，Nとする。次の問いに答えなさい。

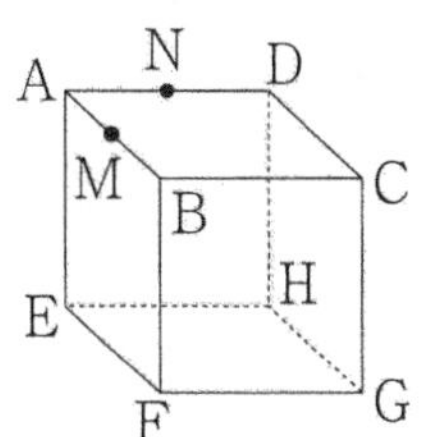

(1) 辺AEの中点をPとする。この立方体を3点M，N，Pを通る平面で切ります。切り口の図形の名称を答えなさい。

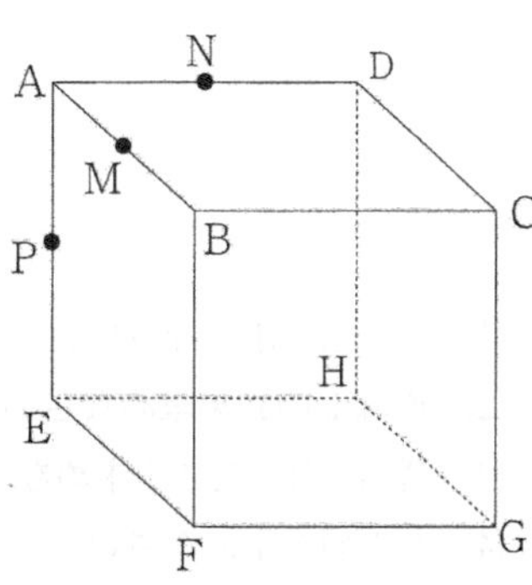

(2) 辺FGの中点をQとする。この立方体を3点M，N，Qを通る平面で切ります。
① 切り口の図形の名称を答えなさい。
② 切り口の図形の周の長さを求めなさい。

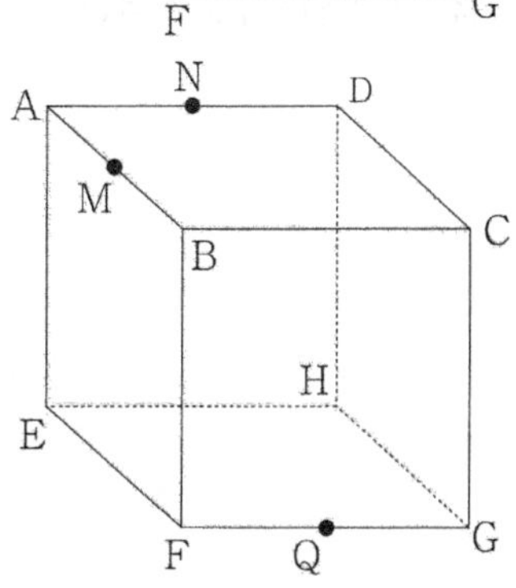

(3) 辺CGの中点をRとする。この立方体を３点M，N，Rを通る平面で切ります。

① 切り口の図形の名称を答えなさい。

② 切り口の図形の面積を求めなさい。

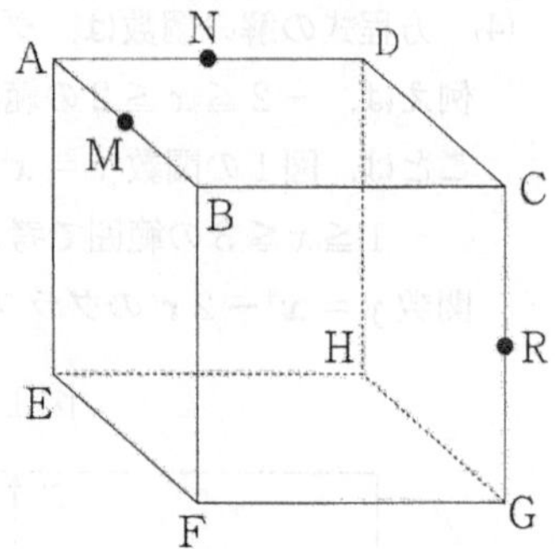

4 図のように，２つの放物線$y = ax^2$…①，$y = bx^2$…②と傾きが$-\frac{4}{3}$の直線ℓがある。直線ℓと放物線①，②との交点をそれぞれA，Bとする。直線OAと直線ℓが垂直に交わり，△OABの面積が$\frac{75}{8}$，A（４，３）であるとき，次の問いに答えなさい。ただし，(3)，(4)については途中過程も記しなさい。

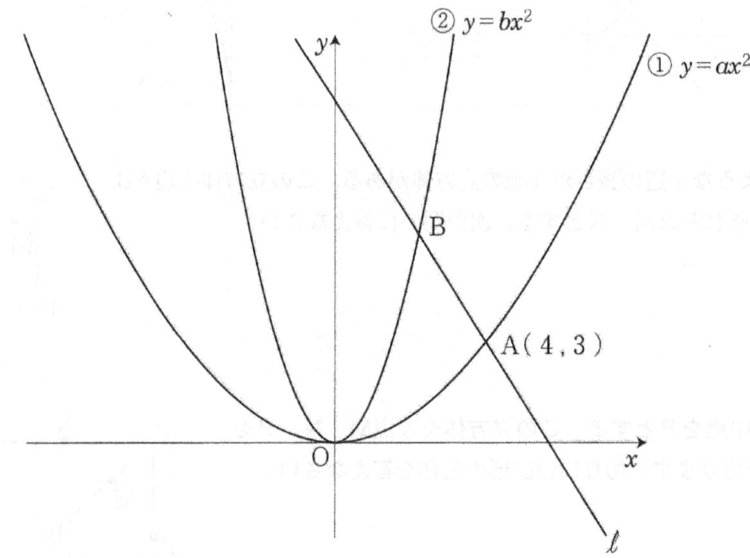

(1) aの値を求めなさい。

(2) 直線ℓの式を求めなさい。

(3) 線分ABの長さを求めなさい。

(4) bの値を求めなさい。

【英　語】(50分)　<満点：100点>

【1】リスニングテスト　※リスニングテストの放送台本は非公表です。

第1部

No.1　1　Yumiko and Ryo.　2　Sachiko and Ryo.
　　　3　Sachiko and Ken.　4　Ryo and Ken.

No.2　1　Afraid.　2　Angry.　3　Sad.　4　Sorry.

No.3　1　10:23.　2　10:30.　3　10:37.　4　11:23.

第2部

No.1　1　Wear a face mask.　2　Eat and drink.
　　　3　Wash hands often.　4　Keep a distance from other people.

No.2　1　When cleaning yourself.　2　When greeting.
　　　3　When exchanging money.　4　When eating.

No.3　1　Talk online.　2　Talk in Japanese.
　　　3　Talk in English.　4　Talk in a group.

第3部

No.1　How many drones formed a giant Earth in the Tokyo Olympics opening ceremony?

No.2　Thanks to drones, where can we take pictures from more easily?

No.3　How can farmers easily check the condition of the food we grow?

No.4　What does the speaker believe drones will do in the future?

【2】次の英文を読み，以下の問いに答えなさい。

[1] In the 14th century, a sickness called *the Black Death arrived in Europe. It spread quickly and killed many people. By 1350, millions of people in Europe had died. The Black Death killed between 30% to 50% of the European population. Everything changed. Many skilled workers died, (①) there were not enough workers to make things. There were not enough farmers to work the land, either. Fortunately, it was not the end of the world as many had thought. Life and light came after the darkness and death. The Black Death changed Europe in many ways. Some historians say the Black Death helped make Europe ready for a *rebirth called *the Renaissance. The Renaissance was many things. For one, it was a rebirth of art and learning. Europeans looked back through time at the great cities and works of the Greeks and Romans over a thousand years before. ②<u>They (ア Europe / イ know / ウ be / エ wanted / オ how / カ to / キ could) great again.</u> They wanted to learn from their past.

[2] One person who learned from Europe's past was *Francesco Petrarch. He loved the books and teachings of ancient Rome and Greece. In contrast, he felt that he was living in a time of darkness which he called *the Dark Ages.

Petrarch spent much of his life (③) through Europe. He found many Latin and Greek texts that had been lost. Petrarch published them again. He wanted Europe (④) the Dark Ages, and he wanted to return to the light of the Romans and Greeks. Petrarch's love for old books influenced many Europeans to learn from their past. But Petrarch didn't just love books. He also loved a woman. One day at church, Petrarch saw a woman named Laura. He (⑤) deeply in love with her. Today, we don't know much about Laura, but her name probably was *Laura de Noves. She was indeed beautiful, but there was a problem. She was already married, so Petrarch showed his love for Laura in writing. He wrote hundreds and hundreds of poems and songs for her, with words like these:

When from hour to hour among the other ladies,
Love appears in her beautiful face.

Even today, Petrarch's love songs are famous. They influenced many great writers, including *William Shakespeare. Petrarch died in his home on July 19, 1374. It was one day before his 70th birthday. One popular story says that he was found dead in his library *leaning over a book. Because of his work and learning, we call Petrarch the Father of the Renaissance. He created great art with words, and he helped Europeans learn from their past.

3 For Europeans to learn from their past, people needed to read. But there was a problem. Books were expensive and hard to make. People usually copied books by writing them out by hand. A young German named *Johannes Gutenberg created a new way of printing. He made a printing machine that used moveable letters on metal blocks. He was the first European to be able to quickly print books. By 1482, there were about 100 printing presses in Europe. These presses helped spread knowledge quickly and accurately. People studied the art and ideas of ancient Greece and Rome. Thanks to Gutenberg, Europe began its rebirth through the power of print.

4 New ideas were part of Europe's rebirth. One man who had many new ideas was *Leonardo da Vinci. He learned from the past, but he also studied nature and the world around him. Today we know Leonardo for his paintings, but he was also an inventor and a scientist. Leonardo filled *multiple notebooks with notes and drawings. In his notes, he wrote about many things including music, light, and the human body. He designed flying machines, robots, and even terrible weapons of war. Leonardo brought (⑥) together. We can see this in his famous painting, the *Mona Lisa*. In Italian, the painting is also called "the laughing one." This is because of the mysterious smile on the *Mona Lisa*'s face. The smile seems to disappear when people look at it directly. There are shadows around her smile. The shadows seem soft or smoky. Leonardo described this

technique as "without lines or borders, in the manner of smoke." By studying light and the human body in a scientific way, Leonardo made his art come alive. He made it look like the real world.

5 During the Renaissance, Europeans created art. But they also created a rebirth of knowledge and science. Leonardo da Vinci discovered new knowledge by using science. He looked at the world as it really was, not as people said it was. [⑦] This idea was even taught by *the Roman Catholic Church. The church followed the ideas of the Greek philosopher *Aristotle, who wrote that the moon and sun move around the earth.

6 ⑧ It was difficult at that time, even dangerous, to go against the ideas of the church. Leonardo da Vinci only mentioned the idea that the sun does not move. But in 1632, *Galileo Galilei wrote a book about it. He based his ideas on the work of *Nicolaus Copernicus and ideas from the ancient Greeks. When church leaders read Galileo's work, they became very angry. Galileo said that the sun was the center of the universe. Church leaders questioned Galileo. They forced him to give up his ideas. They made him a prisoner in his own home. But today we know that Galileo was right. Galileo Galilei is one of the most important thinkers of the Renaissance. *Albert Einstein called him the father of modern science. Like Leonardo da Vinci, Galileo *referenced the books of the ancient Greeks. Galileo read the work of *Aristarchus, who lived over a thousand years before Galileo. Aristarchus said that the sun was the center of the universe. He was an ancient thinker who disagreed with (⑨). ⑩ Galileo looked at the natural world. He used mathematics to understand how the planets moved. He improved the *telescope, and he looked carefully at the stars in the sky. He found real answers about the earth and the sun. And he helped create a new way of thinking. We call it science.

7 What was the result of what these people did? It was an explosion of art and creativity. It was a new beginning for knowledge and science. It was the bringing together of art and science for making beautiful, powerful, and sometimes ⑪ terrible inventions. It was the Renaissance.

the Black Death：黒死病（ペスト）　rebirth：復興　the Renaissance：ルネサンス
Francesco Petrarch：フランチェスコ・ペトラルカ　the Dark Ages：暗黒時代
Laura de Noves：ラウラ・デ・ノヴェス　William Shakespeare：ウィリアム・シェイクスピア
leaning over：～の上にもたれて　Johannes Gutenberg：ヨハネス・グーテンベルク
Leonardo da Vinci：レオナルド・ダ・ヴィンチ　multiple：複数の
the Roman Catholic Church：ローマカトリック教会　Aristotle：アリストテレス
Galileo Galilei：ガリレオ・ガリレイ　Nicolaus Copernicus：ニコラウス・コペルニクス
Albert Einstein：アルバート・アインシュタイン　referenced：～を参照した
Aristarchus：アリスタルカス　telescope：望遠鏡

問１　(①) に入る語として，最も適切なものを選び，記号で答えなさい。

ア　but　　イ　or　　ウ　because　　エ　so

問２　下線部②が文脈に沿った内容の英文になるように，(　) 内の語を最も適切な順番に並べかえ，記号で答えなさい。

問３　(③) ～ (⑤) にあてはまる動詞を以下から選び，最も適切な形に直して答えなさい。ただし，直した形は１語とは限らない。また，同じ語を２回以上用いないこと。

【 fall / travel / end 】

問４　(⑥) に入る語句として，最も適切なものを選び，記号で答えなさい。

ア　art and science
イ　knowledge and science
ウ　beauty and power
エ　art and creativity

問５　空所⑦に入れるべき文が，下の(A)～(C)に示されている。最も適切な順に並べかえたものを選び，記号で答えなさい。

(A)　This may seem unimportant. But at the time, most Europeans believed that the sun moved around the earth.
(B)　They believed that the earth was the center of the universe.
(C)　For example, in his notes, Leonard wrote, "The sun does not move."

ア　(A)→(B)→(C)　　イ　(A)→(C)→(B)　　ウ　(B)→(A)→(C)
エ　(B)→(C)→(A)　　オ　(C)→(A)→(B)　　カ　(C)→(B)→(A)

問６　下線部⑧を日本語にしなさい。

問７　空所 (⑨) に入る人名として最も適切なものを選び，記号で答えなさい。

ア Leonard　　イ　Copernicus　　ウ　Galileo　　エ　Aristotle

問８　下線部⑩とあるが，その結果，ガリレオがたどり着いた考え方を現在では一般的に何と言うか，漢字３文字で答えなさい。

問９　下線部⑪とあるが，その具体例を本文中より探し，日本語で答えなさい。

問10　次の英文は，本文の一部をまとめたものです。本文の内容から考えて，(　) 内の文字から始まる英語１語をそれぞれ答えなさい。

The Renaissance was a rebirth of art and a beginning of science in Europe. Thanks to people like Francesco Petrarch, Renaissance thinkers learned from the (１. p_____), especially from the works of the ancient Greeks and Romans. People did this by reading great books. Thanks to Johannes Gutenberg, many books were (２. p_____) and knowledge spread quickly across Europe. At the same time, people like Leonardo da Vinci created new knowledge by studying nature. Leonardo made art look more (３. r_____), invented new machines, and had many new ideas. As time passed, thinkers like Galileo learned to challenge old ideas. They saw that even the ancient Greeks had different ideas about the nature of the (４. u_____). Galileo looked at nature to find the answer.

問11　次の問いに，（　）内に記された段落を参考に，指定された語数の英語で答えなさい。

1　How did people usually copy books before Gutenberg invented the printing machine?　（第[3]段落／6語）

2　Was Leonardo da Vinci an inventor and a scientist as well as a painter?　（第[4]段落／3語）

3　Who was called the father of modern science by Albert Einstein?　（第[6]段落／3語）

4　What do we call the new way of thinking that Galileo helped create?　（第[6]段落／4語）

問12　本文の内容と一致するものには○，一致しないものには×を記入しなさい。

1　Although the Black Death spread and killed a lot of people in Europe, the writer didn't think that it was the end of the world.

2　William Shakespeare was one of the writers who were influenced by the works of Petrarch.

3　The printing machine invented by Gutenberg made it possible for people to get books more easily than before.

4　Leonardo made his painting, the *Mona Lisa*, come alive by using clear lines.

5　The Roman Catholic leaders followed the idea that the sun moved around the earth, but now we know that the idea was wrong.

【3】次の1～5の各組の英文がほぼ同じ意味になるように，（　）内に適切な1語を入れなさい。

1　He can play the violin better than I.
　I cannot play the violin as (　　　) as he.

2　I know the writer of the book.
　I know (　　　) wrote the book.

3　The picture which Mark drew was sold at a high price.
　The picture (　　　) by Mark was sold at a high price.

4　I am sure that the story is not true.
　The story (　　　) be true.

5　Please pass me the salt.
　Would you (　　　) passing me the salt?

【4】次の1～5の英文中の下線部には1ヶ所誤りがある。訂正した語句を答えなさい。

（例題） Tom and Mike <u>were</u> <u>late for</u> school <u>because</u> a <u>heavy</u> rain.

解答：because of

1　It's very nice <u>of</u> you to <u>teach</u> me <u>how to get</u> <u>to</u> the post office.

2　Mark is used to <u>take</u> long flights because he <u>goes</u> back and forth <u>between</u> Japan and China <u>on</u> business.

3　John and Paul are <u>so</u> great musicians <u>that</u> they <u>are loved</u> by many people <u>all</u>

over the world.

4 Please don’t forget turning off the lights before you go out for shopping.

5 Mary asked Bill and I to go to the concert with her, but I was too busy to go there.

【5】次のテーマに沿って，できるだけたくさんの英文を自由に書きなさい。囲み内の語は英文を書くための参考です。これらの語を使っても使わなくても構いません。

英文のテーマ：私がもらった一番の贈り物

because	when	important	receive
that	gift	ever	surprised

問二 次の1～3の四字熟語には誤字がそれぞれ一字あります。誤りを正しく書き直しなさい。

1　自忙自棄（自分を大切にせず、やけになること）

2　免許会伝（武術や技術などの奥義をすべて弟子に授けること）

3　一機当千（一人で千人の敵に対抗できるほど強いこと）

ねぢけ心（ひねくれた心）もなし。ただ木の端（はし）と思ひすてたる（この世を木の切れ端のように軽く思い捨てた）雲水（うんすい）の生涯ならむ（修行僧の生き方なのだろう。）。さるは（そういうわけで）桐（きり）の箱の家をも求めず、※ひさごがもとの夕すずみ、昼ねの枕に※宿直（とのゐ）して、人の心に秋風たてば、また来る［　　］を頼むとも見えず（あてにする様子もなく、）。物置の片隅（かたすみ）に紙屑籠（かみくづかご）と相住（あひずみ）して（同居して、）、鼠（ねずみ）の足にけがさるれども、※地紙（ぢがみ）をまくられて（めくられて）※野ざらしとなる※扇（あふぎ）にはまさりなむ（勝るにちがいない）。我汝（なんぢ）に心をゆるす。汝我に馴（な）れて（うちとけるあまり）、はだか身の寝姿を、②あなかしこ（絶対に、）、人にかたる事なかれ。

③※袴（はかま）着る日はやすまする団かな

〈注〉 団…団扇（うちわ）のこと。本文のように「団」の一字で表されることもある。
ひさご…夕顔。花の名前。
宿直…警備の勤務。ここでは見張り番の意味。
地紙…扇に貼（は）る用紙。
野ざらし…粗略に扱われて捨てられること。
扇…団を携帯用にかためるようにしたもの。拍子（ひょうし）を取る時や舞踊の時にも用いられる。
袴…江戸時代に改まった場で着た服。

問一 ――線①が指すものを次の中から選び、記号で答えなさい。

ア 帝　イ 作者　ウ 団　エ 扇

問二 ［　］に入る季節を漢字で記しなさい。

問三 ――線②とありますが、ここから読み取れる作者の心情として最も適当なものを次の中から選び、記号で答えなさい。

ア 憧（あこが）れ　イ 親しみ　ウ 怒り　エ 不満

問四 ――線③の句から読み取れることは何ですか。次の文章の空欄［A］・［B］にあてはまる言葉を文中からそれぞれ抜き出しなさい。

改まった席では［A］の代わりに［B］が用いられるということ。

問五 前の文の内容に合うものを次の中から選び、記号で答えなさい。

ア 扇はその場に適した様々な種類があるので、使用者によろこびを与える。
イ 扇は人々に使われなくなると、鼠に汚されて地紙をはがされてしまう。
ウ 団は修行僧のように雨風にさらされるために、やがて使い捨てられる。
エ 団は私的な場でこそ使用するのにふさわしく、作者は愛着を抱いている。

四

次の各問に答えなさい。

問一 次の1～7の文の――線のカタカナを漢字に直しなさい。

1 日本国ケンポウを読み直す。
2 ビリョクながらお役に立ちたい。
3 チームは優勝争いからダツラクした。
4 缶ジュースにはトウブンが多く含まれている。
5 熊がキョタイを揺らしながら現れた。
6 新しいベッドでココチよく眠ることができた。
7 シンセンな魚が届いた。

上限」のそれぞれの要素としてふさわしくないものを次の中からそれぞれ選び、記号で答えなさい。

1「社会的な土台」

a 社会的平等　b 政治的発言力

c 戦争と平和　d 所得と仕事

2「環境的な上限」

e 生物多様性の喪失　f オゾン層の増加

g 気候変動　h 海洋酸性化

問二 [A]・[B] に入る語句の組み合わせとして適当なものを次の中から選び、記号で答えなさい。

ア A 左上 B 右上　イ A 右上 B 左上

ウ A 左上 B 右下　エ A 中央 B 右上

問三 ——線②とありますが、「都合」が「悪い」のはなぜですか。その理由を [C] に当てはまるように50～60字で記しなさい。ただし、「格差是正」、「地球環境」の2つの言葉を必ず用いること。

問四 ——線③の説明として最も適当なものを次の中から選び、記号で答えなさい。

ア 持続可能性を追い求めているようで、実は途上国による地球資源の使用を抑制すること。

イ 将来の世代への責任を負うふりをして、実は自分たちの世代のことばかり考えていること。

ウ 公正の名の下に途上国の経済発展を促しながら、実は先進国の受け皿になることを求めること。

エ 社会的リソースの再分配を主張しながらも、実は自国の利益だけしか念頭に置いていないこと。

問五 右の文の内容に合うものを次の中から選び、記号で答えなさい。

ア 地球環境が環境的上限を越えていけば「持続可能で公正な社会」も実現されず、先進国の現在の繁栄も危機にさらされることとなる。

イ 経済成長に伴って社会の繁栄がもたらされるということは、先進諸国が歩んできたこれまでの歴史が証明している動かしがたい事実である。

ウ 世界全体のさらなる繁栄を実現するためには、なお一層の経済成長を推し進めるだけでなく、生活環境の改善を図っていかなくてはならない。

エ 先進国の経済成長を断念しないためには、ドーナツ経済の内縁にも届かなかった人々の生活水準を上昇させる以外の方策を考える必要がある。

三 左に示すのは江戸時代の俳人、横井也有『鶉衣（うずらごろも）』の中の「奈良※団（うちわ）の賛」と題された文章である。本文を読んで、後の各問に答えなさい。

青によし奈良の帝の御時（おほんとき）、いかなる叡慮（えいりょ）にあづかりてか（御治世に、どのようなお考えによって、）、此地（この）の名産とはなれりけむ。世はただ其（その）道の芸くはしからば、多能はなくてもあらまし（世間では専門の芸道に優れていれば、よいだろう。）。①かれよ、かしこくも（上手に）風を生ずるの外（ほか）は、たえて（まったく）無能にして、一曲（ひとさし）一かなでの間（ま）にもあはざれば（ちょっとした舞踊の際にも使い物にならないから、）、腰にたたまれて（腰に差されて）公界（くがい）にへつらふ（世間にこびる）

カよりずっと低いが、日本人の平均寿命は、アメリカよりも六歳近く長い。

要するに、生産や分配をどのように組織し、社会的※リソースをどのように配置するかで、社会の繁栄は大きく変わる。いくら経済成長しても、その成果を一部の人々が独占し、再分配を行わないなら、大勢の人々は潜在能力を実現できず、不幸になっていく。

このことは、逆にいえば、経済成長しなくても、既存のリソースをうまく分配さえできれば、社会は今以上に繁栄できる可能性があるということでもある。

だから、公正な資源配分が、資本主義システムのもとで恒常的に達成できるのかどうかをもっと真剣に考えなくてはならない。

ただし、ここで難しいのが、この公正な資源配分は、一国内だけの問題ではないという点だ。グローバルな公正さと持続可能性をどうやって両方とも実現できるのか、という非常に大きな問題にぶちあたるのだ。

この問題を、③偽善的な話として誤解しないでほしい。気候変動問題が示すように、地球はひとつで、世界はつながっている。先進国が浪費を続けたり、自国の製品を売りつけたりするために、途上国にも同じような経済発展の道をたどるよう求めることは、どう考えても持続可能ではない。

世界全体が「持続可能で公正な社会」へ移行しなければ、最終的には、地球が住めないような環境になって、先進国の繁栄さえも、脅かされてしまうのである。

そうはいっても、これまでドーナツ経済の内縁にも届かなかった人々の生活水準を上昇させることは不可欠である。だが、それは世界の総※マテリアル・フットプリントの増大につながる。そのような増大は、すでにプラネタリー・バウンダリーの閾値を多くの領域で超えてしまっている現状のもとでは致命的となる。

だから、（前のページの図２）のグラフの右上に位置している先進国が、膨大なエネルギーを使って、さらなる経済成長を求めることは、明らかに不合理である。ましてや、経済成長がそれほど大きな幸福度の増大をもたらさないなら、なおさらである。

しかも、同じ資源とエネルギーを※グローバル・サウスで使えば、そこで生活する人々の幸福度は大幅に増大するはずなのだ。だとしたら、カーボン・バジェット（まだ排出が許される二酸化炭素の量）は彼らのために残しておくべきではないか。

つまり、「現在飢餓で苦しんでいる一〇億人は苦しみ続ければいい」、「地球環境の悪化で苦しむ将来の世代などどうでもいい」という立場を取るのであれば別だが、そうでない私たちは、先進国の経済成長を諦め、マテリアル・フットプリントを自発的に減らしていく道を検討すべきではないか。

（斎藤幸平『人新世の「資本論」』による）

〈注〉ラワース…ケイト・ラワース。経済成長を中心にした開発モデルを批判する政治経済学者。
プラネタリー・バウンダリー…地球の限界。
GDP…国内総生産。　リソース…資源全般。
マテリアル・フットプリント…資源の採掘量。
グローバル・サウス…資本主義のグローバル化によって負の影響を受けている場所や人々。

問一　――線①とありますが、（図１）の「社会的な土台」、「環境的な

図2　生活の質と環境負荷の相関関係

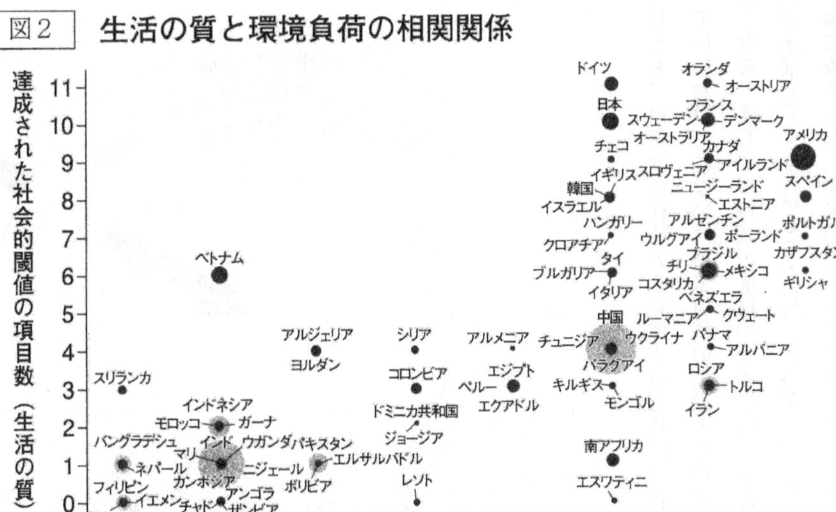

Daniel W.O'Neill et al., "A good life for all within planetary boundaries," Nature Sustainability 1 (2018) をもとに作成

ただ、ラワースによれば、仮に資源やエネルギー消費がより多く必要になるとしても、公正を実現するための追加的な負荷は、一般に想定されるよりもずっと低いという。

例えば、食料についていえば、今の総供給カロリーを一%増やすだけで、八億五〇〇〇万人の飢餓を救うことができる。現在、電力が利用できないでいる人口は一三億人いるといわれているが、彼らに電力を供給しても、二酸化炭素排出量は一%増加するだけだ。そして、一日一・二五ドル以下で暮らす一四億人の貧困を終わらせるには、世界の所得のわずか〇・二%を再分配すれば、足りるというのである。

また、ラワースは指摘していないが、民主主義は環境負荷を増やすことなく実現できる。

経済的平等も、軍事費や石油産業への補助金を削減したうえで再分配をするなら、追加の環境負荷は生じない。いや、環境はむしろ改善するだろう。

こうした議論が示唆（しさ）するように、南北のあいだの激しい格差という不公正は、経済成長にしがみついて、これ以上の環境破壊をしなくとも、ある程度は是正できるのである。

もうひとつ重要なラワースの指摘は、あるレベルを超えると、経済成長と人々の生活の向上に明確な相関関係が見られなくなるという点だ。経済成長だけが社会の繁栄をもたらすという前提は、一定の経済水準を超えると、それほどはっきりとはしないのである。

わかりやすいのが、アメリカとヨーロッパ諸国の比較だろう。独仏や北欧などのヨーロッパ諸国の多くは、ひとりあたりの※ＧＤＰがアメリカより低い。しかし、社会福祉全般の水準はずっと高く、医療や高等教育が無償で提供される国がいくつもある。一方、アメリカでは、無保険のせいで治療が受けられない人々や、返済できない学生ローンに苦しむ人々が大勢いる。

あるいは身近な例を挙げれば、日本のひとりあたりのＧＤＰはアメリれが今、途上国の人々が置かれている状態である。

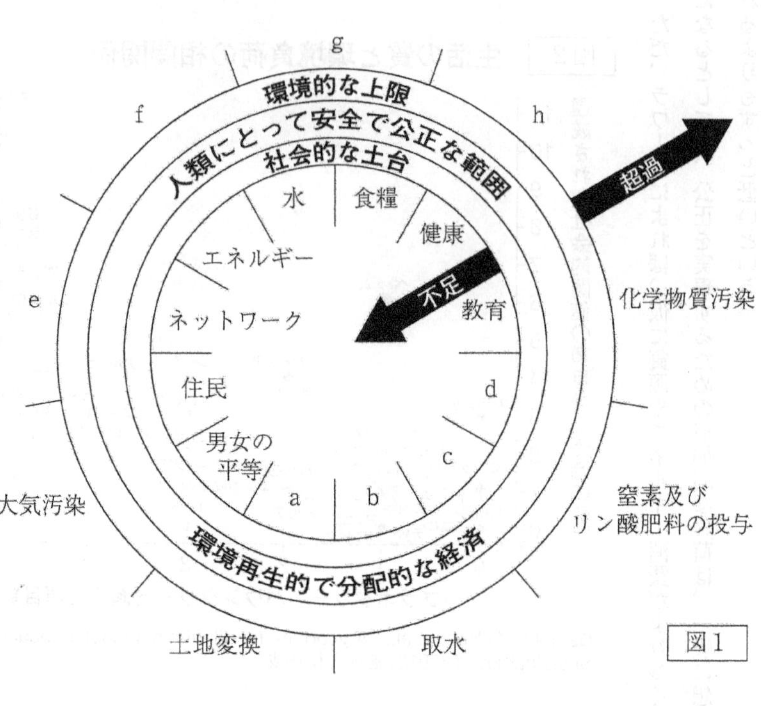

図1

けれども、自らの潜在能力を発揮するために、各人が好き勝手に振る舞っていいわけではない。将来世代の繁栄のためには、持続可能性が不可欠となる。そして、持続可能性のためには、現在の世代は、一定の限界内で生活しなくてはならない。それが、※プラネタリー・バウンダリー論に依拠した「環境的な上限」であり、ドーナツでいえば外縁を成す。

要するに、この上限と下限のあいだに、できるだけ多くの人々が入るグローバルな経済システムを設計できれば、持続可能で公正な社会を実現することができる、というのがラワースの基本的な考えである。

だが、ここまで何度も確認したように、今の先進国の人々はプラネタリー・バウンダリーを大きく超える暮らしをしている。他方で、途上国の人々は、社会的な土台に満たない生活を強いられている。現在のシステムは、環境を酷く破壊しているだけでなく、不公正なのである。

ラワースの問題提起は大きなインパクトを与え、政治経済学を超えて、分野横断的な研究を誘発した。そのひとつが、環境経済学者ダニエル・オニールらの定量的研究である。この研究は、ラワースの「ドーナツ経済」の概念を使いながら、約一五〇ヶ国の具体的な数値を測定し、どれくらいの国々がこのドーナツの輪のなかで暮らしているかを明らかにしてくれる。（次のページの図2）

グラフが表しているのは、横軸がプラネタリー・バウンダリー（ドーナツの外縁）を超えてしまっている項目の数、縦軸が社会的閾値（ドーナツの内縁）を達成している項目の数である。つまり、このグラフで A にいけばいくほど、その社会は「安全で公正な社会」に近いことになる。

ところが、実際には、社会的閾値を満たす項目数が増えるほど、プラネタリー・バウンダリーを超えることになり、（ベトナムの例外を除いて）グラフの B の方に近づいてしまう。ほとんどの国は、持続可能性を犠牲にすることで、社会的欲求を満たしているのである。

②これは大変都合の悪い事実だ。 C からである。

「忙しいときはちゃんと休ませてやれないからな、こんなときぐらいは休め。給料から引いたりはしないよ。というか、ほんとは、きちんと休めてない分を上乗せしなきゃいけないんだよな」

督次さんが更衣室兼休憩室から出ていく。階段を下りる音が聞こえてくる。

僕は浮かせてた腰をストンと落とす。丸イスの脚がギギッと鳴る。

④何だろう。ちょっと身が震える。親切な人は、いる。鳥取にも、銀座にも。新習志野にも、南砂町にも。

（小野寺史宜『ひと』による）

問一 ――線①の意図として最も適当なものを次の中から選び、記号で答えなさい。

ア　資格さえ取ればどうにでもなると安易に考えている聖輔に、釘(くぎ)を刺そうとしている。

イ　やがて聖輔が離れていってしまうかも知れないという不安を、打ち消そうとしている。

ウ　聖輔に将来の具体的なプランがあるのかどうかを、それとなく確かめようとしている。

エ　単純でお人好しの聖輔に、調理師になるための方法を具体的に教えようとしている。

問二 ――線②とありますが、督次さんが「愛着」をもってコロッケを揚げ続けてきたことがわかる表現を文中から30字以内で抜き出し、はじめと終わりの4字をそれぞれ記しなさい。

問三 ――線③の説明として**あてはまらないもの**を次の中から選び、記号で答えなさい。

ア　調理師免許すら持っていない自分に、『田野倉』を継ぐ資格があるのかと自信を持てないでいる。

イ　死んだ父親は腕が立つ和食の料理人だったのに、自分は惣菜屋の店主でいいのかと葛藤(かっとう)している。

ウ　先に勤めた映樹さんにではなく自分に継がせたい、と言ってくれたことを素直には喜べないでいる。

エ　仕事に向き合う姿を評価されたのは嬉しいが、赤の他人である自分が継いでよいのかと悩んでいる。

問四 [A] にあてはまる言葉を10字以内で記しなさい。

問五 ――線④とありますが、聖輔はなぜ「身が震え」たのですか。「督次さん」という言葉を必ず用いて、解答欄に合うように20～30字で理由を記しなさい。

二 次の文章を読んで、後の各問に答えなさい。

※ラワースの議論の出発点は、「地球の生態学的限界のなかで、どのレベルまでの経済発展であれば、人類全員の繁栄が可能になるのか」という問いだ。この問いに答えるために彼女が用いる概念が「ドーナツ経済」である。（次のページの図1）

図からもわかるように、①ドーナツ経済の内縁は「社会的な土台」、外縁が「環境的な上限」を表している。

まず、水や所得、教育などの基本的な「社会的な土台」が不十分な状態で生活している限り、人間はけっして繁栄することはできない。社会的な土台の欠如とは、自由に良く生きるための「潜在能力」を実現する物質的条件が欠けていることを意味する。人々が本来もっている能力を十分に開花できないならば、「公正な」社会はけっして実現されない。こ

「でも、僕はまだ」

「働いて一年も経たないのにそんなこと言われたって困るよな。それはわかってる。ただ、おれも、早いうちに準備はしとかなきゃいけないんだ。別に深く考えなくていい。おれにそんな気持ちがあることだけ、知っといてくれ」

何も言えない。どう反応すればいいかわからない。

「聖輔が入ったのはいつだ。去年の九月か?」

「十月、ですね」

「てことは、えーと、八ヵ月か」

「はい」

「短いと思うかもしれないけどな、充分だよ。半年も一緒に働いてれば、ある程度のことはわかる。聖輔ならいずれ店をまかせられるとおれは思ってる。あのときメンチを負けといてよかったとも思ってるよ。八ヵ月とはいえ、お前は一度も店を休んでない。遅刻もしてない」

「早退はしましたよ。カゼで」

「あれはおれが帰らせたんだ。おれが言わなかったら、お前は帰らなかったろ」

そうかもしれない。挙句に倒れたりして、かえって迷惑をかけていたかもしれない。

「先のことだからって、いい加減な気持ちで言ってるわけじゃない。それはわかってくれよな」

「はい」

わかる。そんな大事なことを、いい加減な気持ちで言えるわけがない。

③とまどいはする。大いにする。でも、単純にうれしい。店がどうこうでなく、督次さんがそんなふうに言ってくれたことが。身寄りのない僕なら、つまりあとがない僕ならちゃんとやる。必死にやる。督次さんはそう考えてくれたのだと思う。

普通なら、映樹さんだろう。督次さんから見れば、友人の息子。僕よりは仕事歴も長い。手際もいい。経営面はともかくとして、厨房で督次さんがやることの七割八割はすでにこなせる。

一美さんもそれは同じかもしれない。が、立場はちがう。男がどう女がどう、ではない。まず一美さん自身に店を持つ気がないはずだ。

映樹さんはどうなのか。店を持つ気があるのか。店主になる気があるのか。

ないことはないだろう。おれが店をやるならおにぎりも扱うよ、なんて言うこともあるから。米を炊く設備を導入しても、ここなら充分もうけを出せるだろ、とかなり具体的なことも言う。

督次さんが同じ話を映樹さんにもしたとは思えない。二人を天秤にかけて競わせる。督次さんはそんなことをする人ではない。それこそ八ヵ月一緒に働いているのだから、そのくらいのことはわかる。督次さんは、あえて今日言ったのだ。暇な雨の日だから、ではなく、[A]だから。

「これじゃ休憩になんねえよな」と言って、督次さんは丸イスから立ち上がる。

僕も立ち上がろうとするが、制される。

「いい。お前はもうちょっと休め」

「でも、そろそろ時間ですし」

「①お前、調理師免許をとってこうなりたいとかってのは、あるのか？　和食の料理人になりたいとか、洋食の料理人になりたいとか。レストランで働きたいとか、ホテルの厨房で働きたいとか」

「あぁ」少し考えて、言う。「今はまだ、ないです」

「決めとくこともねえか。そのうち自然と決まるだろうし」

「はい」

「親父さんは、和食だったか」

「和といえば和なんですかね。鶏がメインの居酒屋をやってたので」

「お前、惣菜屋をやるのはいやか？」

「え？」

「惣菜屋だよ」

「こういうお店、ですか？」

「というか、この店、だな。おかずの田野倉」

督次さんは組み合わせた指を解く。マッサージをするように、右手の親指で左の手のひらをもむ。

「おれと詩子に子どもはいないだろ？」

「はい」

「初めからわかってたんだよ。できないって」

知っている。一美さんから聞いた。でもそうは言えないので、黙っている。

「先のことを考えて店を始めたわけじゃない。ここまで続けられるとも思わなかった。でも運よく続けられた。で、そろそろこの問題に向き合わなきゃいけなくなった。要するに、後継ぎがいないんだ」

「あぁ」

「といって、継がせるほどの店でもないけどな」

「いえ、そんな」

「ただ、詩子と二人でずっとやってきた。もうおれも六十八だ。これからは何があってもおかしくない」

確かにおかしくない。まったくおかしくない。たとえ四十代でも、何かが起こるときは起こるのだ。二十代だってわからない。例えば猫は、飛び出す相手を選ばない。

そんなことを思いながらも、言う。

「まだまだじゃないですか」

「まだまだじゃない。聖輔ならおれ以上に知ってるだろ、人間にはいつ何があるかわからないって。おれもな、聖輔のことを知って、考えるようになったよ。おれはたまたまこの歳まで生きてこられたんだなって」

「でもたいていの人は、そうですし」

「悪いな。いやなことを思いださせて」

「いえ」

「②こんなちっぽけな店でも、やっぱり愛着はあるんだよ。できることなら残したい。おれと詩子がやめたあとも、ここでコロッケが売られるのを見たい。そのコロッケを買いに来たい。だからやめるときは、店を閉めるんじゃなく、誰かに譲りたいんだ。誰かってのは、この店を知ってる誰かだな。名前は変えてもらってかまわない。田野倉じゃないのにおかずの田野倉としてやる必要はない」督次さんは真横から僕を見て、こう続ける。「聖輔なら、ちゃんとやってくれると思うんだ」

聖輔なら。身寄りのない僕なら、という意味だろう。たぶん、映樹さんより僕、という意味でもある。

【国　語】（五〇分）　〈満点：一〇〇点〉

【注意】解答の字数は、句読点・符号も一字と数えること。

一　次の文章を読んで、後の各問に答えなさい。

〈あらすじ〉鳥取で育った柏木聖輔は、幼くして事故で父親を失った。その後、女手ひとつで東京の私大に進ませてくれた母までもが急死したことでたった独りとなった。二十歳で大学を中退することとなり、就職のあても見つからない。

ある日、空腹でふと立ち寄った砂町銀座商店街の惣菜屋で、その日最後のコロッケを見知らぬお婆さんに譲ったことがきっかけとなって、その店「おかずの田野倉」で実直な店主の督次、心優しい奥さんの詩子、お調子者の先輩映樹、パートの一美と共に働くようになった。

雨が降っても、人は仕事に行かなければならない。だから通勤電車が空いたりはしない。でも雨が降って、今日は買物はいいか、となることはある。だから商店街の人通りは少なくなる。

アーケードがある商店街ならちがうのだと思う。ないところは、影響が出る。店に出入りするたびに傘を閉じたり開いたりする。それは面倒だ。

降りの程度にもよる。本降りになれば、さすがに閑散とする。食べ歩きを雨天決行する人も、そうはいない。店は暇になる。揚げるコロッケの数も減る。そこは督次さんが自身の判断で調整する。

今日がまさにその日だ。梅雨入り後初の、本格的な雨。通りは閑散。揚げは調整。

こんな日に休みだなんて映樹さんはツイてるな、と思う。いや。映樹さんなら、むしろツイてないと思うのか。店が暇なときに休んじゃもったいないだろ、くらいのことは言いそうな気がする。

僕は逆だ。暇なほうがツライ。お客さんが少ない日の店番は退屈だ。時間が経つのが遅い。休憩にもありがたみがない。こうして丸イスに座っていても、休憩感がない。

いつも忙しくしている督次さんまでもがこの更衣室兼休憩室にやってきて、隣の丸イスに座る。

「今日はもうダメだな」

「はい」

「これから上がってくれりゃいいけど、一日みたいだしな」

「明日も午前中は雨ですよ。スマホの天気予報で見ました。午後からはくもり、降水確率は四十パーセント、だそうです」

「四十は厳しいな。結局ダラダラ降るんじゃねえか？　みんなそう思うから、買物には出てこないだろ」

「そうなんですかね」

「まあ、今日出なかった人は来てくれるか」

「だといいですけど」

督次さんは両腿に両ひじを載せ、顔の前で両手の指を組み合わせる。油の熱に耐えられるよう皮が厚くなり、結果太くもなった指だ。実際、督次さんは高温の油がはねても動じない。僕なんかは、はねるたびに、うっ！　だの、熱っ！　だのと声を出してしまうが。

「なあ、聖輔」

「はい？」

2022年度

解　答　と　解　説

《2022年度の配点は解答欄に掲載してあります。》

＜数学解答＞

1 (1) $\dfrac{-2x-5y}{6}$　(2) 2　(3) $\dfrac{1}{2}$　(4) $4xy-1$　(5) 25

(6) ア $\dfrac{7}{20}$　イ $-\dfrac{3}{20}$　(7) ア -3　イ -1　(8) 7　(9) 5　(10) 5

2 (1) ウ　(2) $1^3+2^3+3^3+4^3+5^3$　(3) カ　(4) 1個

3 (1) 正三角形　(2) ① 正六角形　② $12\sqrt{2}$ cm

(3) ① 五角形　② $\dfrac{14\sqrt{11}}{3}$ cm^2

4 (1) $\dfrac{3}{16}$　(2) $y=-\dfrac{4}{3}x+\dfrac{25}{3}$　(3) (途中経過) 解説参照　$AB=\dfrac{15}{4}$

(4) (途中経過) 解説参照　$b=\dfrac{96}{49}$

○推定配点○

1 各4点×10　2 各4点×4　3 各4点×5

4 (1), (2) 各4点×2　(3), (4) 各8点×2　計100点

＜数学解説＞

1 (数・式の計算，式の値，式の展開，割合，連立方程式，関数の変域，平面図形の計量問題)

(1) $\dfrac{5x-4y}{3}-\dfrac{4x-y}{2}=\dfrac{2(5x-4y)-3(4x-y)}{6}=\dfrac{10x-8y-12x+3y}{6}=\dfrac{-2x-5y}{6}$

基本 (2) $(-2)^{2022}\div(-2)^{2020}-(-2^{2022})\div(-2^{2021})=(-2)^{2022-2020}-2^{2022-2021}=(-2)^2-2=4-2=2$

(3) $1-a=1-\dfrac{1}{4}=\dfrac{3}{4}$　$\sqrt{a^2+2a+1}=\sqrt{(a+1)^2}=\sqrt{\left(\dfrac{1}{4}+1\right)^2}=\sqrt{\left(\dfrac{5}{4}\right)^2}=\dfrac{5}{4}$

$\sqrt{9a^2-6a+1}=\sqrt{(3a-1)^2}=\sqrt{\left(3\times\dfrac{1}{4}-1\right)^2}=\sqrt{\left(-\dfrac{1}{4}\right)^2}=\sqrt{\dfrac{1}{16}}=\dfrac{1}{4}$

よって，$\dfrac{1-a}{\sqrt{a^2+2a+1}+\sqrt{9a^2-6a+1}}=\dfrac{3}{4}\div\left(\dfrac{5}{4}+\dfrac{1}{4}\right)=\dfrac{3}{4}\times\dfrac{4}{6}=\dfrac{1}{2}$

(4) $(x+y+1)(x+y-1)-(x-y)^2=(x+y)^2-1^2-(x^2-2xy+y^2)=x^2+2xy+y^2-1-x^2+2xy-y^2$
$=4xy-1$

(5) $0.8\times a=1$から，$a=1.25$　よって，横の長さを25%長くすればよい。

(6) $\dfrac{1}{x+y}=X$，$\dfrac{1}{x-y}=Y$とすると，$X+Y=7$…①　$X-Y=3$…②　①＋②から，$2X=10$

$X=5$　これを①に代入して，$5+Y=7$　$Y=2$　$\dfrac{1}{x+y}=5$　$x+y=\dfrac{1}{5}$…③

$\dfrac{1}{x-y}=2$　$x-y=\dfrac{1}{2}$…④　③＋④から，$2x=\dfrac{7}{10}$　$x=\dfrac{7}{20}$　これを③に代入して，

$\dfrac{7}{20}+y=\dfrac{1}{5}$　$y=\dfrac{1}{5}-\dfrac{7}{20}=\dfrac{4}{20}-\dfrac{7}{20}=-\dfrac{3}{20}$

(7) $a<0$から，右下がりのグラフになるから，$x=b$のとき$y=4$，$x=b+2$のとき$y=-2$となる。
$4=ab+1$　$ab=3$…①　$-2=a(b+2)+1$　$-2=ab+2a+1$　$ab+2a=-3$…②
②に①を代入して，$3+2a=-3$　$2a=-6$　$a=-3$　これを①に代入して，$-3b=3$
$b=-1$

(8) 1+1+1+1，1+1+2，1+2+1，2+1+1，1+3，3+1，2+2の7通り

(9) 円Pの半径をrとすると，円Qの半径は$2r$，$PQ=r+2r=3r$　斜辺がPQの直角三角形を作り，三平方の定理を用いると，$(8-r-2r)^2+(9-r-2r)^2=(3r)^2$　$(8-3r)^2+(9-3r)^2=(3r)^2$
$3r=p$とすると，$(8-p)^2+(9-p)^2=p^2$　$64-16p+p^2+81-18p+p^2-p^2=0$
$p^2-34p+145=0$　$(p-5)(p-29)=0$　$p<8$から，$p=5$　よって，PQ=5cm

(10) 3回目に反射した点をSとする。∠RQO=∠PQB=20°+30°=50°　∠SRO=∠QRP=20°+50°=70°　∠RSQ=20°+70°=90°　よって，点Sで反射した後，点R→点Q→点Pへと戻るので，全部で5回反射する。

2 (反例の説明，数列の和，箱ひげ図，方程式の解の個数)

基本 (1) あることがらの仮定にあてはまるもののうち，結論が成り立たない場合の例を反例という。
例　xを自然数とするとき，「xは5の倍数」⇒「xは10の倍数」　これは成り立たない。
反例：$x=15$

(2) $\sum_{K=1}^{5} k^3$は，k番目がk^3である数の列の1番目から5番目までの数の列の和だから，
$\sum_{K=1}^{5} k^3=1^3+2^3+3^3+4^3+5^3$

(3) ヒストグラムが左右対称になっているのでイの箱ひげ図ではない。0.0～0.05と0.95～1.0の度数が多いことから第1四分位数と第3四分位数の位置に着目すると，カの箱ひげ図になる。

(4) 図2のグラフに$y=1$のグラフを書くと交点が一つできるので，$x^3-2x^2=1$の解の個数は1個

3 (空間図形の問題－立方体の切断面の名称，周りの長さ，面積)

基本 (1) AM=AN=APより，MN=NP=PMとなるので，切り口の図形は正三角形MNPとなる。

(2) ① 3点M，N，Qを通る平面はBF，GC，DCの中点を通るので，切り口の図形は正六角形
② 正六角形の1辺の長さは$2\sqrt{2}$から，切り口の図形の周の長さは，$2\sqrt{2}\times 6=12\sqrt{2}$(cm)

重要 (3) ① 3点M，N，Rを通る平面とBF，DHとの交点をS，Tとすると切り口の図形は五角形MSRTNとなる。

② 展開図の一部をかいて考える。点RからBFへ垂線RIを引くと，$BI=\frac{4}{2}=2$　平行線と線分の比の定理から，BS：SI=MB：IR=1：2　$BS=2\times\frac{1}{3}=\frac{2}{3}$，$SI=\frac{2}{3}\times 2=\frac{4}{3}$
$MS=\sqrt{2^2+\left(\frac{2}{3}\right)^2}=\sqrt{4+\frac{4}{9}}=\sqrt{\frac{40}{9}}=\frac{2\sqrt{10}}{3}$，$SR=\frac{2\sqrt{10}}{3}\times 2=\frac{4\sqrt{10}}{3}$
点M，RからSTへ垂線MJ，RKを引くと，$MJ=\sqrt{\frac{40}{9}-(\sqrt{2})^2}=\sqrt{\frac{22}{9}}=\frac{\sqrt{22}}{3}$，
$RK=\sqrt{\left(\frac{4\sqrt{10}}{3}\right)^2-(2\sqrt{2})^2}=\sqrt{\frac{160}{9}-8}=\sqrt{\frac{88}{9}}=\frac{2\sqrt{22}}{3}$
求める面積は，台形MSTNの面積と△RSTの面積の和だから，
$\frac{1}{2}\times(2\sqrt{2}+4\sqrt{2})\times\frac{\sqrt{22}}{3}+\frac{1}{2}\times 4\sqrt{2}\times\frac{2\sqrt{22}}{3}=2\sqrt{11}+\frac{8\sqrt{11}}{3}=\frac{14\sqrt{11}}{3}$(cm²)

4 (図形と関数・グラフの融合問題)

基本 (1) $y=ax^2$に点Aの座標を代入して，$3=a\times 4^2$　$16a=3$　$a=\frac{3}{16}$

基本 (2) 直線ℓの式を$y=-\frac{4}{3}x+c$として点Aの座標を代入すると，$3=-\frac{4}{3}\times4+c$
$c=3+\frac{16}{3}=\frac{25}{3}$ よって，直線ℓの式は，$y=-\frac{4}{3}x+\frac{25}{3}$

(3) $OA=\sqrt{4^2+3^2}=\sqrt{25}=5$ △OABの面積から，$\frac{1}{2}\times5\times AB=\frac{75}{8}$
$AB=\frac{75}{8}\times\frac{2}{5}=\frac{15}{4}$

重要 (4) 点Bからx軸へ垂線BHを引き点AからBHへ垂線AIを引くと，直線ℓの傾きが$-\frac{4}{3}$から，
AI：BI：AB＝3：4：5 $AI=\frac{15}{4}\times\frac{3}{5}=\frac{9}{4}$ 点Bのx座標は$4-\frac{9}{4}=\frac{7}{4}$ $BI=\frac{15}{4}\times\frac{4}{5}=3$
点Bのy座標は3＋3＝6 よって，$B\left(\frac{7}{4},\ 6\right)$
②に点Bの座標を代入すると，$6=b\times\left(\frac{7}{4}\right)^2$ $\frac{49}{16}b=6$ $b=6\times\frac{16}{49}=\frac{96}{49}$

★ワンポイントアドバイス★

[1] (3)で，$a<0$のとき，$\sqrt{a^2}=-a$となることに気をつけよう。

＜英語解答＞

【1】 リスニング問題解答省略

【2】 問1 エ 問2 エカイオアキウ 問3 ③ traveling ④ to end ⑤ fell
問4 ア 問5 オ 問6 教会の考えに反対することは当時難しく，危険でさえあった。
問7 エ 問8 地動説 問9 戦争の武器
問10 1 past 2 printed 3 real 4 universe
問11 1 By writing them out by hand. 2 Yes, he was.
3 Galileo Galilei was. 4 We call it science.
問12 1 ○ 2 ○ 3 ○ 4 × 5 ○

【3】 1 well 2 who 3 drawn 4 can't 5 mind

【4】 1 tell 2 taking 3 such 4 to turn 5 Bill and me

【5】 (例) The best gift that I've ever got is my pet dog. It was given to me by my parents on my 12th birthday. I named him Leo. He is very active and cute. He likes taking a walk and playing with me. I will take better care of him. I hope he will be my best treasure forever.

○推定配点○
【1】 各2点×10 【2】 問6 4点 他 各2点×23(問2完答)
【3】 各2点×5 【4】 各2点×5 【5】 10点 計100点

＜英語解説＞

【1】 リスニング問題解説省略。

【2】 (長文読解問題・説明文：語句補充，語句整序，文整序，英文和訳，内容吟味)

(大意) [1] 14世紀に，黒死病と呼ばれる病気がヨーロッパにやってきた。それは急速に広がり，多くの人々を殺した。1350年までに，ヨーロッパでは何百万人もの人々が亡くなった。黒死病は

ヨーロッパの人口の30%から50%を殺した。すべてが変わってしまった。多くの熟練労働者が亡くなった(①)ため，物を作るのに十分な労働者がいなかった。土地を耕すのに十分な農民もいなかった。幸いなことには，多くの人が考えていたように，それは世界の終わりではなかった。生と光が闇と死の後に来た。黒死病は多くの点でヨーロッパを変えた。一部の歴史家は，黒死病がヨーロッパをルネサンスと呼ばれる復活の準備を整えるのに役立ったと言う。ルネッサンスは多様だった。一つには，それは芸術の再生と学習だった。ヨーロッパ人は，千年以上前のギリシャ人とローマ人の大都市と作品を振り返った。(②)彼らはヨーロッパが再び素晴らしいものになる方法を知りたがっていた。彼らは過去から学びたかったのだ。

2 ヨーロッパの過去から学んだ一人はフランチェスコ・ペトラルカだった。彼は古代ローマとギリシャの本と教えを愛した。対照的に，彼は彼が暗黒時代と呼んだ時代に生きていると感じた。ペトラルカは人生の多くをヨーロッパを(③)旅して過ごした。彼は失われた多くのラテン語とギリシャ語のテキストを見つけた。ペトラルカはそれらを再び公開した。彼はヨーロッパが暗黒時代を(④)終わらせることを望み，ローマ人とギリシャ人の光に戻りたいと思っていた。ペトラルカの古書への愛情は，多くのヨーロッパ人に彼らの過去から学ぶことに影響を与えた。しかし，ペトラルカは本が好きなだけではなかった。彼はまたある女性を愛した。ある日，ペトラルカは教会でラウラという女性を見た。彼は彼女に深く(⑤)恋をした。今日，私たちはラウラについてあまり知らないが，彼女の名前はおそらくラウラ・デ・ノヴェスだった。彼女は確かに美しかったが，問題があった。彼女はすでに結婚していたので，ペトラルカはラウラへの愛を書面で示した。彼は彼女のために何百もの詩や歌を次のような言葉で書いた。

他の女性の間で時間ごとに，
彼女の美しい顔に愛が現れる。

今日でも，ペトラルカの愛の歌は有名だ。それらはウィリアム・シェイクスピアを含む多くの偉大な作家に影響を与えた。ペトラルカは1374年7月19日に自宅で亡くなった。70歳の誕生日の1日前だった。ある有名な話によれば，彼は図書館で本に寄りかかって死んでいるのを発見された。その仕事と学習のために，私たちはペトラルカをルネサンスの父と呼んでいる。彼は言葉で素晴らしい芸術を創造し，ヨーロッパ人が彼らの過去から学ぶのを助けた。

3 ヨーロッパ人が過去から学ぶためには，人々は本を読む必要があった。しかし，問題があった。本は高価であり，作るのも大変だった。人々はふつう本を手で書き写した。ヨハネス・グーテンベルクという若いドイツ人が新しい印刷方法を生み出した。彼は金属ブロックに可動文字を使用する印刷機を作った。彼はヨーロッパ人として初めて本を速く印刷できるようにした。1482年までに，ヨーロッパには約100台の印刷機があった。これらの印刷機は，知識を迅速かつ正確に広めるのに役立った。人々は古代ギリシャとローマの芸術と思想を研究した。グーテンベルクのおかげで，ヨーロッパは活字の力で再生を始めた。

4 新しいアイデアは，ヨーロッパの再生の一部だった。多くの新しいアイデアを持った一人の男がレオナルド・ダ・ヴィンチだった。彼は過去から学んだが，彼はまた彼の周りの自然と世界を研究した。今日，私たちは彼の絵を知っているが，彼は発明家であり科学者でもあった。レオナルドは複数のノートにメモと絵を記した。彼のノートには，音楽，光，そして人体を含む多くのことについて書いている。彼は飛行機械，ロボット，さらには恐ろしい戦争の武器を設計した。レオナルドは(⑥)芸術と科学を結びつけた。これは彼の有名な絵画，モナリザで見ることができる。イタリア語では，この絵は「笑う絵」とも呼ばれる。これは，モナリザの不思議な笑顔によるものだ。直接見ると笑顔が消えていくようだ。彼女の笑顔の周りには影がある。影は柔らかく，煙のように見える。レオナルドは，この技法を「煙のように線や境界線がない」と説明した。科学的な方法で光と人体を研究することにより，レオナルドは彼の芸術を生き生きとさせた。彼はそれを実際の世界のように見せた。

5 ルネサンス期，ヨーロッパ人は芸術を創造した。しかし，彼らはまた，知識と科学の再生を生み出した。レオナルド・ダ・ヴィンチは，科学を使って新しい知識を発見した。彼は，人々が言ったようにではなく，実際のように世界を見た。(⑦)たとえば，彼のメモの中で，レオナルドは「太陽は動かない」と書いている。これは重要ではないように思われるかもしれない。しかし，当時，ほとんどのヨーロッパ人は太陽が地球の周りを移動すると信じていた。彼らは地球が宇宙の中心であると信じていた。この考えはローマカトリック教会によってさえ教えられていた。教会は，月と太陽が地球の周りを移動すると書いたギリシャの哲学者アリストテレスの考えに従った。

6 (⑧)当時は教会の考えに反対するのは危険であり困難であった。レオナルド・ダ・ヴィンチは太陽が動かないという考えだけを述べた。しかし，1632年に，ガリレオ・ガリレイはそれについての本を書いた。彼はニコラウス・コペルニクスの作品と古代ギリシャ人のアイデアに基づいてアイデアを出した。教会の指導者がガリレオの著作を読んだとき，彼らは非常に怒った。ガリレオは，太陽が宇宙の中心であると言った。教会の指導者たちはガリレオに質問した。彼らは彼に彼の考えを捨てるよう強制した。彼らは彼を自宅に監禁した。しかし今日，私たちはガリレオが正しかったことを知っている。ガリレオ・ガリレイは，ルネッサンスの最も重要な思想家の1人である。アルバート・アインシュタインは彼を現代科学の父と呼んだ。レオナルド・ダ・ヴィンチのように，ガリレオは古代ギリシャ人の本を参照した。ガリレオは，ガリレオの千年以上前に生きていたアリスタルカスの作品を読んだ。アリスタルカスは，太陽が宇宙の中心であると言った。彼は(⑨)アリストテレスに反対した古代の思想家だった。(⑩)ガリレオは自然界を見た。彼は数学を使って惑星がどのように動くかを理解した。彼は望遠鏡を改良し，空の星を注意深く見た。彼は地球と太陽についての本当の答えを見つけた。そして彼は新しい考え方を作る手伝いをした。私たちはそれを科学と呼んでいる。

7 これらの人々がしたことの結果は何だったか？　それは芸術と創造性の爆発だった。それは知識と科学の新たな始まりだった。それは，美しく，力強く，時には(⑪)ひどい発明を生み出すための芸術と科学の融合だった。それはルネサンスだった。

基本 問1　直前の内容が直後の内容の理由を表しているので，エが答え。ウは，直後の内容が直前の内容の理由を表すときに用いる。

問2　並べ替えると（They）wanted to know how Europe could be（great again.）となる。〈how S V〉で「Sがどのように V するか」という意味を表す。

問3　③〈spend ～ ing〉で「～しながら過ごす」という意味を表す。　④〈want A to ～〉で「Aに～してほしい」という意味を表す。　⑤〈fall in love with ～〉で「～に恋をする」という意味を表す。

問4　直後のモナリザの絵の具体例から考える。レオナルド・ダ・ヴィンチは，「科学的な方法で光と人体を研究することにより，レオナルドは彼の芸術を生き生きとさせた」とあるので，アが答え。イ「知識と科学」は「芸術」がないので誤り。ウ「美と力」，エ「芸術と想像性」はいずれも「科学」がないので，誤り。

問5　大意参照。

問6　at that time と even dangerous が挿入されている。〈it is ～ to …〉で「…することは～である」という意味になる。〈go against〉で「反対する」という意味を表す。

問7　5段落に「月と太陽が地球の周りを移動すると書いたギリシャの哲学者アリストテレスの考え」とあるので，アリストテレスは天動説を唱えていたことがわかる。それに対してアリスタルカスは地動説を唱えた。

問8　ガリレオは「太陽が宇宙の中心である」と考えたので，地動説を唱えた。

問9「ひどい」とあるので，科学が生みだした望ましくないものを表す言葉を探す。④段落にレオナルド・ダ・ヴィンチについて「彼は飛行機械，ロボット，さらには恐ろしい戦争の武器を設計した」とある。

問10　ルネサンスは，ヨーロッパにおける芸術の復活と科学の始まりだった。フランチェスコ・ペトラルカのような人々のおかげで，ルネッサンスの思想家は1過去から，特に古代ギリシャ人とローマ人の作品から学んだ。人々は素晴らしい本を読むことによってこれをした。ヨハネス・グーテンベルクのおかげで多くの本が2印刷され，知識はヨーロッパ中に急速に広まった。同時に，レオナルド・ダ・ヴィンチのような人々は，自然を研究することによって新しい知識を生み出した。レオナルドは芸術をより3リアルに見せ，新しい機械を発明し，そして多くの新しいアイデアを持った。時が経つにつれて，ガリレオのような思想家は古い考えに挑戦することを学んだ。彼らは，古代ギリシャ人でさえ4宇宙の性質について異なる考えを持っているのを知った。ガリレオは答えを見つけるために自然を見た。

1　①段落に「彼らは過去から学びたかった」とある。　2　③段落に「新しい印刷方法を生み出した」とある。　3　④段落に「レオナルドは彼の芸術を生き生きとさせた」とある。　4　⑥段落に，ギリシャ時代の哲学者たちの宇宙に関する考えが書かれている。

問11　1「グーテンベルクが印刷機械を発明するまで，人々はふつうどのようにして本をコピーしたか。」③段落に「人々はふつう本を手で書き写した」とある。　2「レオナルド・ダ・ヴィンチは画家であると同時に，発明家そして科学者だったか。」④段落の内容に合うので，正しい。

3「アルバート・アインシュタインによって，現代科学の父と呼ばれたのは誰か。」⑥段落にはガリレオ・ガリレイについて，「アルバート・アインシュタインは彼を現代科学の父と呼んだ」とある。　4「ガリレオが発明するのを手伝った新しい考え方を私たちは何と呼ぶか。」⑥段落には「彼は新しい考え方を作る手伝いをした。私たちはそれを科学と呼んでいる」とある。

重要　問12　1「ペストはヨーロッパで広がり，多くの人々を殺したが，筆者はそれが世界の終わりであるとは思っていなかった。」①段落に「それは世界の終わりではなかった」とあるので，正しい。

2「ウィリアム・シェイクスピアは，ペトラルカの作品に影響を受けた作家の1人だった。」②段落に「それらはウィリアム・シェイクスピアを含む多くの偉大な作家に影響を与えた」とあるので，正しい。　3「グーテンベルクによって発明された印刷機は，人々が以前よりも簡単に本を手に入れることを可能にした。」③段落に「これらの印刷機は，知識を迅速かつ正確に広めるのに役立った」とあるので，正しい。　4「レオナルドは彼の絵，モナリザを明確な線を使って生き生きとさせた。」④段落に「煙のように線や境界線がない」とあるので，誤り。　5「ローマカトリックの指導者たちは，太陽が地球の周りを移動するという考えに従ったが，今ではその考えが間違っていたことがわかった。」⑥段落の内容に合うので，正しい。

【3】（書き替え問題：比較，間接疑問文，分詞，助動詞，動名詞）

基本　1「彼は私より上手にヴァイオリンを弾くことができる。」→「私は彼ほど上手にヴァイオリンを弾くことができない。」〈not as ～ as …〉で「…ほど～でない」という意味を表す。

2「私はその本の著者を知っている。」→「私は誰がその本を書いたか知っている。」間接疑問文なので，〈疑問詞＋主語＋動詞〉の形になる。この文では疑問詞のwhoが主語を兼ねている。

3「マークが描いた絵は高い値段で売られた。」→「マークによって描かれた絵は高い値段で売られた。」「～された」という意味を表して，直前にある名詞を修飾するときには，過去分詞の形容詞的用法を使う。

4 「私はその物語が本当でないことを確信している。」→「その物語は本当であるはずがない。」〈 can't ～ 〉は「～であるはずがない」という意味を表す。

5 「塩をとってください。」→「塩をとっていただけませんか。」〈 would you mind ～ ing 〉は「～していただけませんか」という意味で，丁寧な依頼を表す。

【4】（正誤問題：副詞，動名詞，受動態，動詞）

1 「郵便局への行き方を教えてくれてあなたはとても親切です。」 teach は勉強などを「教える」という意味。道順を教えるときなどには tell を使う。

2 「マークは商用で日本と中国の間を行ったり来たりするので，長いフライトをするのに慣れている。」〈 be used to ～ing 〉で「～するのに慣れている」という意味になる。

3 「ジョンとポールはとても偉大なミュージシャンなので，世界中の多くの人々から愛されている。」〈 such a ～ that … 〉で「～なので…」という意味になる。〈 so ～ that … 〉でも同じ意味を表わせるが，so の後には形容詞や副詞を置かねばならない。この文では musicians という名詞が置かれているので，such を使う。

4 「買い物に出て行く前に電灯を消すことを忘れないでください。」 動詞の forget の対象としては不定詞でも動名詞でも可能であるが，不定詞がくる場合にはこれから起こることを表し，動名詞がくる場合にはすでに起こったことを表すという違いがある。

5 「メアリーはビルと私に一緒にコンサートに行くよう頼んだが，私はそこに行くには忙しすぎた。」 I は主語になる語なので「私に」とするときには me になる。

【5】（英作文問題）

「私がもらった一番の贈り物」というテーマについて英作文をする問題。なるべく具体的な内容をわかりやすく書くように心がける。「できるだけたくさんの英文を」とあるので厄介だが，起こった出来事を細かく順に書くようにするとよい。また，単語・熟語や文法上のミスによって減点されることが多いので，不用意なミスを失くすように注意するべきである。さらに，他の場所に一度下書きをして，語彙や文法をチェックした後に，できるだけ丁寧な字で清書することも大切なことである。

★ワンポイントアドバイス★

【4】の2には〈 be used to ～ing〉が使われているが，似た表現として〈used to ～〉がある。これは「かつてよく～した」と過去の習慣を表す。（例）I used to play soccer at the park.「私はよくその公園でサッカーをしたものだ。」

＜国語解答＞

一　問一　ウ　問二　油の熱に～なった指　問三　イ　問四　映樹さんが休みの日
問五　身寄りのない聖輔に店を継がせようとする督次さんの厚い信頼

二　問一　1 c　2 f　問二　ア　問三　格差是正を目指して途上国の開発を援助して生活の質をあげようとすれば，地球環境の悪化を招き，破滅への道を歩むことになる
問四　ウ　問五　ア

三　問一　ウ　問二　夏　問三　イ　問四　A 団　B 扇　問五　エ

四　問一　1 憲法　2 微力　3 脱落　4 糖分　5 巨体　6 心地　7 新鮮
問二　1 暴　2 皆　3 騎

○推定配点○

一　問一～問三　各4点×3　問四　8点　問五　10点
二　問一・問二・問四・問五　各4点×5　問三　10点
三　問一～問三・問五　各3点×4　問四　各4点×2
四　各2点×10　計100点

＜国語解説＞

一　（小説―文脈把握，情景・心情，脱文・脱語補充）

問一　傍線部①では聖輔の将来の夢について尋ね，以降の会話の中で督次さんは自分の総菜屋を継がないかという提案をしていることから，聖輔が将来について具体的に決めていなければ店を継がせる提案をするチャンスと考えていたと思われる。よってウが適当。ア「安易に考えている」・エ「具体的に教えようとしている」は，どちらも本文中にそう断定できる描写がないため誤り。イ「不安を，打ち消そうとしている」は，そうであれば調理師免許をとった後のことについてではなく，店に残れるかどうかにかかわることを直接尋ねると思われるため不適当。

問二　コロッケと督次さんにまつわる描写を優先的に探していく。すると，「油の熱に耐えられるよう…動じない。」の部分があてはまるが，ここの「…太くもなった指」までは，油がよくはねるコロッケに対して，督次さんが逃げたり避けたりせず懸命に向き合ってきた長い年月という具体的なことを読者に想像させる。したがって，「油の熱に…なった指」が適当。

問三　聖輔の父親については「和といえば…やってたので」という発言からしかその像がうかがえないが，これだけで「腕の立つ和食の料理人」とは断定できないため，イが適当。

重要　問四　「督次さんが同じ話を…あえて今日言ったのだ。」から，映樹さんに店を継がせるという選択肢もありそうなものではあるが，督次さんははじめから聖輔にだけ店を継がないかと提案していると思われる。すると，今日については「こんな日に休みだなんて映樹さんはツイてるな」という記述から，映樹さんは休みであり，聖輔と二人で話をするには絶好の機会だったことがわかる。したがって，映樹さんが休みであるということがわかる記述をして補えていればよい。

問五　直後の「親切な人は，いる」から，聖輔は何かしら感動で身震いしたものと思われる。まず聖輔の身に起きた出来事として，督次さんから店を継がないかと提案されたということ，そしてそれは「いい加減な気持ちで言えるわけがない」ため，自分を信頼してのことだということをおさえておく。さらに聖輔に店を継がせる理由として，「身寄りのない僕なら，…考えてくれたのだと思う」から，身寄りがないということも加えて記述できるとよい。

二　（小説―情景・心情，内容吟味，脱語補充）

問一　1　第三段落および図1より，「社会的な土台」とは自由に良く生きるために必要なことだと

言える。戦争は少なくとも不要なものであるため，ふさわしくないものはc。　2　第四段落および図1より，「環境的な上限」とは現状怒っている環境破壊・汚染に類するものだと言える。オゾン層はフロンガスの大量使用によって破壊されてきているため，ふさわしくないものはf。本文の記述からだけでなく，一般常識も問われる設問であった。

問二　Aは「安全で公正な社会」が達成されている数値なので，第二段落で言うところの「社会的な土台」が当てはまる。したがって，Aは「左上」が適当。Bについては，第九段落に「社会的閾値を…超えることになり」，「ほとんどの国は，…満たしているのである」とあることから，「社会的な土台」が充実すればするほど「環境的上限」に影響が出てしまうと考えられる。したがって，Bは「右上」が適当。

重要　問三　「これ」は直前の「ほとんどの国は，…満たしているのである」を指す。また，直後の「ただ，」と補足されている内容から，「公正を実現する」ことにおいて「都合の悪い」ことがあるということである。「公正」とは，国際的・社会的な公正のこと，つまり「社会的欲求」であると考えられる。だが，それを満たすためには持続可能性を犠牲にする，つまり環境資源を消費する必要があるから都合が悪いと言える。これらをふまえて，「格差是正のため」「途上国の生活の質を上げようとすると」「地球環境の悪化を招く」ということ，さらに地球環境悪化の末路として「破滅」を記述できていればなおよい。

やや難　問四　「偽善」とは，「本心からでなく，うわべをつくろってする善行」，「この問題」とは，直前の「グローバルな公正さと…実現できるのか」である。アは，持続可能性にのみ注目し，公正さに関して言及していないため不適当。イは，「一国内だけの問題ではない」「地球はひとつで」という記述からも，国際ではなく世代にのみ言及している点で不適当。エは，公正さにのみ注目し，持続可能性に関して言及していないため不適当。ウも持続可能性についての言及としては微妙なところだが，「受け皿になる」が第二十三段落「先進国が浪費を…持続可能ではない」の部分にあたると考えられ，先進国の受け皿として途上国が経済発展するために環境資源を浪費するのは持続可能な道ではない，と解釈できる。

問五　イは，経済成長に伴って社会が繁栄するとしている点が誤り。第二十段落「経済成長しなくても，…可能性がある」と矛盾する。ウ・エは，経済成長し続けることを前提にしている点が誤り。最終段落に「先進国の経済成長を諦め，…検討すべきではないか」とある通り，筆者は先進国は経済成長を諦めるべきという立場をとっている。

三　（古文一指示語の問題，脱文・脱語補充，情景・心情，文脈把握，俳句）

〈口語訳〉　奈良の帝の御治世に，どのようなお考えによって，この土地の名産となったのだろうか。世間では専門の芸道に優れていては，多くの才能はなくてもよいだろう。あれは，上手に風を生むほかには，まったく無能であって，ちょっとした舞踊の際にも使い物にならないから，腰に差されて世間にこびるひねくれた心もない。ただこの世を木の切れ端のように軽く思い捨てた修行僧の生き方なのだろう。そういうわけで桐の箱の家に住みたいとも思わず，夕顔のそばで夕涼みをし，昼寝の見張り番をして，人の心に秋風（のような寂しさ）が来たら，再び来る夏（のような晴れがましさ）をあてにする様子もなく，物置の方済みに紙屑を入れる籠と同居して，鼠の足に汚されるけれども，地紙をめくられて，野ざらしになる扇には勝るにちがいない。（団扇よ，）私はお前に心をゆるす。お前は私にうちとけるあまり，（私の）裸の寝姿を，絶対に，人に話してはいけない。　袴を着るようなかしこまった場では，休みをとらせる団扇であることよ。

問一　「かれ」は「あれ」という意味の指示語である。傍線部①直後によれば，「かれ」は，上手に風を生む以外は全くの無能であるということからまずウ・エに絞られるが，舞踊の際にも使い物にならないということなので，ウが適当。扇は日本舞踊などで使われるものであるという前提知識は必要であった。

問二　まず，この文章は団扇とはどういうものなのかということを話題にしているということをおさえておく。団扇は夏の暑い時期に使われるものであるから，夏の後の季節である秋が来たときに「また来る」ことをあてにするものは，団扇が活躍する夏である。

問三　「我汝に…」以降，傍線部②までの内容をもとに解答する。筆者は団扇に心を許しており，団扇に向かって，私にうちとけるあまりに私の裸の寝姿を人に話すなと言っているのである。この記述に加えて，団扇には裸で寝ている姿という通常人に見せない様子を見せているということからも，イが適当。

問四　「改まった席」は「袴着る」を指す。そのような日は，団(＝団扇)を「やすまする」ということから，Aには「団」があてはまる。では，団扇の代わりに何を使うのかということについては，注にもある通り舞踊の際にも用いられる「扇」である。扇は舞踊の際にも用いられるので，団扇とは違って「腰にたたまれて…ねぢけ心」がある，つまりは世間体を気にしたりプライドを持ったりするものであると考えられる。したがって，改まった席では日常的に親しみのある団扇ではなく，扇を用いると言える。

四　(漢字の読み書き，熟語)

問一　1「憲法」は「憲」の横棒の数に注意。　2「微力」は「びりき」という誤読が多いため注意。　3「脱落」とは「仲間からとり残され抜け落ちること」。　4「糖分」は米へんであることに注意。　5「巨体」とは非常に大きな体のこと。　6「心地」は「気分」とほぼ同義。「こころち」と読まないように注意。　7「新鮮」は「鮮」に草かんむりをつけないように注意。

問二　1「自暴自棄」は，「暴」に「やけになる」という意味が込められている。　2「免許皆伝」は，「皆」に「すべて」の意味が込められている。　3「一騎当千」は，もとは武士の強さを表す言葉であったことから，馬を表す「騎」の字が用いられている。

★ワンポイントアドバイス★

小説は，登場人物の感情の流れや葛藤の内容に注目しよう。論説文は，筆者の主張とその背景にある論理関係を整理して把握しよう。古文は，指示語の内容や省略された主語は必ず確認するようにしよう。

2021年度

★★★★★★★★★★★★★★★★★★★★★★★

入　試　問　題

2021年度

国学院大学久我山高等学校入試問題

【数　学】（50分）　＜満点：100点＞

【注意】 円周率はπとする。

1　次の □ を適当にうめなさい。

(1)　$2-2\div2\div2\times2^2+2=$ □

(2)　$\dfrac{2x-7}{6}-\dfrac{2x+1}{3}+\dfrac{4x-1}{2}=$ □

(3)　$-2x^2y\times(-3x^2y)^2\div(-6x^4y^3)=$ □

(4)　$(\sqrt{24}-2\sqrt{3})\div\sqrt{6}+\sqrt{2}(\sqrt{18}-\sqrt{32})=$ □

(5)　$(x+2y)(x+2y-6)-16$を因数分解すると □ である。

(6)　原価3600円の商品にx %の利益を見込んで定価をつけたが，売れないので定価のx %引きの3519円で売った。xの値は □ である。

(7)　一次関数$y=ax+b$でxの変域が$-2\leqq x\leqq5$であるとき，yの変域は$\dfrac{5}{2}\leqq y\leqq6$である。$ab<0$とすると，$2a+b=$ □ である。

(8)　さいころを2回ふって最初に出た目の数をa，次に出た目の数をbとする。このとき，$\sqrt{\dfrac{b}{2a}}$が無理数になる確率は □ である。

(9)　図の平行四辺形ABCDにおいて，AE＝5，ED＝3，DG＝$\dfrac{5}{2}$，GC＝$\dfrac{3}{2}$である。BDとEGの交点をFとすると，BF：FD＝ □ である。

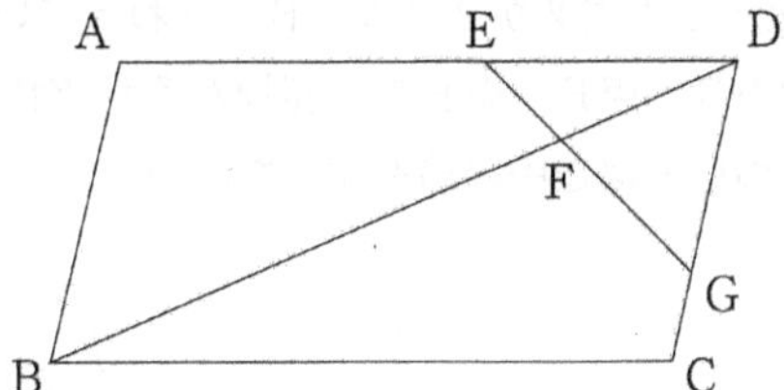

(10)　正八面体の辺の数をa，面の数をb，頂点の数をcとする。このとき，$a+b+c=$ □ である。

2　図は，∠B＝90°の直角三角形ABCである。頂点Bから辺ACに垂線をひき，その交点をDとする。DB＝3，CD＝1のとき，次の問いに答えなさい。

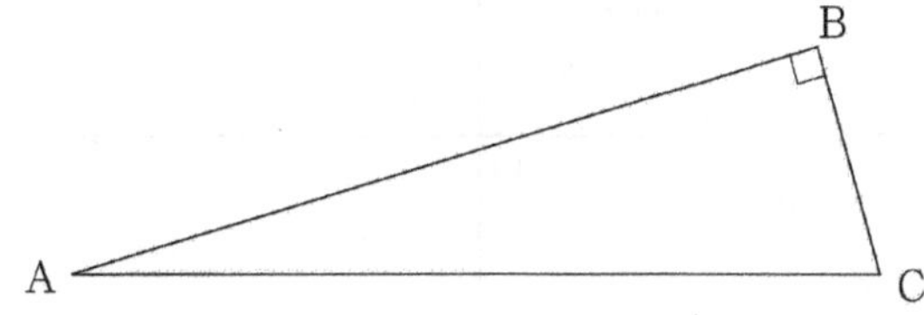

(1)　ADの長さを求めなさい。

⑵　3点A，B，Cを通る円の半径を求めなさい。

⑶　⑵の円周上に点Pをとり，BCの長さを m とする。

①　AB：BCを求めなさい。

②　三角形BCPの面積が最も大きくなるとき，三角形BCPの面積を，m を用いて表しなさい。

3　a を千の位，b を十の位の数字とした4けたの自然数 $a\,4\,b\,6$ について，次の問いに答えなさい。ただし，a は0ではありません。

⑴　次の □ をうめなさい。

この4けたの自然数をNとすると，

$N=$ ア $\times a+$ イ $\times b+406$

と表すことができる。これを変形すると，

$N=3\times($ ウ $)+a+b+1$

と表すことができる。

このことを利用すると，自然数Nのうち3で割り切れる数は全部で エ 個ある。

⑵　次の □ をうめなさい。

この4けたの自然数Nは，

$N=29\times($ オ $)+14\times a+10\times b$

と表すことができる。

このことを利用すると，自然数 N のうち29で割り切れる最小の数は カ である。

⑶　この4けたの自然数Nのうち，125で割った余りが最も大きくなるような数は全部で何個ありますか。

4　図のように，放物線 $y=ax^2$ と直線 ℓ が2点A，Bで交わっている。
点Aの座標が（-2，4）であり，点B，点Pの x 座標がそれぞれ4，-1 であるとき，次の問いに答えなさい。ただし，⑶については途中経過も記しなさい。

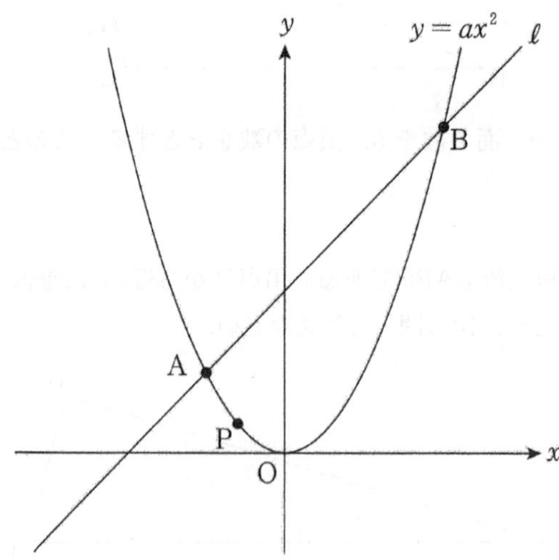

⑴　a の値を求めなさい。

⑵ 点Pを通り，直線ℓと平行な直線mの式を求めなさい。

⑶ ⑵の直線mと放物線との交点のうち，Pでない点をQとする。

① AB：PQを求めなさい。

② 点Pを通り，四角形APQBの面積を２等分する直線の式を求めなさい。

【英　語】（50分）　<満点：100点>

【1】リスニングテスト

第1部

No. 1　1　He has many things to do today.　　2　He has a headache.
3　Something is wrong with his tooth.　　4　He saw a bad doctor.

No. 2　1　On the 2nd line from the top on page 13.
2　On the 2nd line from the top on page 30.
3　On the 2nd line from the bottom on page 13.
4　On the 2nd line from the bottom on page 30.

No. 3　1　A new camera.　　2　A different store.　　3　Money.　　4　Nothing.

第2部

No. 1　1　Tuesday.　　2　Wednesday.　　3　Thursday.　　4　Sunday.

No. 2　1　By listening to a song.　　2　By finding the box.
3　By breaking the box.　　4　By singing a song.

No. 3　1　Because a strong wind made the airplane shake.
2　Because the flight attendant suddenly talked to the captain.
3　Because the coffee machine was broken.
4　Because a cup of coffee was dropped onto the captain.

第3部

No. 1　Which does the speaker like better, eating at restaurants or eating at home?
No. 2　How much does the speaker usually pay for dinner at a restaurant?
No. 3　According to the speaker, what can we control at home?
No. 4　What is the last reason for the speaker's opinion?

<リスニング問題スクリプト>

第1部

No. 1　Kate: What's wrong, Tom?　You look terrible.
Tom: Oh, Kate.　I've had a bad toothache since last night.
Kate: Why don't you go and see Dr. Smith?
Tom: Is he good?
Kate: Yes, he is.
Tom: All right, I'll call him to make an appointment.
Question: What is wrong with the man?

No. 2　Student: Ms. Smith, may I ask you a question?
Teacher: Certainly, what is it?
Student: I don't understand one of the sentences on page 13.
Teacher: Which sentence is it?
Student: The second one from the top.

Teacher: OK. I'll explain it.

Question: Where is the sentence the boy asked about?

No. 3 Customer: Yesterday I bought this camera from your store, but it seems like it is broken.

Clerk: May I see it, please? You're right. It isn't working.

Customer: Can I get my money back, please?

Clerk: Sure. Do you have the receipt?

Customer: Yes, I do. Here you are.

Clerk: Let's see...

Sorry for the trouble. I'll give you the refund right away.

Question: What is the man going to get for the camera?

第2部

No. 1

Hi I'm Ben. I'm studying art at university, and I'm in the tennis club. I have class on Mondays, Thursdays, and Fridays, and tennis practice every Wednesday. I also study in the library on the weekends. I don't have much time to work, but I need a part-time job because university is very expensive.

Question: Which day is the best for Ben to get a part-time job?

No. 2

Hi I'm Miguel from Mexico. In my country, a birthday is a big celebration. You've probably heard about this tradition before, or maybe you've experienced it yourself. We can't have a birthday party without a special "box". Inside the "box", there are sweets, toys and so on. We try very hard to break it open to get inside. We also enjoy singing our own unique song.

Question: How can they get the sweets from the box?

No. 3

Good morning everyone. This is your captain speaking. Welcome to Flight Number 293. This is a nonstop flight from New York to Los Angeles. The weather ahead is clear and, therefore, we should have a safe and smooth flight. Now sit back and relax… Ahh!(surprised) (Pause)

I'm so sorry if I scared you earlier. While I was making my announcement, a flight attendant accidentally dropped a cup of hot coffee onto my lap.

Question: Why was the captain surprised?

第3部

Many people like to eat at restaurants, but I love eating at home more for three reasons.

The first reason is that eating at home is cheaper. When I have dinner at a restaurant, I pay about $25. I can buy a lot of groceries with that much money.

Even lunch at a food stand can easily cost seven or eight dollars. That's enough to feed a whole family at home.

The second reason is that it is healthier to eat at home. Restaurants often serve more food than we need. Last Sunday, I was a little bit hungry and went to a restaurant. I just wanted to get a hamburger, but the hamburger came with fries and a salad. I ate all of it and got too full. However, at home we can control how much food we eat.

The last reason is that it is more convenient to eat at home. Eating out may seem more convenient because we don't have to shop, cook, or clean up. But this is not true. Cooking at home can be more convenient. There are a lot of simple meals, and they don't take long at all to prepare. In addition, when we eat at home, we don't have to drive to the restaurant, look for a parking space, wait for a table, and then wait for service.

In conclusion, I prefer to prepare meals at home. I hope you can enjoy a wonderful meal at home too.

【2】「量子コンピュータとその開発をする科学者」について書かれた英文を読んで，以下の問いに答えなさい。

[1] The first computers were very big and expensive. However, in less than thirty years, the size and price of computers *shrank *considerably. In fact, computers became cheap enough for many people to have one or more of them in their homes. Computers also became small enough for people to be able to carry them around. Students can take them to class. Business people can take them on trips for work. But computers did not just get cheaper and smaller over the years. They also became more useful. This was *due to better programs for computers. It was also due to better things inside of computers. New ways of putting information into computers were made. ①Developments like the mouse, touch screen, and computer pen (アit / イpeople / ウwork / エmade / オto / カfor / キeasier) with computers. Another big change for computers came with the Internet. These days, a computer without the Internet is far less useful for work. It is also less useful for enjoying other benefits of the Internet like social media sites, web audio and video content, and all kinds of information sites.

[2] (②), even with all of the changes in computers over the years, one thing has not changed. Computers still have the brains of a calculator. That means computers only think *in sequences of 0s and 1s. One part of a computer sequence is called a *bit. As bits are put together, they become data for computers to read. Programs tell computers how to use this data. Then computers can do all of *the things that people ask them to do. Today's computers can certainly do many amazing things, but people always want more. So computer scientists are interested

in *quantum computers. Actually, scientists started to work with quantum computers over ten years ago and are still working with them. They are not quite ready to be sold in stores like *laptop computers or smartphones, but progress is being made.

[3] How are quantum computers different from regular computers? The best way to understand the answer to this question is to know something about (あ)a Turing machine. The Turing machine was developed by *Alan Turing in the 1930s. It was not a real machine. It was Turing's idea about a device using a tape. It could be divided into little *squares. (い)Each square can either hold a symbol (1 for "true" or 0 for "false") or be *left blank. A *read-write device would then read these symbols and blanks as *instructions to perform a certain program. The first computers worked in that way, and ③it is still true today. The way for today's computers to read data has changed, but the basic idea has not changed.

[4] Now imagine a quantum Turing machine. In this new quantum machine, the difference is that the tape exists in a *quantum state. This means that (う)the symbols on the tape can be either 0 or 1, or the symbol can be 0 and 1 at the same time. *On top of that, (え)the symbols can actually be any and all points in between 0 and 1! Remember, for a regular computer, a piece of the tape with a 0 or a 1 on it is called a bit. In quantum *computing, the computer uses *qubits. You can imagine a qubit like a *sphere. (お)A regular bit can either be at *the top pole of the sphere (1) or at the bottom pole (0). (か)A qubit can be any point on the sphere. Because of this fact, a computer using qubits can keep much more information and uses less energy than a classical computer.

[5] ④Another big advantage of a quantum computer is the speed. Think about your computer. Was it fast enough for you? Did you have to wait for it to finish something before you could use it for another job? Quantum computers won't have ⑤that problem. While computers today can only think about one job at a time, quantum computers *should be able to think about a million jobs at a time!

もととなる考え	a Turing machine チューリング機械	a quantum Turing machine 量子チューリング機械
実在もしくは 開発中のもの	(regular) computers 一般的なコンピュータ	quantum computers 量子コンピュータ
ビットと量子ビットの イメージ図	a (regular) bit 一般的なビット 1 0 0 1 1 1 ① または ⓪ ビット：0または1のどちらかの状態をとる。	a qubit 量子ビット 量子ビット：0と1が同時に存在する。 球面のどこにも存在しえる。

6 For a number of years, professors and students in universities have worked on quantum computer projects. Some large companies also have *departments working on them as well. In fact, a company in Canada named D-Wave reported some very interesting results of its quantum computer project. That report made scientists and companies like Google, IBM, and Microsoft even more (⑥) in quantum computers. Governments are also spending money into quantum computer research. So in the near future, there are going to be lots of opportunities for young people to work as quantum computer scientists.

7 These days, quantum research scientists need to have a *Ph.D. However, that may change in the future because *advances in quantum research help us to understand *quantum physics more clearly. Learning about quantum physics will be easier then, and it will open up this kind of work to more people.

8 Quantum research scientists do not work alone. They usually work on teams with engineers, mathematicians, and other *physicists. They may even work on teams with university students studying quantum physics. So quantum research scientists should know how to work well with others.

9 Quantum research scientists need to be (⑦). They need to be able to explain their research to *people who they work with. Sometimes they even need to explain their work when people don't know much about physics or math at all! Quantum research scientists not only talk about their research, but they have to write about it. They need to keep records of their research. A lot of these records may be in numbers, but some records will include notes and *documents as well. Quantum research scientists also have to write reports to explain their research findings. Then they can share these reports with people in companies and with other researchers.

10 The job opportunities for quantum computer research scientists will not disappear after a working quantum computer is made. There will still be opportunities to improve these new computers, as old computers were improved in the past. Quantum computer research scientists will be needed to make the design of the new computers simpler. They will need to find ways to make the computers work better and be more *dependable. If the field of quantum computers sounds (⑧) to you, start preparing now. ⑨<u>Learn as much as you can about how science experiments are done and how reports are written.</u> And take math, computer science, and physics classes if you can. Quantum computers may be coming soon. Do you want to be part of this exciting new field of the future?

shrank：小さくなった　considerably：かなり　due to ～：～のおかげで　calculator：計算機

in sequences of 0s and 1s：０と１の連続で　bit：ビット（ビットとは情報量の基本単位）

the things that people ask them to do：人々がコンピュータに指示すること

quantum computers：量子コンピュータ　laptop computers：ノートパソコン

Alan Turing：アラン・チューリング（コンピュータ理論の先駆者）　squares：四角
left blank：何も書かれていない状態　read-write device：読み書き装置
instructions：（コンピュータへの）命令　quantum state：量子の状態　on top of that：それに加えて
computing：計算処理　qubits：量子ビット　sphere：球体　the top pole：一番上の点
should：～のはずである　departments：部門　Ph.D.：博士号　advances：進歩
quantum physics：量子物理学　physicists：物理学者
people who they work with：一緒に働いている人々　documents：文書　dependable：信頼性が高い

問１　下線部①が文脈に沿った内容の英文になるように，(　) 内の語句を最も適切な順番に並べかえ，記号で答えなさい。

問２　(②) に入る語句として，最も適切なものを選び，記号で答えなさい。

ア　As a result
イ　Also
ウ　For example
エ　However

問３　波線部㋐～㋕を「一般的なコンピュータに関わるもの」と「量子コンピュータに関わるもの」に分類した時，「量子コンピュータに関わるもの」を記号で答えなさい。解答は１つとは限らない。

問４　下線部③の内容として最も適切なものを１つ選び，記号で答えなさい。

ア　読み書き装置が記号や空白を読み込むことによって，現在のコンピュータが動いているのは昔と変わらない。
イ　最初のコンピュータは０と１の記号を読み込むことによって動いていたと今でも信じられている。
ウ　コンピュータのデータを読む方法が変化したのは本当である。
エ　最初のコンピュータが改良を加えられたことにより，いまだに当時のまま使われている。

問５　下線部④に「量子コンピュータのもう１つの大きな利点はスピードだ。」とあるが，量子コンピュータのそれ以外の利点を日本語で説明しなさい。

問６　下線部⑤は具体的にどのような問題なのか，日本語で説明しなさい。

問７　(⑥) (⑧) に入る語の組み合わせとして最も適切なものを選び，記号で答えなさい。

ア　⑥ interesting —— ⑧ interesting
イ　⑥ interesting —— ⑧ interested
ウ　⑥ interested —— ⑧ interesting
エ　⑥ interested —— ⑧ interested

問８　(⑦) に入る語句として最も適切なものを選び，記号で答えなさい。

ア　good listeners
イ　good speakers
ウ　good writers
エ　good communicators

問９　下線部⑨を日本語にしなさい。

問10　次の問いに，(　) 内に記された段落を参考に，指定された語数の英語で答えなさい。

1 Can we buy quantum computers like laptop computers or smartphones?
(第2段落／3語)
2 When did Alan Turing develop a Turing machine? (第3段落／3語)
3 What should quantum research scientists know? (第8段落／6語)
4 What subjects should be taken to become a quantum computer scientist?
(第10段落／5語)

問11 本文の内容と一致するものには○，一致しないものには×を記入しなさい。
1 The size of the first computers kept people from carrying them around.
2 Thanks to a lot of surprising things done by computers, people have never wanted to improve them.
3 Alan Turing's idea influenced the first computers.
4 Governments have nothing to do with quantum computer research.
5 The writer thinks that quantum computer scientists will not have any job opportunities after a working quantum computer is made.
6 The writer has a positive attitude toward quantum computer research.

【3】 次の１～５の各組の英文がほぼ同じ意味になるように，（ ）内に適切な１語を入れなさい。

1 Mr. Takeda usually gets to the office at 8:30, but he arrived at 8:55 today.
Mr. Takeda usually arrives at the office 25 minutes ( ) than he did today.

2 When Takeshi smiles at me, I feel happy.
Takeshi's smile ( ) me happy.

3 It has been three years since I saw my uncle last.
I haven't ( ) my uncle for three years.

4 You need to study English harder when you are a high school student.
It is ( ) to study English harder when you are a high school student.

5 While I was in London, I visited Buckingham Palace.
( ) my stay in London, I visited Buckingham Palace.

【4】 次の１～５の英文中の下線部には１ヶ所文法上の誤りがある。訂正した語句を答えなさい。

（例題） Mike <u>wants</u> <u>teaching</u> English <u>to</u> children <u>in</u> the future. 解答：to teach

1 You should pay attention <u>to your belongings</u> <u>such as</u> your wallet and passport when you <u>go</u> <u>to abroad</u>.
2 <u>Most of</u> the audience sat there without <u>say</u> a word <u>when</u> the orchestra began <u>to play</u> Beethoven's Ninth Symphony.
3 My brother and I <u>will be</u> <u>taken care</u> by our grandparents while our parents are <u>on</u> a business trip <u>in</u> China.
4 Taking photos of trains <u>are</u> one of <u>the most popular hobbies</u> <u>among</u> people <u>of all ages</u> in Japan.
5 I was <u>disappointed</u> <u>to hear</u> that the Tokyo Olympic Games were not <u>held</u>

last year, but now I am expecting the Games to <u>hold</u> in 2021.

【5】 次のテーマに沿って，できるだけたくさんの英文を自由に書きなさい。囲み内の語句は英文を書くための参考です。これらの語句を使っても使わなくても構いません。

<u>英文のテーマ　：　高校生になってやりたいこと</u>

club	school event	if	because
enjoy	study	will	in order to

ア　桜の花が咲いたそばからはらはらと散っていくのを嫌がったために泣いた。
イ　桜の花が強い風に吹かれて次々と散っていくのを残念がったために泣いた。
ウ　比叡の山の桜が実に見事に咲き誇っているのに感動してしまったために泣いた。
エ　比叡の山にせっかく登ってきたのに桜がすっかり散ってしまったために泣いた。

問三　――線③の内容を、主語を明らかにして解答欄に合うように10字以内で記しなさい。

問四　――線④とありますが、その理由として次の中から最も適当なものを選び、記号で答えなさい。

ア　桜の花のはらはらと散りゆく様子を、麦の花に喩（たと）えて説明したから。
イ　桜の花が散るだけではなく、麦の花まで散ると残念がっていたから。
ウ　桜の花だけではなく麦の花まで散らす強い風を面白がっていたから。
エ　桜の花の散るのを見て、麦の収穫が落ちることを想像していたから。

四　次の各問に答えなさい。

問一　次の1～7の文の――線のカタカナを漢字に直しなさい。

1　音のシンプクを測定する。
2　話のミャクラクがない。
3　商品の利点をコチョウして話す。
4　勝利は努力のチクセキの結果だ。
5　ボウタイな量の食品廃棄物。
6　港にテイハク中の客船。
7　コンサートチケットの発売日をクり上げる。

問二　次の1～3の四字熟語には誤字がそれぞれ一字あります。その字を正しく直しなさい。

1　前渡有望（将来に向けて大いに見込みがあること。）
2　臨期応変（その場その時でふさわしい手段を取ること。）
3　無病即災（全く病気をせず健康であること。）

答えなさい。

ア　学校に行こうとせず、家から遠く離れた盛岡で祖父の手伝いをして日々をやり過ごしていては

イ　復学する意思を見せないにもかかわらず、自分の将来について具体的に決めないままでいては

ウ　いやなことから逃げ出したうえに、迎えに来たにもかかわらず謝ることもせず黙りこんでいては

エ　勉強をしないでいるとついていけなくなるという事実から目を背(そむ)けて、畑仕事ばかりしていては

問二　――線②の説明として最も適当なものを次の中から選び、記号で答えなさい。

ア　親の気持ちを汲(く)むこともなく自分のことしか考えられない娘に怒りを抑えられずにいる。

イ　勝手な振る舞いで周囲に迷惑をかけてばかりいて反省すらしない娘に愛想が尽きている。

ウ　父と祖父に甘えて母親から逃げてばかりいる娘の身勝手さに心の底からうんざりしている。

エ　黙っていたかと思うと急に口答えしてきた娘にどう接すればいいかわからなくなっている。

問三　[A]にあてはまる語を漢字2字で記しなさい。

問四　[B]にあてはまることばを5字前後で記しなさい。

問五　本文に描かれている広志（父親）は何を考え、どのようにしようとしていますか。30字以上40字以内で簡潔に記しなさい。

三

次の文章を読んで、後の各問に答えなさい。

これも今は昔(今では昔のことだが、)、ゐ(い)なかのちご(子どもが)の、比叡(ひえ)の山へ登りたりけるが、桜のめでたく(みごとに)咲きたりけるに風のはげしく吹きけるを見て、このちごさめざめと泣きけるを、①見て、僧の、やはら寄りて(そっとそばに寄って)、「②など、かうは泣かせたまふぞ(このように泣きなさるのか)。この花の散るを惜しう覚えさせたまふか(思いなさるのか)。桜は、はかなきものにて、かくほどなくうつろひさふらふなり(このようにすぐに散ってしまうものです)。されども、③さのみぞさぶらふ(そういうものなのです)。」と慰(なぐさ)めければ、「桜の散らむは、あながちにいかがせむ(しいてどうにもなりません)。苦しからず。わがてて(私の父が)の作りたる麦の、花の散りて実のいらざらむ(実を結ばない)、思ふが、わびしき(つらいのです)。」と言ひて、さくりあげて(しゃくりあげて)よよと泣きければ、④うたてしやな(興ざめであるよ)。

（『宇治拾遺物語』による）

〈注〉比叡の山＝比叡山延暦寺。滋賀県大津市比叡山にある天台宗の総本山。

問一　――線①とありますが、誰が何を「見て」なのですか。次の中から最も適当なものを選び、記号で答えなさい。

ア　ちごが風に桜が散るのを見て

イ　僧がはげしく泣くちごを見て

ウ　僧が桜の立派に咲いたのを見て

エ　ちごが風のはげしく吹いたのを見て

問二　――線②とありますが、泣いた理由を「僧」はどう考えましたか。次の中から最も適当なものを選び、記号で答えなさい。

激しい嗚咽がこみあげ、身体が震えた。祖父が駆け寄ってきた気配がする。

「そういうところがいや！」

母が足を踏み鳴らした。

「泣けばすむ。泣けば父親は言いなりになる。昔からそう。涙を売りにして。今だってそう。膝をつくほど強く叩いてもないのに、大袈裟に泣く。そういうところがきらい」

「真紀、落ち着け。お前、どうかしてるよ」

「どうかしてる？　私が？　美緒はどうなの？　いつでも自分の思い通り。学校に行きたくないと言ったら行かずにすむ。父親に学校まで送らせておきながら、ホームルームすら我慢できずに即、帰宅。家出をすれば、心配した祖父と父親で甘やかし放題。それを非難されれば泣いて、か弱い女のアピールをする。どうしてあなたはいつも女を売りにするの。さっきだってそう。自分が話の中心になれなくなったらプイッと席を立って、拗ねて土なんか蹴って」

「そうじゃない、そうじゃない！」

あれは母に水をあげたかったのだ。あの山がつくった水を飲んでもらいたかったのだ。

説明したい。でも言葉が出ない。

「そうじゃないよう……お母さん……お母さん」

母がショールを引っ張った。

「出てきなさい！」

「やめなさい、いやがってるじゃないか」

祖父の声に、ショールを引っ張る手が離れた。かぶった布を自分の回りに巻き込み、美緒は身を丸める。

昔からずっと、母にきらわれていたのか。寒くもないのに、身体がふるえた。

「真紀、落ち着いてくれ、頼む」

「そういうあなたたちの態度にも我慢ならない。母親がどれだけ一生懸命、話を聞こうとしてもいつも無視。それなのに父親やお祖父さんには舌足らずに返事をして甘える。ずるいのよ、いつでも女を武器にして。どうして自分の力でなんとかしようと思わないの？　立ちなさい！」

立ち上がろうとしたが、足に力が入らない。

ショールから顔を出すと、母のスリッパが目の前にあった。

腕を組んだ母が見下ろしている。あかりを背に受け、顔が黒ずんで見えた。

「お母さんは……　B　？」

母の顔から表情が消えていった。何の表情も浮かんでいない顔に息を呑む。

真紀、と父が母に声をかけたとき、玄関の呼び鈴が鳴った。

扉が開く音がして、ほがらかな男の声が響いてきた。

「お待たせ、お寿司、到着！　ビールもね。あれ、誰もいないの？

……ここに置いとく？」

こんばんは、裕子の声がした。

（伊吹有喜『雲を紡ぐ』による）

〈注〉ホームスパン……イギリス発祥の、手紡ぎの糸による毛織物。

裕子……祖父の姪。ホームスパンの工房を引き継いでいる。

太一……裕子の息子。

問一　――線①の説明として最も適当なものを次の中から選び、記号でしたのよ。物に依存しているのが心配だったから今まで黙っていたけど、もう、ひきこもってもいないし。だから返すね」

ぼんやりと目の前のショールを眺めた。二ヶ月ぶりに見た赤い色は血のように鮮やかだ。

父がショールを差し出した。

「美緒はこれに代わる布を織るつもりだったんだろう？　でもちゃんとあるから。新しいのは織らなくてもいいだろう」

ショールを受け取らずにいると、母が不安げな顔になった。

父が手を引っ込め、問題集の上にショールを戻した。

唇から言葉がこぼれた。

「勝手……」

「勝手って、どういう意味？」

母が目を怒らせた。

「お母さんもいろいろあってね。美緒のこと、家庭のこと、たしかに行き届かなかった。それは悪かったと思ってる。でもね、今回のことはお母さんだって傷ついたの。勝手？　どっちが？　こんなに親を振り回して、お祖父さんや工房の人にも迷惑かけて。わかっているの？　自分がしていること」

祖父が悠然（ゆうぜん）と麦茶のグラスに手を伸ばした。

「私のことなら心配無用。工房の連中も別に迷惑だとは思っていない」

「そういう気持ちにつけこんで！」

母が立ち上がり、ショールをつかんだ。

②「受け取りなさい。どうして受け取らないの」

ショールを母に押し返し、美緒も椅子から立ち上がる。

鮮やかな赤に心が高ぶってきた。

「いらない！」

「いらないって？」

「捨てたければ捨てれば！」

「何を言うの、美緒？」

母が顔を寄せ、まばたきもせず見つめてきた。怖いが、声を振り絞る。

「いつもそうだ。私の［A］を取り上げる。ショールから卒業って意味わかんない。お母さんは、娘が邪魔なんでしょ。私、知ってる。お母さんがネットでなんて言われてるか」

「美緒、やめろ。座りなさい。」

父が寄ってきて、両肩を押さえた。その手を振り払うと、機関銃のように言葉が口を突いて出た。

「私のためじゃない。娘が不登校で家出してるって、ネットで叩かれたから迎えにきたんでしょ。私のためとか、私のことを考えて言ってるとか、そんなの嘘。そう思うなら、ほっといてよ！　勝手に取り上げて、勝手に返してきて、都合が悪くなったら迎えにきて。そんなだから生徒に叩か……」

母の手が激しく頬（ほお）に当たった。衝撃で足の力が抜け、美緒は床に膝をつく。

母がショールを床に叩きつけた。

「何言ってるの、何もわかってないくせに！」

落ちてきたショールを反射的につかみ、美緒は頭からかぶる。

「真紀、何も叩くことないだろう」

「大丈夫か、美緒」

だから」

「そんなのおかしいでしょう。ちゃんと働いているのに」

「会社とは違うんだ」

父の声が苛立（いらだ）っている。

「そうだとしても信じられない……。だって、このまま工房で働いても、美緒はしばらくの間まったく自活できないってことじゃないですか」

ため息をつきながら、祖父がテーブルに置いた煙草に手を伸ばした。しかし箱を見つめて少し考えたあと、ポケットに戻した。

「野球選手と同じだと考えてみてほしい。高校や大学のうちは野球で飯を食えない。しかしプロ野球に入れば野球で生きていける。もっとも私たちの仕事は今、先細りで、プロになっても仕事を取るのはなかなか大変だが」

「美緒はホームスパンの職人になる覚悟はあるの？」

突然、覚悟と聞かれて、身が固くなる。

答える間もなく、母の言葉が迫ってきた。

「たとえばね、高校を辞めるとすると、働くことになるよね。でも工房の仕事でお給料はもらえない。そうだとしたら、よそでアルバイトをしながらでも、美緒はプロの職人になる覚悟はあるの？」

「真紀、追い詰めるな」

「あなたは黙ってて」

母が鋭い目を父に向けた。

「夏休みももう中盤。今、取り返さないと進級は無理。娘を甘やかすのはいいけど、その代償を払うのは結局、美緒自身なのよ。ねえ……美緒はどうして自分のことなのに何も言わないの？」

一度にいろんなことを言われ、頭が混乱する。

母が言っているのは、アルバイト代が出ないということ。それから自活、覚悟……それから？

背中に汗がにじんできた。膝の上に置いた手を握る。

それから……二学期から学校に行くか。そのために東京に戻るか。

頭のなかを言葉がぐるぐると回る。どこから考えたらいいのかわからない。

何よりも、まだ祖父に言えずにいる。

自分のこれからを託す色。この手でつくり上げる、新しいショールの色のことをまだ、何も。

「先の話ばかりしたけど、まず、あれを美緒に返してやらないと」

父が部屋を出ていき、風呂敷包みを持って戻ってきた。

「美緒、遅くなったけど、あのショール……お母さんはショールを捨てたわけではないんだよ」

父が風呂敷を解くと、赤いショールが出てきた。

「お母さんは、これをかぶって、ひきこもっている美緒を心配しただけなんだ」

問題集の上に、父がショールを置いた。突然、目の前に現れたショールにさらに心が混乱する。

「どういうこと？　お母さんが隠してたってこと？　なんで？」

母がタオルハンカチを出し、小鼻の脇の汗を押さえた。

「隠したとも捨てたとも言ってない。美緒のためを思って、卒業してほしいって言っただけ。それなのに美緒が一方的に決めつけて家を飛び出ナと蝉の声がした。

母が額にかかった髪を軽くかきあげた。

「正直に言うとね。お母さんは今、仕事が大変なことになってる。お父さんの会社もそう。でもお父さんもお母さんも逃げないよ。美緒も一緒に頑張ろう」

「自分は逃げないから、お前も逃げるなというのは酷な話だ。置かれている状況が違う。責任を全うしなければならないときもあるが、美緒はまだ子どもだぞ。耐えて壊れるぐらいなら逃げて健やかであるほうがいい」

お父さん、と父が非難するような目で祖父を見た。

なんだ、と祖父が言い返した。

「異論があるのか、広志。お前たちは自分でその仕事を選んだんだろう」

お言葉ですが、と母が口をはさんだ。

「美緒だって、自分で学校を選びました。クラスでの状況も、相手のせいばかりじゃない、一部は自分の行動が招いたことです。その現実としっかり向き合わなければ」

「現実と向かい合ったから、ここに来る選択をしたんだ。学校で何をさせたいんだ？　勉強か？　勉強なら岩手でもできるぞ。明確な目的もないのに、つらい状況を我慢させ続けるのは酷だと言っているんだ。お前たちだって逃げてもいいんだぞ」

「そうしたら、どうやって僕らは明日から生活をしていくんだ」

抑揚のない口調で言った父に一瞬、母が目をやったが、すぐに視線がこちらに向けられた。

「美緒、あなたも何か言って」

「えっ……あの……」

明確な目的と言っても、と父が嘆かわしげに首を横に振る。

「美緒に将来、どうしたいのかって聞いても、何も言わない。この子はまだ何も決められないんだよ……そうだよな、美緒」

父の言葉の勢いに美緒はうなずく。母が少しだけサラダを口にすると、口調をやわらげた。

「美緒は今、工房でどんな仕事をしているの？　それなら話せるでしょう？」

「おつかいに行ったり。羊毛を洗ったり、それから、糸紡（つむ）ぎや織りの練習。この間は花瓶敷きを織って、次はカーテン」

「それで、どれぐらいいただけるの？　アルバイト料は？」

「そんなものはない」

祖父の答えに母が軽く目を見開いた。

「無給ってことですか？」

「見習いのうちは皆、そうだ。ここに工房があったときは、見習いが食事を作っていたから、昼食は食べさせていた」

信じられない、と母がつぶやく。

「ホームスパンの仕事をするには、しばらくの間はタダ働きをするってことですか」

「うちではそうだ。早く一人前になれるように指導はするが、見習いのうちはとても給料を出せない」

そういうものなんだよ、と父が祖父の言葉のあとに続けた。

「本来なら授業料を取って教えることを、無償で教えて職人に育てるん

「どうして、お父さんだけで行ってたの？」

「その話はあとでいいでしょう。美緒の話のほうが先。それより、ここでの暮らしはさっきの畑仕事でだいたいわかったけれど、勉強のほうはしてる？」

「そういうのは、あんまり」

母が足元に置いた紙バッグから、数学や英語の問題集とプリントの束を出した。

「このプリントは学校で配られたものね。問題集は夏休みの課題。お父さんに止められていたから黙っていたけど、これ以上休むと、もう学校の授業に追いつけなくなってしまう。今なら夏休みの間に遅れを取り戻せるから。お母さんとお祖母ちゃんも協力する。だから頑張ろう。ね？」

母が問題集を差し出した。受け取らずにいると、テーブルに置き、大きなため息をついた。

「美緒、何か言ってよ」

問題集とプリントの束を見ていると、クラスの同級生たちの顔が浮かんだ。

自分でも驚くほど、誰にも会いたくない。あの場所に戻ったら、また周囲の顔色をうかがいながら、薄笑いを浮かべる日々が続く。孤立を選ぶほど強くはないが、まわりに溶け込むために「いじられる」のはもういやだ。

まあまあ、と父が母をなだめた。

「まずは食べよう。そんな話をいきなりしなくても」

父がかき揚げを口にした。軽やかに揚がった衣を噛む音が響く。

「どうした？　みんな、食べないのか？　ほら、美緒……」

「ねえ、美緒」

母が父の言葉をさえぎった。

「黙ってないで、何か言おう？　ここに来てからずっと、お母さんばかり話をしている。美緒はどう思っているの？　正直な気持ちを聞かせて。何も考えないで①このままフワフワしていたら留年するよ」

答えようとして口を開いたが、言葉が出ない。

カナカナと、蝉の声が響いてきた。窓の外は少しずつ夕暮れが広がっている。

蝉の声が止むと、静けさが広がった。母が小さなため息をつく。

「また黙りこむ……。親子って似るんですね。美緒も広志さんも、大事なことになると黙り込んで何も言わない」

シャツのポケットから祖父が煙草を出した。

「相手の言い分を聞いたら、少しは歩み寄る用意はあるのかね。それがなければ誰も何も言わない。言うだけ無駄だからだ」

母が訴えるような目で祖父を見た。

「私が悪いってことですか？　でも、みんなで黙っていたら、話が進まないじゃないですか」

「無理に今、話を進めなくてもよかろう」

「お父さんも真紀も落ち着いて」

母と祖父を交互に見ながら、父がかき揚げに箸をのばした。

「ほら、うまいよ、かき揚げ。コーンとたまねぎ」

「広志、お前はこんなときによく食べられるな」

父が箸を叩きつけるように置いた。その音が響いたとき、再びカナカナ用の部屋に入って、ずっと話しこんでいる。

交代で分担している風呂の掃除をすませて、美緒が台所に向かうと、祖父が電話で話をしていた。相手は＊裕子のようだ。

父が台所に入ってきた。疲れた顔で、食器棚からグラスを出している。

通話を終えた祖父が声をかけた。

「広志よ、＊太一が車を貸してくれるそうだ。夕飯だが、車のついでに持ち帰りの寿司を頼んだ。それでいいか」

いいよ、と父が冷蔵庫を開け、麦茶のポットを出した。

「太一君の車が借りられるなら、外へ食べに出かけてもいいけど」

「外出がおっくうでな。足りない分はかき揚げとサラダを作る」

普段はあまり火を使わない祖父が、珍しくコンロの前に立った。年季の入った大鍋を出し、たっぷりとそこに油を入れている。

グラスに麦茶を注いでいた父がなつかしそうな顔をした。

「かき揚げか、いいね。昔、よく食べたな。でも、そんなに作らなくても、たぶん寿司でほとんど足りるよ」

「そうか？　もの足りないっていつも言ってなかったか？」

「学生の頃だろ。俺ももう四十を越えたから、揚げ物はそんなに食べないんだ」

祖父が油を注ぐ手を止め、「そうだったな」とつぶやいた。

三十分後、祖父と一緒に作った料理を食卓に運んでいると、厳しい顔つきをした父と母が現れた。母は縦長の紙バッグを提げている。

食卓に並んだ料理を見て、母があわてた様子で手伝うと言ったが、祖父は押しとどめた。

「いいんだ。手伝ってもらうほどのこともない。じきに寿司が来るから、まずはあるものをつまんでくれ。広志よ、悪いが、ビールも寿司と一緒だ。飲むのは少し我慢しろ」

「お茶でいいよ。美緒も座れよ」

母の向かいの席を示され、美緒は祖父と並んで座る。

父が気まずい顔で祖父に頭を下げた。

「今回は連絡不足で悪かったよ。でも俺にとっても急な話で。出張先から飛んできたんで、そこは勘弁してください」

父に続き、母が頭を下げた。

「私と広志さんの間で意思の疎通が取れていなくて、失礼しました。もっと早くにうかがいたいって言っていたのに、その話もまったく進まなくて。この間、お邪魔したときも、私の母からの手紙を美緒に渡してくれないし」

母が封筒を差し出した。何の飾りもない真っ白な封筒の中央に「美緒ちゃんへ」と書いてある。

「これ、お祖母ちゃんからの手紙。美緒が家出したことで、お祖母ちゃんは傷ついているの。どうして一言相談してくれなかったんだって。横浜のお盆は七月に終わったけど、帰ったら一緒にお祖父ちゃんのお墓参りに行こう」

「お父さんの……岩手のおばあちゃんのお墓参りはいいの？　私、行ったことない」

母が黙った。父が取りなすように言う。

「お祖母ちゃんのお墓なら、お父さんがたまに行ってたよ。出張のついでに」

問一 ――線①の説明として最も適当なものを次の中から選び、記号で答えなさい。

ア 有用性の観点に価値が置かれ、人間の生に不可欠である学術分野がないがしろにされた世界。

イ 人間の尊厳よりも有用性に価値が置かれ、社会に必要であるとみなす仕事が求められる世界。

ウ 人間を含めたあらゆる物事の有用性を重視し、未来の利得を基準にして現在を規定する世界。

エ 有用性を追求するあまりにAIやロボットが導入され、人間の自由が奪われてしまった世界。

問二 ――線②の［　］にあてはまるものとして最も適当なものを次の中から選び、記号で答えなさい。

ア 奇蹟的　イ 現実的　ウ 効果的　エ 衝撃的

問三 ――線③でバタイユは何を言おうとしていますか。最も適当なものを次の中から選び、記号で答えなさい。

ア 生きている今よりも未来に目を向けてばかりいると、人生を楽しむことができなくなってしまう。

イ 社会的に有用であるかどうかばかりに目を向けていては、人生の楽しみを味わうことはできない。

ウ 今まで人間が求めてきた自由や生きがいを否定してしまうと、人間とAIとの違いがなくなってしまう。

エ 人の価値は生きていることだけで既に価値があり、社会的に有用であるかどうかで判断してはならない。

問四 ――線④の説明として最も適当なものを次の中から選び、記号で答えなさい。

ア AIやロボットが発達することによって人が行ってきた仕事はなくなるので、大多数の人が生きる価値を失ってしまうということ。

イ AIやロボットが今まで人が担ってきた仕事を行うことで、社会に必要な新たな仕事の創出が求められるようになるということ。

ウ AIやロボットの発達によって社会で有用とされる仕事の価値が変わるので、順応できる人しか生きていけなくなるということ。

エ AIやロボットが資本主義において価値があるとされている有用性を担うことによって、人として生きていく価値観が変わるということ。

問五 本文の趣旨を、「AIとBI」という語句を用いて60字以上70字以内で記しなさい。

二

次の文章を読んで、後の各問に答えなさい。

〈あらすじ〉高校二年生の美緒は級友のからかいに耐えきれず不登校の日々を送っていた。ある日美緒は、父方の祖父母から贈られて大切にしていた赤いショールの＊ホームスパンを、教師をしている母親に取り上げられてしまう。このことがきっかけとなって家出した美緒は、今まで行ったことのなかった盛岡の祖父の家に身を寄せ、工房を営む祖父の指導でショール作りを学んでゆく。やがて、業を煮やした母が美緒を迎えに行き、それを知った父も盛岡にやって来た。

畑仕事を終え、収穫したものを三人で運んでいるとき、父を乗せたタクシーが玄関前に到着した。祖父への挨拶もそこそこに、すぐに母と客既に私たちは、過剰に生産された財をいかに蕩尽するかに頭を悩まさなければならないような社会に生きています。供給に対し需要が恒常的に不足したために発生した日本のデフレ不況をバタイユ的問題としてとらえることもできます。

ただ幸か不幸かこの社会には欲しい物を全て手に入れ消費が飽和し切っているお金持ちだけが住んでいる訳ではありません。そのため、依然として貨幣量を増大させ消費需要を喚起するような政策が効果を持っています。

ところが、＊汎用ＡＩが出現した後には爆発的な経済成長が可能となり、途方もなく実り豊かな生産の時代がやってくるでしょう。あらゆる人々が消費に倦み飽きるようになるその時、世界は完全にバタイユのものとなります。「希少性の経済学」が没落し「過剰性の経済学」が支配的となるわけです。

バタイユは、労働することなく生活に必要なものが満たされ、そのうえ過剰に消費し得る昔の王侯貴族のような人間を「至高者」と呼びました。未来の世界では、誰もが至高者になれるかもしれません。

パリでバタイユが「普遍経済学」の着想を膨らませているのと同時期に、ドーバー海峡の向こう側では、ケインズが経済学の「一般理論」について思案していました。それらは「供給の過剰」と「需要の不足」をそれぞれ強調しており、裏表の関係にあります。

そのケインズは今から80年ほど前に、１００年後の人間は一日3時間働けば十分になると予言しました。このまま漫然と20年の時が過ぎてもケインズの予言は実現しないでしょう。

しかしながら、ＡＩが高度に発達した未来の世界で＊ＢＩが導入されれば、労働時間の劇的な短縮が可能となります。平均的な市民の労働時間がほとんどゼロになることも考えられます。

このような経済では、賃金によって測られる人間の有用性はさほど問題とはならなくなります。なぜなら、賃金労働に費やす時間は、人間の活動時間のほんの一部を占めるに過ぎなくなるからです。そして、残された余暇時間の多くは未来の利得の獲得のためではなく、現在の時間を楽しむために費やされるでしょう。

ケインズは未来についてこうも言っています。

われわれはもう一度手段より目的を高く評価し、効用よりも善を選ぶことになる。われわれはこの時間、この一日の高潔でじょうずな過ごし方を教示してくれることができる人、物事のなかに直接のよろこびを見出すことができる人、汗して働くことも紡ぐこともしない野の百合のような人を、尊敬するようになる。

「物事のなかに直接のよろこびを見出すこと」とはバタイユのいう至高性に他なりません。ケインズのこの予言が成就する時、有用性の権威は地に堕ちて、至高性が蘇るでしょう。

（井上智洋『人工知能と経済の未来』による）

〈注〉隷従……つき従い言いなりになること。

称揚……ほめたたえること。

汎用ＡＩ……人間が行う知的作業のように、様々な状況に対応することのできるソフトウェア。

ＢＩ……ベーシックインカムの略。収入の水準に拠らずに個人を単位として、全ての人に無条件に最低限の生活費を一律に給付する制度。

経理係を務めているがために価値があると見なされている人間は、情報技術が経理業務の一切を担うようになればその価値を失うことになります。転職して他の仕事に就いたとしても同じことです。その仕事もまたＡＩなりロボットなりに奪われる可能性があるからです。

要するに、有用性という価値は普遍的なものではなく、波打ち際の砂地に描いた落書きが波に洗われるように、やがては消え去る運命にあるのです。

④ＡＩやロボットの発達は、真に価値あるものを明らかにしてくれます。もし、人間に究極的に価値があるとするならば、人間の生それ自体に価値があるという他ありません。

機械の発達の果てに多くの人間が仕事を失います。役立つことが人間の価値の全てであるならば、ほとんどの人間はいずれ存在価値を失います。したがって、役に立つと否とにかかわらず人間には価値があるとみなすような価値観の転換が必要となってきます。

そもそも、自分が必要とされているか否かで悩むことは近代人特有の病であり、資本主義がもたらした価値転倒の産物です。しかも、価値転倒が起きたことすら意識できないくらいに、私たちは有用性を重んじるような世界に慣れ親しんでしまっています。有用性を極度に重視する近代的な価値観は資本主義の発展とともに育まれてきました。資本主義は、生産物の全てを消費せずにその一部を投資に回して、資本を増大させることによって拡大再生産を行うような経済として考えられます。

より大きな投資は後により大きな利得を生むことから、資本主義は未来のために現在を犠牲にするような心的傾向をもたらし、あらゆる物事を未来の利得のための有用な投資と見なす考えをはびこらせたわけです。

経済学では、「資本」は通常、工場や機械などの生産設備を意味しますが、しばしば知識や技能をもった人間も生産の際に投入される資本として扱われます。後者については特に「人的資本」と呼ばれ、教育は人的資本に対する投資と見なされます。

その観点からすれば、小学校に上がってから退職するまでの人生は、投資期間とその回収期間として位置づけられます。受験勉強のための塾通いは多くの場合まさにこの観点からなされています。子供の時間は未来の富のために捧げられているのです。

資本主義の発達に伴って、学術は真実を探求するもの、あるいは人間を自由にするものとしての価値を失ってきました。

「知識は、それ自身だけで善いものとみられず、また一般的にいって、ひろくて情味豊かな人生観を生み出す方法としては考えられず、単なる技術の一要素とみなすようになって来ている」のです。

さらには、将来の富を生む手段としての価値が強調され、そのような価値を持たない学術分野は存亡が危うくなっています。学術的研究が投資物件のように扱われているのが現状です。

【中略】

バタイユは、その著書『呪われた部分』で「普遍経済学」の構想を示しています。それは、必要を満たすために生産するという通常の経済学とは逆に、過剰に生産された財をいかに「蕩尽（とうじん）」（消費）するかについて論じるような経済学です。

別の言い方をすれば、バタイユが「限定経済学」と呼んでいる通常の経済学は「希少性の経済学」であり、普遍経済学は「過剰性の経済学」です。

【国語】（五〇分）〈満点：一〇〇点〉

一 次の文章を読んで、後の各問に答えなさい。

何年も前のことですが、女性向けファッション雑誌『アンアン』を読みながら「有用性」について考えを巡らせたことがあります。「有用性」というのは、20世紀前半のフランスの思想家で小説家のジョルジュ・バタイユが提示した概念で、要するに「役に立つこと」を意味します。バタイユは有用性を批判するような思想を展開しました。

①資本主義に覆われたこの世界に生きる人々は、有用性にとりつかれ、役に立つことばかりを重宝し過ぎる傾向にあります。将来に備えて資格のための勉強をすることは言うまでもなく有用です。

ところが、その勉強は未来の利益のために現在を犠牲にする営みであるとも言えます。現在という時が未来に「*隷従」させられているのです。有用な営みに覆われた人生は奴隷的だとバタイユは考えました。

役に立つが故に価値あるものは、役に立たなくなった時点で価値を失うので、その価値は独立的ではありません。会計士の資格は会計ソフトの普及で、運転免許はセルフドライビングカーの普及で、英会話能力は自動通訳機の普及で、有用ではなくなり価値を失うかもしれません。

バタイユは「有用性」に「至高性」を対置させました。「至高性」は、役に立つと否とに関わらず価値のあるものごとを意味します。「至高の瞬間」とは未来に隷属することない、それ自体が満ち足りた気持ちを抱かせるような瞬間です。

至高の瞬間は、労働者が一日の仕事の後に飲む一杯のワインによって与えられることもあれば、「春の朝、貧相な街の通りの光景を不思議に一変させる太陽の燦然たる輝き」によってもたらされることもあります。

注意してもらいたいのは、バタイユが市場で交換価値を持つものを貶めて、そうでないものを*称揚しているわけではないということです。②「□な感覚」をもたらす一杯のワインは、スーパーの酒類コーナーで買ってきたものでも構わないのです。

購入したものであれ自家製のものであれ、ポリフェノールは体に良いなどと分別臭いことを言って、この上ない陶酔をもたらし得るワインを未来の健康のための手段へと変えてしまうせせこましい思考回路をバタイユは軽蔑しています。

「③こうした人間は詩を知らないし、栄誉を知らない。こうした人間からみると太陽は、カロリー源にすぎない」のです。

さらに私たち近代人は、人間に対してですら有用性の観点でしか眺められなくなり、人間はすべからく社会の役に立つべきだなどという偏狭な考えにとりつかれているように思われます。

現代社会で失業は、人々に対し収入が途絶えるという以上の打撃を与えます。つまり人としての尊厳を奪うわけですが、それは私たちが自らについてその有用性にしか尊厳を見出せない哀れな近代人であることをあらわにしています。みずからを社会に役に立つ道具として従属せしめているのです。

そのことを批判してバタイユはこう言っています。「天の無数の星々は仕事などしない。利用に従属するようなことなど、なにもしない」。

人間の価値は究極的なところ有用性にはありません。人の役に立っているか、社会貢献できているか、お金を稼いでいるか、などといったことは最終的にはどうでも良いことなのです。

MEMO

大切なことはメモしておこうネ！

T.G

2021年度

解　答　と　解　説

《2021年度の配点は解答欄に掲載してあります。》

＜数学解答＞

1　(1)　2　(2)　$\frac{5x-6}{3}$　(3)　$3x^2$　(4)　$-\sqrt{2}$　(5)　$(x+2y-8)(x+2y+2)$

(6)　15　(7)　4　(8)　$\frac{5}{6}$　(9)　BF：FD＝49：15　(10)　26

2　(1)　9　(2)　5　(3)　①　AB：BC＝3：1　②　$\frac{3}{4}m^2+\frac{5}{2}m$

3　(1)　ア　1000　イ　10　ウ　$333a+3b+135$　エ　30

(2)　オ　$34a+14$　カ　2436　(3)　9個

4　(1)　$a=1$　(2)　$y=2x+3$

(3)　(途中経過)　解説参照　①　AB：PQ＝3：2　②　$y=\frac{13}{4}x+\frac{17}{4}$

○推定配点○

1　各4点×10　2　(1)，(2)，(3)①　各4点×3　(3)②　6点　3　(1)　各2点×4　(2)　各3点×2　(3)　4点　4　(1)　各4点×2　(2)，(3)　各8点×2　計100点

＜数学解説＞

1　(数・式の計算，平方根の計算，因数分解，方程式の応用問題，1次関数，確率，平面図形の計量問題，空間図形)

基本　(1)　$2-2\div 2\div 2\times 2^2+2=2-2\times\frac{1}{2}\times\frac{1}{2}\times 4+2=2-2+2=2$

基本　(2)　$\frac{2x-7}{6}-\frac{2x+1}{3}+\frac{4x-1}{2}=\frac{2x-7-2(2x+1)+3(4x-1)}{6}=\frac{2x-7-4x-2+12x-3}{6}=\frac{5x-6}{3}$

基本　(3)　$-2x^2y\times(-3x^2y)^2\div(-6x^4y^3)=-2x^2y\times 9x^4y^2\times\left(-\frac{1}{6x^4y^3}\right)=3x^2$

基本　(4)　$(\sqrt{24}-2\sqrt{3})\div\sqrt{6}+\sqrt{2}(\sqrt{18}-\sqrt{32})=\frac{\sqrt{24}}{\sqrt{6}}-\frac{2\sqrt{3}}{\sqrt{6}}+\sqrt{2}\times 3\sqrt{2}-\sqrt{2}\times 4\sqrt{2}=2-\frac{2}{\sqrt{2}}+6-8=-\frac{2}{\sqrt{2}}=-\sqrt{2}$

(5)　$x+2y$をAとおくと，$(x+2y)(x+2y-6)-16=\mathrm{A}(\mathrm{A}-6)-16=\mathrm{A}^2-6\mathrm{A}-16=(\mathrm{A}-8)(\mathrm{A}+2)=(x+2y-8)(x+2y+2)$

(6)　$3600\times\left(1+\frac{x}{100}\right)\left(1-\frac{x}{100}\right)=3519$から，$3600\left(1-\frac{x^2}{10000}\right)=3519$　$3600-\frac{36x^2}{100}=3519$　$\frac{36x^2}{100}=81$　$x^2=\frac{8100}{36}=225$　$x>0$から，$x=15$

(7)　$a>0$のとき，右上がりのグラフになるから，$x=-2$のとき，$y=\frac{5}{2}$，$x=5$のとき，$y=6$になる。$\frac{5}{2}=-2a+b$…①　$6=5a+b$…②　②－①から，$\frac{7}{2}=7a$　$a=\frac{1}{2}$　これを②に代入

して，$6=5\times\frac{1}{2}+b$　$b=\frac{7}{2}$　$ab>0$になるので，これは適さない。$a<0$のとき，右下がりのグラフになるから，$x=-2$のとき，$y=6$，$x=5$のとき$y=\frac{5}{2}$になる。　$6=-2a+b$…③　$\frac{5}{2}=5a+b$…④　③－④から，$\frac{7}{2}=-7a$　$a=-\frac{1}{2}$　これを③に代入して，$6=-2\times\left(-\frac{1}{2}\right)+b$　$b=5$　$ab<0$になるので，これは適する。　よって，$2a+b=2\times\left(-\frac{1}{2}\right)+5=-1+5=4$

(8)　2回のさいころの目の出方は全部で，$6\times6=36$(通り)　$\frac{b}{2a}=k^2$(kは整数)のとき，$\sqrt{\frac{b}{2a}}$は有理数になる。$\frac{b}{2a}=k^2$(kは整数)となる(a，b)は，(1，2)，(2，1)，(2，4)，(3，6)，(4，2)，(3，6)の6通り　よって，$\sqrt{\frac{b}{2a}}$が無理数になる場合は，$36-6=30$(通り)　したがって，求める確率は，$\frac{30}{36}=\frac{5}{6}$

(9)　直線EGとBCの交点をHとする。平行線と線分の比の定理から，ED：CH＝DG：GC
3：CH＝$\frac{5}{2}:\frac{3}{2}=5:3$　CH＝$\frac{9}{5}$　BH＝$5+3+\frac{9}{5}=\frac{49}{5}$　よって，BF：FD＝BH：ED＝$\frac{49}{5}:3=49:15$

基本　(10)　$a=12$，$b=8$，$c=6$から，$a+b+c=12+8+6=26$

やや難　**2**　(平面図形の計量問題―三角形の相似，円の性質，中点連結定理，面積)

(1)　△ABDと△BCDにおいて，∠ADB＝∠BDC＝90°　∠BAD＝90°－∠ABD＝∠CBD　2角が等しいことから，△ABD∽△BCD　AD：BD＝BD：CD　AD：3＝3：1　AD＝9

基本　(2)　∠ABC＝90°から，3点A，B，Cを通る円の直径はACとなる。よって，求める円の半径は，AC÷2＝(9＋1)÷2＝5

重要　(3)　①　△ACBと△BCDにおいて，∠ABC＝∠BDC＝90°　∠ACB＝∠BCD　2角が等しいことから，△ACB∽△BCD　よって，AB：BC＝BD：DC＝3：1
②　AB＝3BC＝$3m$　△ABCの外接円の中心をO，BCの中点をEとする。BCの垂直二等分線と円Oの交点をPとしたとき，△BCPの面積は最大になる。△ABCにおいて中点連結定理から，OE＝$\frac{AB}{2}=\frac{3m}{2}$　PE＝OE＋OP＝$\frac{3m}{2}+5$　よって，△BCP＝$\frac{1}{2}\times$BC$\times$PE＝$\frac{1}{2}\times m\times\left(\frac{3m}{2}+5\right)=\frac{3}{4}m^2+\frac{5}{2}m$

重要　**3**　(文字式の利用)

(1)　$N=1000\times a+100\times4+10\times b+1\times6=\underline{1000}\times a+\underline{10}\times b+406$
$N=999a+a+9b+b+405+1=999a+9b+405+a+b+1=3\times(\underline{333a+3b+135})+a+b+1$
$a+b+1=3n$(nは自然数)となる(a，b)の組み合わせを考えると，(1，1)，(2，0)，(1，4)，(2，3)，(3，2)，(4，1)，(5，0)，(1，7)，(2，6)，(3，5)，(4，4)，(5，3)，(6，2)，(7，1)，(8，0)，(2，9)，(3，8)，(4，7)，(5，6)，(6，5)，(7，4)，(8，3)，(9，2)，(5，9)，(6，8)，(7，7)，(8，6)，(9，5)，(8，9)，(9，8)の<u>30</u>個

(2)　$N=1000a+10b+406=29\times34a+14a+29\times14+10b=29\times(\underline{34a+14})+14a+10b$
$14a+10b=29k$(kは自然数)となる(a，b)で，$14a+10b$が最小となる場合は，$a=2$，$b=3$
よって，求める数は，<u>2436</u>

重要 (3) $N=1000a+10b+406=125\times8a+125\times3+10b+31=125\times(8a+3)+10b+31$　余りが最も大きくなる場合は，$b=9$で，aが1から9までの数だから，9個

4 (図形と関数・グラフの融合問題)

基本 (1) $y=ax^2$に点Aの座標を代入して，$4=a\times(-2)^2$　$4a=4$　$a=1$

基本 (2) $y=x^2\cdots$(ⅰ)　(ⅰ)に$x=4$を代入して，$y=4^2=16$　よって，B(4, 16)　$\frac{16-4}{4-(-2)}=\frac{12}{6}=2$から，直線$\ell$の傾きは2　(ⅰ)に$x=-1$を代入して，$y=(-1)^2=1$　よって，P(−1, 1)　直線mの式を$y=2x+b$として点Pの座標を代入すると，$1=2\times(-1)+b$　$b=3$　したがって，直線mの式は，$y=2x+3$

重要 (3) ①　$y=2x+3\cdots$(ⅱ)　(ⅰ)と(ⅱ)からyを消去すると，$x^2=2x+3$　$x^2-2x-3=0$　$(x+1)(x-3)=0$　$x=-1, 3$　よって，点Qのx座標は，3　4点A, P, Q, Bからx軸に垂線を引き，交点をそれぞれA′, P′, Q′, B′とすると，AB : PQ=A′B′ : P′Q′={4−(−2)} : {3−(−1)}=6 : 4=3 : 2

②　求める直線とℓの交点をRとし，面積に着目すると，△APB : △BPQ=AB : PQ=3 : 2=6 : 4　△APR : (台形RPQB)=1 : 1=5 : 5　よって，△APR : △RPB=5 : (5−4)=5 : 1より，AR : RB=5 : 1　$\{4-(-2)\}\times\frac{5}{6}+(-2)=3$，$(16-4)\times\frac{5}{6}+4=14$から，R(3, 14)　求める直線の傾きは，$\frac{14-1}{3-(-1)}=\frac{13}{4}$となる。求める直線を$y=\frac{13}{4}x+b$として点Pの座標を代入すると，$1=\frac{13}{4}\times(-1)+b$　$b=\frac{17}{4}$　したがって，求める直線の式は，$y=\frac{13}{4}x+\frac{17}{4}$

★ワンポイントアドバイス★

3で個数を数えるとき，aは1～9までの整数，bは0から9までの整数であることに注意しよう。

＜英語解答＞

【1】 第1部　No. 1　3　No. 2　1　No. 3　3
第2部　No. 1　1　No. 2　3　No. 3　4
第3部　No. 1　The speaker likes eating at home better.
No. 2　The speaker pays about 25 dollars.
No. 3　We can control how much food we eat.
No. 4　The last reason is that it is more convenient to eat at home.

【2】 問1　エアキカイオウ　問2　エ　問3　う，え，か　問4　ア
問5　より多くの情報を保存することができ，より少ないエネルギーを使うこと。
問6　別の作業を行うために，コンピュータが現在取りくんでいる作業が終わるのを待たなければならないこと。　問7　ウ　問8　エ　問9　どのように科学の実験を行うのか，そしてどのように報告書を書くのかについてできる限り多くのことを学びなさい。
問10　1　No, we can't.　2　In the 1930s.　3　How to work well with others.　4　Math, computer science, and physics.

問11　1　○　2　×　3　○　4　×　5　×　6　○

【3】　1　earlier　2　makes　3　seen　4　necessary　5　During

【4】　1　abroad　2　saying　3　taken care of　4　is　5　be held

【5】　(例)　As a high school student, I want to challenge many things. First, I want to make a lot of friends. Second, I want to study hard, especially English and math, because my future dream is to be an animal doctor. Third, I want to join a tennis club. I'm not good at playing it, but I'll practice it hard to be a better player.

○推定配点○

【1】　各2点×10　【2】　問11　各3点×6　他　各2点×16(問1完答)　【3】　各2点×5

【4】　各2点×5　【5】　10点　計100点

＜英語解説＞

【1】　リスニング問題解説省略。

【2】　(長文読解問題・説明文：語句整序，語句補充，内容吟味，指示語，英文和訳)

(大意)　1　最初のコンピュータは非常に大きくて高価でした。しかし，30年も経たないうちに，コンピューターのサイズと価格が大幅に縮小しました。実際，コンピュータは，多くの人々が家にそれらの1つ以上を持つのに十分なほど安価になりました。コンピュータはまた小型になり，持ち運びができるようになりました。生徒は授業に持って行くことができます。ビジネス関係者は，仕事のために旅行に持って行くことができます。しかし，コンピュータは長年かけて安価で小さくなっただけでなく，またより有用になりました。これは，コンピュータのためのより良いプログラムのおかげでした。コンピュータの内部のより良いもののおかげでした。コンピュータに情報を入れる新しい方法が作られました。①マウス，タッチスクリーン，コンピュータペンなどの開発により，人々はコンピュータをより扱いやすくなりました。コンピュータのもう一つの大きな変化は，インターネットで起こりました。最近では，インターネットのないコンピュータは仕事にはあまり役に立ちません。また，ソーシャルメディアサイト，ウェブオーディオやビデオコンテンツ，あらゆる種類の情報サイトなど，インターネットの他の利点を享受する場合にも役立ちません。

2　②しかし，長年にわたるコンピュータのこれらの変化があっても，一つのことは変わっていません。コンピュータはまだ計算機の頭脳を持っています。つまり，コンピュータは0と1の連続でのみ考えます。コンピュータ・シーケンスの一部をビットと呼びます。ビットが組み合わさると，コンピュータが読み取るデータになります。プログラムは，このデータの使用方法をコンピュータに伝えます。その後，コンピュータは，人々が彼らに求めるすべてのことを行うことができます。今日のコンピュータは確かに多くの素晴らしいことを行うことができますが，人々は常により多くを望んでいます。だから，コンピュータ科学者は量子コンピュータに興味を持っています。実際，科学者たちは10年以上前に量子コンピュータと共に働き始め，まだそれらと一緒に働いています。それらはラップトップコンピュータやスマートフォンのように店で販売する準備はできていませんが，進歩が進んでいます。

3　量子コンピュータは通常のコンピュータとどう違うのでしょうか？　この質問に対する答えを理解する最善の方法は，あチューリング・マシンについて知ることです。チューリング・マシンは1930年代にアラン・チューリングによって開発されました。それは本物の機械ではありませんでした。テープを使ったデバイスに関するチューリングのアイデアでした。それは小さな正方形に分割することができます。い各正方形は，記号(「正」の場合は1，また「誤」の場合は0)にするか，空白のままにします。読み取りおよび書き込みデバイスは，特定のプログラムを実行する命令として，これらの記号と空白を読み取ります。最初のコンピュータはそのように機能し，③今日でも同じです。今日のコンピュータがデータを読み取る方法は変わりましたが，基本的な考え方は変わっていません。

4 今，量子チューリング・マシンを想像してみてください。この新しい量子マシンでは，テープが量子状態にあるという点が違います。つまり，㋒テープ上のシンボルは0または1，またはシンボルを同時に0と1にすることができます。その上，㋓シンボルは実際には0と1の間の任意のポイントとすることができます！ 通常のコンピュータでは，0または1が付いたテープの一部をビットと呼びます。量子計算処理では，コンピュータは量子ビットを使用します。あなたは球のような量子ビットを想像することができます。㋔通常のビットは球の上極(1)または下極(0)のいずれかに配置できます。㋕量子ビットは球の任意の点にできます。このため，量子ビットを使用するコンピュータは，従来のコンピュータよりもはるかに多くの情報を保持し，使用するエネルギーが少なくなります。

5 ④量子コンピュータのもう一つの大きな利点は，速度です。コンピュータについて考えてみてください。それはあなたのために十分に速かったですか？ あなたは別の仕事のためにそれを使用する前に，それが何かを終えるのを待つ必要がありますか？ 量子コンピュータは，⑤その問題を抱えることはありません。今日のコンピュータは一度に1つの仕事しか考えられませんが，量子コンピュータは一度に100万人の仕事について考えることができるはずです！

6 何年もの間，大学の教授や学生は量子コンピュータプロジェクトに取り組んできました。大企業の中にも同様に，それに取り組む部門があります。実際，カナダのD-Waveという企業は，量子コンピュータプロジェクトの非常に興味深い結果を報告しました。このレポートにより，グーグル，IBM，マイクロソフトなどの科学者や企業が量子コンピュータにさらに⑥興味を持つようになりました。政府はまた，量子コンピュータ研究にお金を費やしています。近い将来，若者が量子コンピュータ科学者として働く機会はたくさんあるでしょう。

7 最近では，量子研究科学者は博士号を取得する必要があります。しかし，量子研究の進歩は量子物理学をより明確に理解するのに役立つため，将来的には変わるかもしれません。量子物理学について学ぶことは簡単になり，より多くの人々にこの種の仕事を開放するでしょう。

8 量子研究科学者は一人では働きません。彼らは通常，エンジニア，数学者，および他の物理学者とチームで作業します。彼らは量子物理学を学ぶ大学生とチームで働くかもしれません。だから，量子研究科学者は，他の人とうまく共働する方法を知っている必要があります。

9 量子研究科学者は，⑦良いコミュニケーターである必要があります。彼らは一緒に働く人々に自分達の研究を説明することができる必要があります。時には，人々が物理学や数学についてあまり知らないときに自分の仕事を説明する必要があります！ 量子研究の科学者たちは，彼らの研究について話すだけでなく，それについて書かなければなりません。彼らは研究の記録を残す必要があります。これらの記録の多くは数字で示されていますが，一部の記録にはメモや書類も含まれます。量子研究科学者はまた，彼らの研究結果を説明するためにレポートを書く必要があります。その後，企業や他の研究者とこれらのレポートを共有することができます。

10 量子コンピュータ研究の科学者の仕事の機会は，動く量子コンピュータが作られた後にも消えません。古いコンピュータが過去に改良されたように，これらの新しいコンピュータを改善する機会はまだあります。量子コンピュータ研究の科学者は，新しいコンピュータの設計を簡素化するために必要になります。彼らは，コンピュータをより良く動作させ，より信頼できるようにする方法を見つける必要があります。量子コンピュータの分野が⑧面白いように聞こえる場合は，今すぐ準備を始めましょう。⑨科学実験の実施方法やレポートの作成方法について，できる限り学んでください。そして，可能であれば，数学，コンピュータサイエンス，物理学のクラスを受講してください。量子コンピュータはまもなく現れるでしょう。あなたは未来のこのエキサイティングな新しい分野の一部になりたいですか？

問1　並べ替えると（Developments like the mouse, touch screen, and computer pen）made it easier for people to work（with computers.）となる。〈make it ～ for … to —〉で「…が—するのを～にする」という意味を表す。

問2　直前の内容と直後の内容が対立しているので，逆接を表すエが答え。ア「結果として」，イ「また」，ウ「例えば」，エ「けれども」

重要　問3　あ「チューリング・マシン」コンピュータの基礎的な考え方を表すものなので，異なる。い「各正方形は，記号(「正」の場合は 1，また「誤」の場合は0)にするか，空白のままにします」コンピュータの基礎的な考え方を表すものなので，異なる。　う「テープ上のシンボルは0または1，またはシンボルを同時に0と1にすることができます」「量子チューリング・マシン」に関する説明なので，答え。　え「シンボルは実際には0と1の間の任意のポイントとすることができます」「量子チューリング・マシン」に関する説明なので，答え。　お「通常のビットは球の上極(1)または下極(0)のいずれかに配置できます」「通常のビット」とある。通常のコンピュータについての説明なので，異なる。　か「量子ビットは球の任意の点にできます」「量子ビット」とあるので，答え。

問4　「読み取りおよび書き込みデバイスは，特定のプログラムを実行する命令として，記号と空白を読み取る」ことは今も変わらないと言っているので，アが答え。イは「信じられている」，ウは「変化した」，エは「当時のまま使われている」が，それぞれ誤り。

問5　直前の段落に「量子ビットを使用するコンピュータは，従来のコンピュータよりもはるかに多くの情報を保持し，使用するエネルギーが少なくなります」とあるので，この内容をまとめる。

問6　2つ後の文に具体的な例が書いてある。「あなたは別の仕事のためにそれを使用する前に，それが何かを終えるのを待つ必要がありますか」とあるので，この内容をまとめる。

問7　⑥　〈(be) interested in ～〉で「～に興味を持つ」という意味を表す。
⑧　sound という動詞には「～に聞こえる」という意味がある。後には形容詞を置く。

問8　直後に，量子研究科学者は色々な人に多くのことを説明する必要があると言っているので，コミュニケーションに長けることが必要だと言っている。ア「よい聞き手」，イ「よい話者」，ウ「よい著者」，エ「よいコミュニケーター」

問9　〈as much as ～ can〉で「～ができるだけ」という意味を表す。また，how science experiments are done という部分と，how reports are written という部分が，about の二重目的語になっていることに注意する。

問10　1「ラップトップやスマートフォンのように私たちは量子コンピュータを店で買えるか？」②段落の最後の文に「店で販売する準備はできていない」とあるので，no を使って答える。
2「アラン・チューリングはいつチューリング・マシンを作ったか？」③段落の第3文に「1930年代に」とある。　3「量子研究科学者は何を知るべきか。」⑧段落の最後の文に「他の人とうまく共働する方法を知っている必要がある」とある。　4「量子研究科学者になるにはどんな科目が必要か。」⑩段落の最後から3つ目の文に「数学，コンピュータサイエンス，物理学」とある。

重要　問11　1「最初のコンピュータはその大きさのせいで，人々が持ち歩くことはできなかった。」①段落には，コンピュータが小型になったので，持ち運べるようになったとあるので，正しい。

2「コンピュータによってなされた多くの驚くべきことによって，人々はそれらを改良するのを望まなかった。」文中に書かれていない内容なので，誤り。 3「アラン・チューリングのアイデアは最初のコンピュータに影響を与えた。」③段落の終わりに，方法は変わってもコンピュータの基本的な考え方は変わっていないとあるので，正しい。 4「政府は量子研究科学者と関係を持たない。」⑥段落の第5文には政府も投資をしているとあるので，誤り。 5「量子コンピュータが作られた後，量子研究科学者は仕事をする機会を持てないだろうと筆者は考えている。」⑩段落の初めに「量子コンピュータ研究の科学者の仕事の機会は，動く量子コンピュータが作られた後にも消えない」とあるので，誤り。 6「筆者は量子研究科学者に対して肯定的な姿勢を持っている。」最後の段落に，量子コンピュータの世界に入ることをすすめているので，正しい。

【3】（書き替え問題：比較，SVOC，現在完了，不定詞，前置詞）

基本 1「竹田さんはふつう8時30分にオフィスに着くが，彼は今日は8時55分に着いた。」→「竹田さんはふつうは，今日よりも25分早くオフィスに着く。」early は「早く」という意味で，比較級にするときには y を i に変えてから er をつける。

2「武が私に微笑むとき,私はうれしく感じる。」→「武の微笑みは私をうれしくさせる。」〈make AB〉で「AをBにする」という意味になる。

3「私が最後におじさんに会ってから3年になる。」→「私は3年間おじさんに会っていない。」「〜の間…していない」という意味は現在完了の継続用法で表す。

4「あなたは高校生でいる時には英語をもっと熱心に勉強する必要がある。」→「あなたは高校生でいる時には英語をもっと熱心に勉強することが必要だ。」〈it is 〜 to …〉で「…することは〜である」という意味になる。

5「私はロンドンにいる時にバッキンガム宮殿を訪れた。」→「ロンドンに滞在中に私はバッキンガム宮殿を訪れた。」「〜している間に」という意味は〈during ＋名詞〉で表すことができる。

【4】（正誤問題：副詞，動名詞，受動態，動詞）

1「あなたは外国に行く時には，サイフやパスポートのような持ち物に注意を払うべきだ。」abroad は副詞なので，前置詞の to を伴わない。

2「オーケストラがベートーヴェンの第9交響曲を演奏し始めた時，ほとんどの聴衆は一言も言わずに座っていた。」〈without 〜ing〉で「〜することなしに」という意味を表すので，say を saying にする。

3「私たちの両親が中国で旅行をしている間，私の兄と私は祖父母によって世話をされるだろう。」〈take care of 〜〉で「〜の世話をする」という意味を表すので，care の後に of が必要となる。

4「電車の写真を撮ることは，日本のあらゆる年代の人々の間で一番人気がある趣味の一つだ。」主語は Taking で，動名詞は単数扱いをするので，are を is にする。

5「去年東京オリンピックが開催されないのを聞いて私は失望したが，今私は2021年に開催されるのを期待している。」東京オリンピックは「開催される」立場にあるものなので，hold ではなく，受動態を使って be held とする必要がある。

【5】（英作文問題）

高校生になってやりたいことについて，なるべくたくさんのことを書くようにする。英作文においては，内容をより具体的にすることが大切である。また，単語・熟語や文法上のミスによって減点されることが多いので，不用意なミスを失くすように注意するとよい。また，他の場所に一度下書きをして，語彙や文法をチェックした後に，できるだけ丁寧な字で清書することも大切なことである。

★ワンポイントアドバイス★

【3】の3には「～の間…していない」という意味の文が使われているが，同じ内容は完了用法でも書き表せる。Three years have passed since I saw my uncle last.「私が最後におじさんに会ってから3年が過ぎ去った。」となる。

<国語解答>

一 問一 ウ　問二 ア　問三 イ　問四 エ　問五 (例) AIとBIが導入されることで，資本主義によって有用性にとらわれた人々の価値観を転換し，人としてあることの至高性を取り戻すこととなる。

二 問一 ア　問二 ア　問三 宝物　問四 私がきらい　問五 (例) 美緒の気持ちを理解しようとして，対立しがちな妻と祖父の間を取り持とうとしている。

三 問一 イ　問二 イ　問三 (例) 桜の花ははかなく散る(もの。)　問四 エ

四 問一 1 振幅　2 脈絡　3 誇張　4 蓄積　5 膨大　6 停泊　7 繰
問二 1 途　2 機　3 息

○推定配点○

一 問二 5点　問五 16点　他 各3点×3　二 問三 4点　問四 6点　問五 14点　他 各3点×2　三 問三 7点　問四 5点　他 各4点×2　四 各2点×10

計100点

<国語解説>

一 (論説文一大意・要旨，文脈把握，脱文・脱語補充)

重要 問一 傍線部①の周囲だけでなく本文全体の内容をふまえて解答するのが望ましい。ア，「学術分野がないがしろにされた」は，第22・第23段落から，「人間の生に不可欠な」というよりも，情味豊かな人生観を生み出すものとしての学術分野がないがしろにされたということ。「人間の生に不可欠」であればどちらかというと有用性の方に寄る。また第2・第3段落に「勉強」とあること，第4段落で勉強と関係が深い具体例を挙げていることから不適当。　イ，第11段落「その有用性にしか尊厳を見出せない」から，有用性自体が尊厳とされるので「尊厳よりも有用性」は成立しない。　エ，第32段落以降の内容をまとめると，AIはむしろ人間を自由にするものであると言える。

やや難 問二 「ワイン」が登場する第6段落～第8段落の内容に加え，「至高の瞬間」に言及している第5段落の内容もふまえ，ワインは健康効果などの有用性ではなく，それ自体で満ち足りる「至高の瞬間」をもたらすということをおさえる。　イ，仕事後にワインを飲むことの「現実」はやはりワインの成分などに関することになってしまう。そうではなく，現実とはまた別のところで精神的に満たされるということを読み取れるとよい。　ウ，「至高の瞬間」とは「それ自体が満ち足りた気持ちを抱かせるような瞬間」なので，「効果的」のようにワインが何か良い作用をするということではない。ワインによる何かが良いのではなく，ワインを飲むことそれ自体で良い気持ちになるということである。　エ，「満ち足りた気持ち」を「衝撃的」と表現するのは不自然。

問三 「こうした人間」は直前の「ポリフェノールは～せせこましい思考回路」を指す。つまり，ワインの至高性ではなく有用性にばかり注目する人間のことを指す。バタイユが例に出している

「詩」がわかりやすいが，詩は何かに役立つわけではなく，鑑賞すること自体でその美しさなどから満足感を得られるものである。有用性にばかり注目する人間は，詩のように有用性が不明なものに対して価値を見出さず，至高性というそのもの自体に価値があるという考えを持たない。そのような人間をバタイユは軽蔑して傍線部③のように述べている。　ア，「今」対「未来」という時間軸の話ではなく，「有用性」対「至高性」の話である。　ウ，有用性にばかり注目する人間が「自由や生きがいを否定」する根拠は本文中にない。そうではなく，何に価値を見出すかという話である。　エ，例示されている「詩」「栄誉」「太陽」から，「人の価値」についてではなく物事一般の価値について述べていると判断しよう。

問四　傍線部④直後～第17段落「価値の転換が必要となってきます。」の内容から，AIによって人間は仕事を失うと同時に，人間の価値が有用性＝役立つことから，それとは無関係な生それ自体へと転換するということをおさえる。つまり，「真に価値あるもの」とは人間の生それ自体などといったことを指す。　ア，人間の生それ自体が価値になるのだから，仕事はもちろん何もしなくても人間には価値があるということになるので，「生きる価値を失ってしまう」ことはない。　イ，「社会に必要な新たな仕事の創出が求められるようになる」は「社会に必要」という点で有用性に価値を見出す考えから変わっていない。　ウ，「仕事の価値が変わる」のではなく，人間という存在それ自体の価値観が変わるということである。また，「順応できる人しか生きていけなくなる」は結局のところ有用性が重視されることになる。

問五　第28段落以降「AI」が，第32段落以降「BI」が登場するので，第28段落以降の内容に注目しつつ全体をまとめる。AIとBIが導入されることで，今まで賃金によって測られていた，人間の有用性という価値が失墜し，至高性という価値が重視されるという「価値観の転換」(第17段落)が起こる。また，至高性が最終段落にある通り「蘇る」ことにも注目する。第18段落の内容からも分かる通り，有用性が重んじられるようになったのは資本主義がもたらした「価値転倒」のせいなので，資本主義社会の台頭以前は至高性が重視されていたと考えられる。

二　**(小説―情景・心情，文脈把握，脱文・脱語補充)**

やや難　問一　これが真紀が問題集とプリントの束を出しながら言ったことであることと，傍線部①直後「『留年するよ』」から学校に関することについて言っていると推測する。　イ，留年してしまうぞと警告しているので，「自分の将来について具体的に決めない」までの話はこの段階ではしていない。　ウ，真紀は謝ってほしいのではなく，発言から「学校の授業についていけるように頑張ってほしい」と思っていることがわかる。　エ，「畑仕事ばかりしている」描写は本文中にない。

問二　傍線部②の発言に至るまでの流れをおさえる。美緒の「『勝手……』」を受け，「母が目を怒らせた」こと，「『勝手？どっちが？』」という発言から，真紀が美緒のことを勝手だと思っていること，「『受け取りなさい』」と命令口調になっていることから，「怒り」を含むアを選択する。イ，ウ，エではわざわざショールを押し付けるほど感情が昂らない。

問三　広志の発言から，美緒はショールをかぶって引きこもっていたこと，それを真紀に「依存」と思われていること，真紀に取り上げられたものに代わる新しいショールを作ろうとしていたことがわかる。真紀に追い詰められた美緒がショールを防御するようにかぶったことからも，ショールをとても大切に思っていたことがうかがえる。

重要　問四　直後の「母の顔から表情が消えていった。」から，「立ちなさい！」と語気を強めて怒りをあらわにする母親に対し，その怒りの表出を止めるほどの何か強い衝撃を与え，かつすぐに返事ができないような一言だったと考えられる。すると，「昔からずっと，母にきらわれていたのか。」という文章があるので，ここから「私がきらい」などをあてはめる。その前にも母親は「『泣けばすむ。～そういうところがきらい』」と発言している。

問五　広志の言動をもとにまとめる。「『この子はまだ何も決められないんだよ……そうだよな，美緒』」や「真紀，追い詰めるな」から，広志は美緒の気持ちを理解しようとしていることがうかがえる。また，「『お父さんも真紀も落ち着いて』」，「お父さん，と父が非難するような目で祖父を見た」，「そういうものなんだよ，と父が祖父の言葉のあとに続けた。」は，祖父と真紀が対立したときの言動であるが，一貫してどちらの肩を持つといったことはなく，両者の間に入るようにしているということがわかる。

三　（古文―情景・心情，文脈把握，指示語の問題）

〈口語訳〉　これも今では昔のことだが，田舎の子どもが比叡山に登ったのだが，桜がみごとに咲いていたところに風が激しく吹いたのを見て，この子どもがさめざめと泣いたのを，(僧が)見てそっとそばに近寄って，「なぜこのように泣きなさるのか。この花(＝桜)が散るのを残念に思いなさるのか。桜ははかないもので，このようにすぐに散ってしまうものです。しかし，そういうものなのです。」と慰めたところ，(子どもが)「桜が散ることは，しいてどうにもなりません。かまわないことです。私の父が作った麦が，花が散って実を結ばないだろうと思うことが，つらいのです。」と言って，しゃくりあげて激しく泣いたので，興ざめであるよ。

基本　問一　「このちごさめざめと泣きけるを，見て」なので，ちごが泣いているのを見たということである。「桜のめでたく～吹きけるを見て」ちごが泣き，それを見た僧がちごに話しかけたという流れをおさえる。

問二　傍線部②直後の「この花の散るを惜しう覚えさせたまふか。」から推測する。「惜しう」は「残念だ」という意味の形容詞「惜し」のウ音便。　ア，「嫌がった」が「惜し」の訳として不適当。　ウ，「散る」要素がない。　エ，「せっかく登って来たのに」「すっかり散ってしまった」根拠が本文中にない。

問三　「そういうものなのです」の「そういう」の指示内容は，傍線部③直前の「桜は，はかなきものにて，かくほどなくうつろひさふらふなり。」である。つまり，桜はすぐに散ってしまうのだ，ということを述べていることがおさえられていればよい。

重要　問四　「さくりあげてよよと泣きければ」の「ば」は原因・理由を表し，「～ので」と訳す。つまり，ちごの発言が興ざめということである。古文の世界において桜は非常に趣深いものであることを予備知識としておさえておくと解答しやすい。桜が散ってしまうことを残念がる風流な子どもかと思いきや，麦が実らない，つまりは家計に直接関わるような現実的な問題を悲しんでいたとわかり，興ざめだということである。

四　（漢字の読み書き，熟語）

問一　1，「振幅」は「振動の，中心の値と最大値との差」つまり「振り幅」のこと。　2，「脈絡」は「物事の一貫したつながり」。「みゃくりゃく」と読まないように注意。　3，「誇張」は「おおげさに表現すること」。　4，「蓄積」は「たくわえること，たまること」。「家畜」などの「畜」と混同しないように注意。　5，「膨大」は「非常に大きいこと，多量なこと，膨らんで大きくなること」。「物事を大げさに言う」という意味の「針小棒大」の「棒大」と混同しないように注意。　6，「停泊」は「船が碇をおろしてとまること」。　7，「繰り上げる」は「日時など，一方向に順に並んでいるものを前や上に送ること」。

問二　1，「前途有望」は「前途」で「将来や目標までの道のり」という意味を表す。　2，「臨機応変」の「機」は「機会」の意味。　3，「無病息災」は「健康で元気な様子」。

★ワンポイントアドバイス★

論説文で対比関係が出てきたら，筆者はどちらの方が良い，あるいは悪いと考えているのかを読み取ろう。小説は，会話文だけでなく地の文でどんな表現が使われているのかということにも注目すると，人物の心情がつかみやすい。古文は，まず全体に目を通してざっくりとした流れを把握してから問題にとりかかるとやりやすい。

大切なことはメモしておこうネ！

2020年度

★★★★★★★★★★★★★★★★★★★★★★★

入　試　問　題

2020年度

国学院大学久我山高等学校入試問題

【数　学】（50分）　＜満点：100点＞

【注意】 円周率はπとする。

1　次の □ を適当にうめなさい。

(1) $\left(\frac{24}{5}-\frac{8}{3}-2\right)\times 15-\left(\frac{1}{3}-\frac{1}{2}\right)=$ □

(2) $\sqrt{2}\times\left\{\left(1+\frac{1}{\sqrt{2}}\right)-\left(-\frac{1}{\sqrt{2}}-1\right)\right\}=$ □

(3) $\left(\frac{2}{3}xy^2\right)^3\div\left(-\frac{2}{9}x^2y^5\right)\times\frac{3}{4xy}=$ □

(4) $9ax^3y-54ax^2y^2+81axy^3$ を因数分解すると □ である。

(5) $x=\frac{11\sqrt{2}-6}{12}$，$y=\frac{6-7\sqrt{2}}{12}$ のとき，$x^2-y^2+x+y=$ □ である。

(6) 関数 $y=\frac{2}{3}x^2$ について，xの変域が $-1\leqq x\leqq\sqrt{2}$ のとき，yの変域は □ である。

(7) 2直線 $y=ax-6$ と $y=-\frac{3}{2}x+5$ のグラフがx軸の同じ点で交わるとき，aの値は □ である。

(8) 図のように，一辺の長さが2㎝の立方体の，各辺の中点を結んでできる立体（太線部分）の表面積は □ cm^2である。

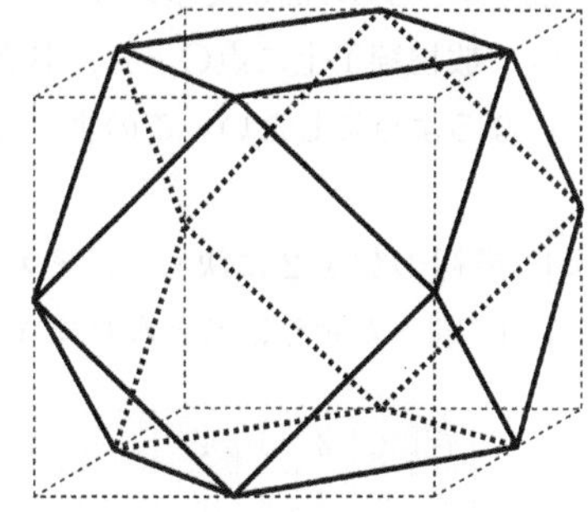

(9) 底面の半径が2㎝と3㎝の円すいが図のように重なっている。それぞれの頂点は互いの底面の中心と一致している。どちらの円すいの高さも5㎝のとき，2つの円すいに共通している部分の体積は □ cm^3である。

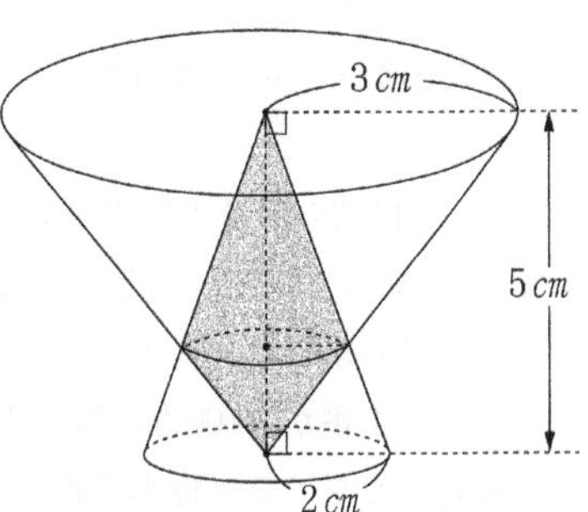

(10) さいころを2回ふって最初に出た目の数をa，2回目に出た目の数をbとする。このとき，$\frac{a+b}{1+ab}$の値が1になる確率は □ である。

2 図のように，2つの放物線 $y=ax^2$ $(a>0)$ …①，$y=\frac{1}{2}x^2$…②と直線 ℓ ：$y=x+2$ がある。①と直線 ℓ の交点を，x 座標の小さい方から順にA，Bとし，②と直線 ℓ の交点を，x 座標の小さい方から順にP，Qとする。点Aの x 座標が－1のとき，次の問いに答えなさい。

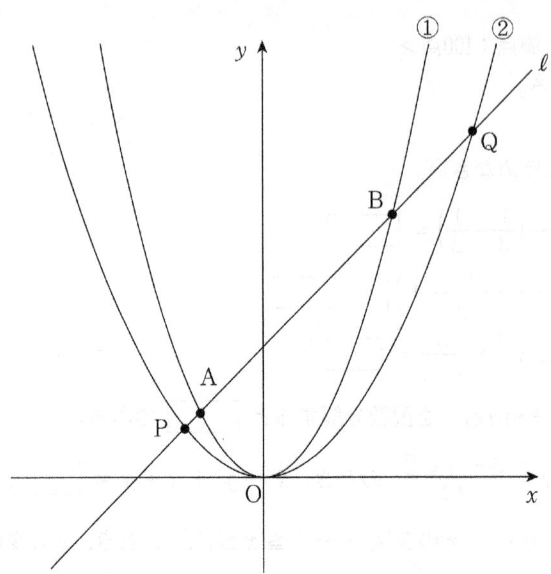

(1) a の値を求めなさい。

(2) △POBの面積を求めなさい。

(3) 放物線①上に点O，A，Bとは異なる点Cをとって，△PCBの面積が△POBの面積と等しくなるようにしたい。このような点Cの座標をすべて求めなさい。

3 最初の数を2に決めて，それを2倍して100で割った余りは4となります。その4を2倍して100で割った余りは8となります。この操作を繰り返すと，以下のような数の列が得られます。

番号	1	2	3	4	5	6	7	8	9	10	11	12	13	14	15	16	17	18	19	20	21	22	23	24
数	2	4	8	16	32	64	28	56	12	24	48	96	92	84	68	36	72	44	88	76	52	4	8	16

(1) この数の列の25番目の数を求めなさい。

次に，最初の数を1に決めて，それを2倍して101で割った余りは2となります。その2を2倍して101で割った余りは4となります。この操作を繰り返して得られる数の列を100番目まで次のページの表にしました。

(2) 表の1番から100番に対応する100個の数を資料の値として平均値を求めたい。直接求めるのは大変そうなので，標本調査を用いることにしました。標本の集め方は，乱数表に並んでいた次の10個の数字を利用することにします。

11，14，40，44，41，7，64，80，27，54

この10個を番号として，その番号に対応する10個の数の平均値を求めなさい。

(3) (2)において，100個の資料の値では標本調査を用いましたが，表の1番から100番に対応する100

個の数に関しては，正確な中央値と正確な平均値を求めることができます。

① 100個の数の中央値を求めなさい。

② 100個の数の平均値を求めなさい。

《表》

番号	1	2	3	4	5	6	7	8	9	10
数	1	2	4	8	16	32	64	27	54	7
番号	11	12	13	14	15	16	17	18	19	20
数	14	28	56	11	22	44	88	75	49	98
番号	21	22	23	24	25	26	27	28	29	30
数	95	89	77	53	5	10	20	40	80	59
番号	31	32	33	34	35	36	37	38	39	40
数	17	34	68	35	70	39	78	55	9	18
番号	41	42	43	44	45	46	47	48	49	50
数	36	72	43	86	71	41	82	63	25	50
番号	51	52	53	54	55	56	57	58	59	60
数	100	99	97	93	85	69	37	74	47	94
番号	61	62	63	64	65	66	67	68	69	70
数	87	73	45	90	79	57	13	26	52	3
番号	71	72	73	74	75	76	77	78	79	80
数	6	12	24	48	96	91	81	61	21	42
番号	81	82	83	84	85	86	87	88	89	90
数	84	67	33	66	31	62	23	46	92	83
番号	91	92	93	94	95	96	97	98	99	100
数	65	29	58	15	30	60	19	38	76	51

4 下の図において，直線AB，BC，CAはそれぞれ点P，Q，Rで円Oに接している。このとき，次の問いに答えなさい。ただし，(2)の(iii)については，途中経過も記しなさい。

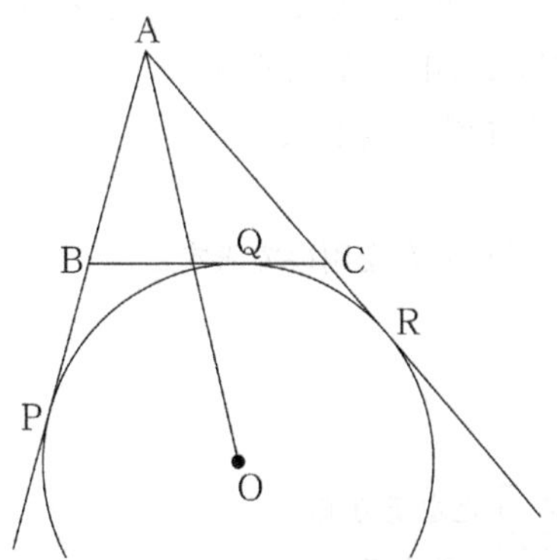

(1) AP＝AR であることを次のように証明した。次のページの □ を適当にうめなさい。ただし，ウについては解答群のａからｉの中から１つ選び記号で答えなさい。

△OAPと△OARにおいて

OP＝ ア …①

∠OPA＝∠ イ ＝90° …②

OAは共通…③

①，②，③より

ウ ので

△OAP≡△OAR

合同な図形では，対応する辺の長さはそれぞれ等しいので

AP＝AR…④

〈ウの解答群〉

a．３組の辺がそれぞれ等しい

b．２組の辺とその間の角がそれぞれ等しい

c．１組の辺とその両端の角がそれぞれ等しい

d．直角三角形の斜辺と他の１辺がそれぞれ等しい

e．直角三角形の斜辺と１つの鋭角がそれぞれ等しい

f．直角三角形の２つの鋭角がそれぞれ等しい

g．３組の辺の比がすべて等しい

h．２組の辺の比とその間の角がそれぞれ等しい

i．２組の角がそれぞれ等しい

⑵ AB＝５，BC＝７，CA＝８ のとき，

(i) BP，CRの長さを次のように求めた。以下の □ を適当にうめなさい。

BP＝x，CR＝y として，AP，ARをx，yを用いて表すと

AP＝ エ ，AR＝ オ

④より， エ ＝ オ だから

$x-y=$ カ …⑤

一方，$x+y=$ キ …⑥

⑤，⑥より，BP＝ ク ，CR＝ ケ

(ii) △ABCの面積を次のように求めた。以下の □ を適当にうめなさい。

Aから辺BCに垂線AHをひき，BH＝k とする。

△ABHに着目し，AH^2をkを用いて表すと

$AH^2=$ コ …⑦

また，△ACHに着目し，AH^2をkを用いて表すと

$AH^2=$ サ …⑧

⑦，⑧より

$k=$ シ

よって，AHの長さは ス となるから

△ABCの面積は セ である。

(iii) 円Oの半径を求めなさい。

【英　語】（50分）　<満点：100点>

【1】リスニングテスト

第1部

No. 1　1．He saw it in the newspaper.
　　2．He also got a prize at the contest.
　　3．He heard it from her mother.
　　4．Their teacher told him about it.

No. 2　1．Because she was late for school again.
　　2．Because she didn't do her homework.
　　3．Because she didn't do the thing he asked her to do.
　　4．Because she didn't wash the dishes after dinner.

No. 3　1．See the World Cup.　　2．Come to Japan.
　　3．Meet her friend.　　4．Stay here for a while.

第2部

No. 1　1．Study overseas.　　2．Make a baseball team.
　　3．Become a baseball coach.　　4．Follow the school rules.

No. 2　1．Because they are cheap.
　　2．Because they do not bark or run in the house.
　　3．Because some actors and singers like cats.
　　4．Because photos of cats have become popular.

No. 3　1．By opening a new restaurant.
　　2．By putting some posters up around the city.
　　3．By giving out special offers.
　　4．By adding a new menu.

第3部

No. 1　Why was Satoshi worried about his homestay?
No. 2　In the morning, what was difficult for Satoshi to do during his homestay?
No. 3　How did Satoshi's host family help him when he practiced English?
No. 4　How many sightseeing spots did Satoshi visit?

<リスニング問題スクリプト>

これからリスニングテストを行います。リスニングテストの音質および音量については，すでにチェック済みです。このテストには第1部から第3部まであります。試験解答時間はそれぞれ10秒です。それでは始めます。

第1部です。これは，対話とその内容に関する質問を聞き，その答えとして最も適切なものを1，2，3，4の中から1つずつ選び，番号で答える問題です。英文は一度だけ放送されます。では，始めます。

No. 1　女：Hi, David.　You won't believe what happened yesterday.
男：Let me guess....You got a prize for your English essay at the contest.
女：That's right.　How did you know that?
男：Your mom already told me about it.
Question: How did David find out about her news?

No. 2　男：　Kathy, you didn't take out the garbage this morning, did you?
女：No, Dad.　I was nearly late for school and didn't have time to do it.
男：But Kathy, I told you to do it three times after dinner.
女：Sorry, Dad.　I will try to get up earlier from now on.
Question: Why is Kathy's father angry?

No. 3　男：What are you doing this weekend, Susan?
女：I'm looking forward to seeing my friend this weekend.　She is coming from the UK to see the Soccer World Cup.
男：That's good.　How long is she going to stay in Japan?
女：I'm not sure, but she may be here for about two weeks.
Question: What is Susan going to do this weekend?

第２部です。これは，英文とその内容に関する質問を聞き，その答えとして最も適切なものを１，２，３，４の中から１つずつ選び，番号で答える問題です。英文は一度だけ放送されます。では，始めます。

No. 1　John is a high school student.　He has been in the baseball team since he was seven years old.　He likes baseball and practices it much harder than his other teammates.　His coach advised him to go abroad after he graduates from high school to improve his baseball skills.　He wants to follow his advice because he needs to improve his English communication skills as well.
Question: What is John planning to do after he graduates from high school?

No. 2　Recently cats have become more popular than dogs as pets in Japan because cats are easier for us to keep.　Cats do not bark or run in the house.　Another reason why cats are becoming more popular is because some actors and singers show photos of their cats on the Internet while others bring their cats to variety shows.
Question: Why is it easier for us to keep cats?

No. 3　An Italian restaurant tried to get more customers.　At first, they put posters up around the city but they were not successful.　Then, they decided to give out coupons.　This brought in a lot of new customers.　On holidays, many families came to the restaurant.　Now they are one of the most successful restaurants in the city.
Question: How was the Italian restaurant able to get more customers?

第3部です。これは，英文を聞き，1から4の質問に対する答えを，英語で書く問題です。英文は二度放送されます。放送中，メモをとっても構いません。では，始めます。

Have you ever been abroad? This summer I went to Calgary, Canada and stayed there for about three weeks. I was very worried before leaving Japan but it was actually a wonderful experience for me. I was not good at English and I didn't know how to communicate with my host family. However, I was welcomed by my host family and I quickly became a part of the family. During the stay, it was very hard to make breakfast by myself. On the first few days, I burned the toast and didn't get to eat anything but it didn't matter. The important thing for me was trying something new. I thought I was a little shy, but I always tried to communicate with people. I thought my English was poor, but I decided not to worry about making mistakes. Fortunately, my host family was nice and kind, and they helped me practice English. They repeated what they said again and again if I didn't understand. Also, they often said, “Good job, Satoshi!” to praise me. On holidays, they took me to Banff National Park and also to Calgary Zoo. In Banff National Park, the view was splendid and in Calgary Zoo, I could see grizzly bears. I was fascinated by the beauty of the nature in Calgary. Although I didn't stay in Canada for a long time, it had a big impact on me. I think it has really changed my life.

Have you ever been abroad? This summer I went to Calgary, Canada and stayed there for about three weeks. I was very worried before leaving Japan but it was actually a wonderful experience for me. I was not good at English and I didn't know how to communicate with my host family. However, I was welcomed by my host family and I quickly became a part of the family. During the stay, it was very hard to make breakfast by myself. On the first few days, I burned the toast and didn't get to eat anything but it didn't matter. The important thing for me was trying something new. I thought I was a little shy, but I always tried to communicate with people. I thought my English was poor, but I decided not to worry about making mistakes. Fortunately, my host family was nice and kind, and they helped me practice English. They repeated what they said again and again if I didn't understand. Also, they often said, “Good job, Satoshi!” to praise me. On holidays, they took me to Banff National Park and also to Calgary Zoo. In Banff National Park, the view was splendid and in Calgary Zoo, I could see grizzly bears. I was fascinated by the beauty of the nature in Calgary. Although I didn't stay in Canada for a long time, it had a big impact on me. I think it has really changed my life.

以上でリスニングテストを終了します。

【2】以下のオランウータンに関する文章を読み，あとの設問に答えなさい。

1 Orangutans are among the most highly developed *primates *in existence. These unusual animals come from the Southeast Asian countries of Indonesia and Malaysia. They are (①) like humans (②) the word 'orangutan' actually means 'person of the forest' in the Malay language. The Malay *definition is a good one because orangutans are very similar to people in many ways. Orangutans even have the ability to communicate through language, just as humans do. At the National Zoo in Washington, D.C., two orangutans (③) Inda and Azie are showing the world how well primates can communicate (④) language.

2 Rob Shumaker is the *coordinator of the Orangutan Language Project at the zoo. The purpose of the project is to study the orangutans' minds and discover more about how they think. Shumaker talks about the project and about how much he cares for the orangutans which he works with. "We are really adding to what we understand about orangutan *mental ability," he says. He then adds, "I also think that we're doing something very, very good for these individual orangutans."

When he talks about them, Shumaker *obviously has a lot of respect for these animals.

3 Shumaker believes that orangutans and other *apes *in captivity need to have a very interesting *physical and mental environment. It can *stimulate them and keep them happy. To do this, the National Zoo allows its orangutans to move around freely and gives them choices on where they want to go. Even *participating in Shumaker's language program is *voluntary for them. Shumaker explains that having choices is very important to these intelligent animals. He says: "It gives the orangutans some choice and some responsibility about what they do day to day. And I think that's *incredibly important for a species that has this much mental activity."

4 So how does the National Zoo's language program *function? Basically, Shumaker works daily with the orangutans in the program to develop their language skills.

Today, he's working at a computer with Inda, a 20-year-old *female orangutan. As Inda sits near the screen, she touches certain objects or symbols on it from time to time. "She's just naming the object," Shumaker explains. When Inda *identifies objects correctly, she receives a *reward. Through this process, Inda is learning a vocabulary of symbols that she connects with objects, such as bananas, apples, and cups. Every day, visitors watch as Shumaker and Inda perform certain exercises on the computer to test what language she knows. Inda is very fast with the symbols — sometimes even faster than the computer! As Inda quickly touches a series of symbols, the computer doesn't respond quickly enough. "(⑤) The computer is not responding quickly enough," says Shumaker to the waiting animal. He then explains to the people (a) watch her, "But she's doing it correctly," and gently encourages the animal to try again.

5 But is Inda actually using language? Well, she can not only identify food and objects using symbols, but she can also put together the symbols to form simple sentences with *a verb and an object. Basically, she can use the symbols in order to *get her point across. It is the essential purpose of language. In addition to their ability to communicate using language, orangutans are like humans in other ways, too. Shumaker *emphasizes the fact that each orangutan is different in the way it learns, and in the progress that it makes. He points out that they are individuals, and in that way, they are also like humans. "Each one learns their own way. Each one has their own types of questions that they are better or (b) bad at," he explains. He then goes on to add, "The big *emphasis is that they are individuals, and their progress is not the same as the other orangutans just because they're all orangutans." For example, Inda's brother Azie is not as (⑥) as his sister, which means that he doesn't communicate as much. At first, Shumaker thought that Azie was not as intelligent, but that's not true at all. In fact, Azie is a very intelligent orangutan; ⑦ he just isn't always as interested in communicating with others as his sister is.

6 The Orangutan Language Project is part of an *exhibit at the National Zoo called 'Think Tank'. This exhibit examines the process of thinking and whether or not it is taking place in animals. An interesting *aspect of the exhibit is that it actually *involves visitors to the zoo in the process. It allows them to *observe research on thinking as it takes place. Lisa Stevens is *in charge of the Think Tank exhibit. According to Stevens, one of the most important aspects of Think Tank is that it emphasizes something that people don't usually see — research. She says: "What's really nice about Think Tank is that it focuses on a lot of the (c) hide activities and research."

7 Zoo officials like Shumaker and Stevens hope that exhibits like Think Tank will educate the public. They also hope that they will increase *conservation efforts for orangutans. These interesting animals could become extinct in the wild in the next ten to twelve years, and they are very much in need of help. Shumaker hopes that people will show more respect to orangutans if they understand how intelligent they are. ⑧ This will encourage people to protect them better. He explains in his own words: "Give people a chance to know more about what's going on mentally for orangutans. I know that that increases their respect for them!"

8 Shumaker personally developed the symbols for the orangutans' vocabulary, but

he says that the project has really been successful because of Inda and Azie. He explains: "I think of this language project as really a team effort between me, and Inda, and Azie. And we all work together on this. It's not my project; it's our project." He then adds: "I want them to voluntarily participate. When they do that, I know that they're doing it because they enjoy it, and they like it, and they want to be involved with it. And that's important." As Inda and Shumaker continue to work together at the computer, Inda easily identifies a cup by pushing the correct symbol on the screen. Even when Inda makes mistakes, Shumaker carefully guides her to the correct meaning in order to help her development. ⑨【イ Shumaker and the orangutans ロ working on ハ it's clear ニ the project ホ both ヘ enjoy ト that】. That may be why the orangutan language team of Shumaker, Inda, and Azie is such a big success!

primate：霊長類　in existence：現存する　definition：定義　coordinator：責任者
mental ability：知的能力　obviously：明らかに　ape：類人猿　in captivity：飼育中の
physical and mental environment：物理的・精神的な環境　stimulate：～を刺激する
participate：参加する　voluntary：自発的な　incredibly：非常に　function：機能を果たす
female：メスの　identify：認識する　reward：ほうび　a verb and an object：動詞と目的語
get her point across：彼女の言いたいことを伝える　emphasize：～を重要視する
emphasis：強調点　exhibit：展示　aspect：点　involve：～を巻き込む　observe：～を観察する
in charge of ～：～を担当して　conservation efforts：保護の取り組み

問1　文中の下線部(a)～(c)の語を適切な形に変えなさい。

問2　(①)(②)に入る語の組み合わせとして最も適切なものを選び，記号で答えなさい。
イ　① a little　② though
ロ　① too much　② so
ハ　① looking　② therefore
ニ　① so much　② that

問3　(③)(④)に入る語の組み合わせとして最も適切なものを選び，記号で答えなさい。
イ　③ which named　④ through
ロ　③ which name　④ for using
ハ　③ named　④ by using
ニ　③ naming　④ with

問4　(⑤)に入る語句として最も適切なものを選び，記号で答えなさい。
イ　Oh, hold on.　ロ　Don't do that so slowly!
ハ　What's wrong with you?　ニ　Are you sure?

問5　本文の内容に沿って，インダ（Inda）ができると思われることを下から選び，記号で答えなさい。解答は1つとは限りません。
イ　コンピュータ上でバナナやカップを表すそれぞれの記号を認識できる。
ロ　コンピュータ上で「バナナを食べる」という文を作るために，記号の組み合わせができる。
ハ　コンピュータ上に「リンゴ」を表す記号が出ると，本物のリンゴを探しに行くことができる。

ニ　コンピュータ上に「カップ」を表す記号が出ると,「飲む」仕草ができる。

ホ　シュメーカーさんが「早く!」と言うと,素早くコンピュータに触ることができる。

問6　(⑥)に入る語として最も適切なものを選び,記号で答えなさい。

イ　clever　　ロ　brave　　ハ　social　　ニ　nervous

問7　下線部⑦の内容として最も適切なものを選び,記号で答えなさい。

イ　彼は姉とはやりとりするが,他者とのコミュニケーションにはそれほど興味がない。

ロ　彼は,姉ほど他者とのコミュニケーションに必ずしも興味はない。

ハ　姉が他者とのコミュニケーションに興味がないのと同様,彼も全く興味がない。

ニ　姉は賢いにもかかわらず,彼ほど他者とのコミュニケーションに興味がない。

問8　下線部⑧を,This の内容を明らかにして日本語にしなさい。

問9　下線部⑨が「シュメーカーさんとオランウータンの両者がそのプロジェクトに楽しんで取り組んでいることは明らかだ。」という意味になるように,【　】内の語句を並べかえ,記号で答えなさい。

問10　次の問いに,(　)内に記された段落を参考に,指定された語数の英語で答えなさい。

1　Does Shumaker have much respect for the orangutans when he talks about them?　(第2段落/3語)

2　In the language program, what does Inda get when she identifies objects correctly?　(第4段落/4語)

3　How soon could the wild orangutans become extinct?　(第7段落/7語)

4　What does Shumaker do when Inda makes mistakes?　(第8段落/8語)

問11　本文の内容と一致するものには○,一致しないものには×を記入しなさい。

1　There are many similarities between humans and orangutans, such as communicating through language.

2　The Orangutan Language Project has been held in the National Zoo in Malaysia.

3　Both Inda and Azie are intelligent, but the things which they are good at are different.

4　In the National Zoo, the visitors aren't allowed to see the research with their own eyes.

5　Inda and Azie have to take part in the program even when they don't want to.

6　Shumaker thought that his successful research was not because of his own efforts but because of a team effort with Inda and Azie.

【3】次の1~5の各組の英文がほぼ同じ意味になるように,(　)内に適切な1語を入れなさい。

1
- My father has never been abroad.
- My father has never (　　) any foreign countries.

2
- You should take good care of dogs and cats if you want to keep them.
- You should look (　　) dogs and cats well if you want to keep them.

3 { Andy and John are good soccer players, but Daniel is the best.
Andy and John are good soccer players, but (　　　) of them can play as well as Daniel.

4 { I cannot write my report if you don't help me.
I cannot write my report (　　　) your help.

5 { My mother told me that dinner would be ready at seven thirty.
My mother told me that dinner would be ready at half (　　　) seven.

【4】次の1～5の英文中の下線部には1ヶ所文法上の誤りがある。訂正した語（句）を答えなさい。

（例題） Mike wants teaching English to children in the future. 解答：to teach

1 Two years have passed since I have come to this city and began to stay with my uncle.
2 The book which I bought it five years ago is still on my bookshelf.
3 Why is rugby much more popular than any other sports in New Zealand?
4 It is almost impossible for me to finish cleaning all the rooms in my house until next Sunday.
5 In math class, the teacher told the students to try to answer the next question if they had not questions.

【5】下のテーマに沿って，できるだけたくさんの英文を自由に書きなさい。囲み内の語は英文を書くための参考です。これらの語を使っても使わなくても構いません。

英文のテーマ　：　中学校生活の思い出

school trip	club activity	feel	experience
think	communicate	hard	because

を持たそうとしている。

イ　水墨画の才能を持つ「僕」に後を継がせようとして、水墨の奥義を教え込もうとしている。

ウ　水墨画の本質を伝授しつつ、優しく包み込んで「僕」の心の問題を解きほぐそうとしている。

エ　両親を失い心を閉ざす「僕」を見かねて、水墨画の楽しみを伝えることで励まそうとしている。

三　次の文章を読んで、後の各問に答えなさい。

今は昔、隠題(かくしだい)をいみじく興ぜさせたまひける(おもしろがりなさった)帝の、*篳篥(ひちりき)を詠(よ)ませられける(題に歌を作らせなさった時)に、人々わろく詠みたりけるに、木こる童(きこり)の、暁(あかつき)、山へ行くとていひける、「このごろ、篳篥を詠ませさせたまふなるを、人のえ詠みたまはざなる(誰もがうまく詠めなかったそうだ)、童こそ詠みたれ」と言ひければ、具(ぐ)して(いっしょに)行く童部「あな、おほけな(身の程知らずだな)。①かかること、な言ひそ(言ってくれるな)。②様にも似ず、いまいまし。」と言ひければ、「などか(どうして)、必ず様に似ることとか」とて、

③めぐり来る春々ごとに桜花いくたび散りき人に問はばや

と言ひたりける。④様にも似ず、思ひかけずぞ。

(『宇治拾遺物語』による)

〈注〉篳篥……管楽器の一種。雅楽に用いる竹製の縦笛。

問一　――線①の指し示す部分を10字以内で抜き出し、記しなさい。

問二　――線②に込められた気持ちとして最も適当なものを次の中から選び、記号で答えなさい。

ア　身の程を知るべきだと少年をいさめる気持ち。

イ　歌を詠む姿かたちになっていないと諭(さと)す気持ち。

ウ　きこりが歌を詠んではいけないと心配する気持ち。

エ　帝の家来衆の真似(まね)などとんでもないと恐れる気持ち。

問三　――線③の歌に詠み込まれている「題」の部分を歌の中からそのまま抜き出し、記しなさい。

問四　――線④とありますが、「思ひかけ」なかったこととは何ですか。解答欄に合うように15字以内で記しなさい。

四　次の各問に答えなさい。

問一　次の1～7の文の――線のカタカナを漢字に直しなさい。

1　自然のオンケイを受ける。

2　マラソンを途中でキケンする。

3　美術雑誌をエツランする。

4　ヨーロッパ諸国をレキホウする。

5　物語がカキョウに入る。

6　話のシュシを明確にする。

7　自宅でリョウヨウする。

問二　次の四字熟語の□に当てはまる漢字をそれぞれ記しなさい。

1　□散□消……跡形もなくなること。

2　有為□□……万物が常に変化してやまないこと。

3　□同□異……わずかな違いしかないこと。

「繋がりといっしょに描く」

僕は言葉を繰り返した。僕にはその繋がりを隔てているガラスの部屋の壁が見えていた。その壁の向こう側の景色を、僕は眺めようとしていた。

その向こう側にいま、湖山先生が立っていた。

「そのためには、まず、心を自然にしないと」

そう言って、また湖山先生は微笑んだ。湖山先生が優しく筆を置く音が、耳に残った。その日の講義は、ただそれだけで終わった。

何か、とても重要なことを惜しみなく与えられているようで、そのすぐ前を簡単に通り過ぎてしまいそうになっている自分を感じていた。

小さな部屋に満たされた墨の香りと、湖山先生の穏やかな印象が、③カチコチに固まっていた水墨画のイメージをボロボロと打ち壊していくのが分かった。

父と母が亡くなって以来、誰かとこんなふうに長い時間、穏やかな気持ちで向き合ったことがなかったのだと僕は気づいた。

（砥上裕将『線は、僕を描く』の文による）

〈注〉潤渇…よく墨を含んだ筆で書いた墨量のある線（潤筆）と、墨含みの少ない筆で書いたかすれた線（渇筆）のこと。

肥痩…線の太さと細さで抑揚を表すこと。

階調…墨の濃淡の段階のこと。

問一 ――線①とありますが、それはどういうことですか。次の中から最も適当なものを選び、記号で答えなさい。

ア 絵でありながらも、五感に訴えかける臨場感を抱かせることができるということ。

イ 墨液では表せない広がりと奥行きによって、はかない世界を描き出すということ。

ウ 卓越した手腕が発揮されることで、美しい風景が次々に出現していくということ。

エ 筆を用いることで、この世のすべての色合いを表現することができるということ。

問二 ――線②とありますが、このように言った意図として最も適当なものを次の中から選び、記号で答えなさい。

ア 美しい風景を描くための墨は何度もする必要があるから。

イ 技術を簡単に伝授したのでは精神の修行にならないから。

ウ 水墨画に必要な技術のありように気づかせようとしたから。

エ 高価な硯に見合う墨の色合いが出るまで待とうとしたから。

問三 X に入ることばを40字以上50字以内で記しなさい。

問四 ――線③とありますが、「僕」は水墨画をどのようなものとしてとらえていましたか。次の中から最も適当なものを選び、記号で答えなさい。

ア 何年にもわたって修行を積み、独力で風景の美しさを描き出すもの。

イ 力の加減をうまく調整して、自然の素晴らしさを絵に表現するもの。

ウ 道具のよしあしに拘るのではなく、技術をもって美しく仕上げるもの。

エ まじめに取り組み、技術を伝授されることを通じて自然を模写するもの。

問五 湖山先生の「僕」に対する接し方として最も適当なものを次の中から選び、記号で答えなさい。

ア 水墨画の初心者である「僕」に水墨画の素晴らしさを示し、興味静けさやその場所の温度や季節までも感じさせるような気がした。細かい粒子によって出来上がった湖面の反射は、夏の光を思わせた。薄墨で描かれた線のかすれが、ごく繊細な場所まで見て取れるので、眩しさや、色合いまでも思わせ、波打つ様子は静けさまでも感じさせた。その決定的な一線は、たった一筆によって引かれたものだった。同じ人物が同じ道具で、同じように絵を描いても、墨のすり方一つでこれほどまでに違うものなのかと、僕は愕然とした。とたんに僕は恥ずかしくなった。

僕はとんでもない失敗をさっきまで繰り返していたのだ。湖山先生は相変わらず、にこやかに笑っている。

私が何も言わなかったのが悪いが、と前置きした後に湖山先生は言った。

「青山君、力を抜きなさい」

静かな口調だった。

「力を入れるのは誰にだってできる、それこそ初めて筆を持った初心者にだってできる。それはどういうことかというと、凄くまじめだということだ。本当は力を抜くことこそ技術なんだ」

力を抜くことが技術？　そんな言葉は聞いたことがなかった。僕は分からなくなって、

「まじめというのは、よくないことですか？」

と訊ねた。湖山先生はおもしろい冗談を聞いたときのように笑った。

「いや、まじめというのはね、悪くないけれど、少なくとも自然じゃない」

「自然じゃない」

「そう。自然じゃない。我々はいやしくも水墨をこれから描こうとするものだ。水墨は、墨の濃淡、*潤渇、*肥痩、*階調でもって森羅万象を描き出そうとする試みのことだ。その我々が自然というものを理解しようとしなくて、どうやって絵を描けるだろう？　心はまず指先に表れるんだよ」

僕は自分の指先を見た。心が指先に表れるなんて考えたこともなかった。それが墨に伝わって粒子が変化したというのだろうか。だが、たしかにその心の変化を墨のすり方だけで見せつけられた身としては、うなずくしかない。

「君はとてもまじめな青年なのだろう。君は気づいていないかもしれないが、真っすぐな人間でもある。困難なことに立ち向かい、それを解決しようと努力を重ねる人間だろう。その分、自分自身の過ちにもたくさん傷つくのだろう。私はそんな気がするよ。そしていつの間にか、自分独りで何かを行おうとして心を深く閉ざしている。その強張りや硬さが、所作に現れている。そうなるとその真っすぐさは、君らしくなくなる。真っすぐさや強さが、それ以外を受け付けなくなってしまう。でもね、いいかい、青山君。水墨画は孤独な絵画ではない。水墨画は自然に心を重ねていく絵画だ」

僕は視線を上げた。

言葉の意味を理解するには、湖山先生の声があまりにも優しすぎて、何を言ったのか、うまく聞き取れなかった。不思議そうな顔で、僕は湖山先生を見ていたのだろう。湖山先生は言葉を繰り返した。

「いいかい。水墨を描くということは、独りであるということとは無縁の場所にいるということなんだ。水墨を描くということは、[X]ことだ」

出来事だった。どうしてこんな速度で、こんなに高齢な老人が筆を操れるのだろう？　年齢を感じさせない若々しい動きだった。そして何より速い。動きの細部についてはあまりに速すぎて分からない。手に持った筆が、先日と同じく、硯と梅皿と布巾と筆洗の間を回転しているということしか分からなかった。

　気づくと墨はなくなり、硯の中身は空っぽになっていた。描かれた絵は床に広がっていた。そして湖山先生は衝撃的な一言を、僕に告げた。

「②もう一回。もう一回、墨をすって」

　僕は唖然としながらも、また一から墨をすり、湖山先生はうたた寝を始めた。

　何が起こったのだろう？　何か、気に障ることをしてしまったのだろうか？

　いろいろと思案しながら、惑いつつ墨をゴシゴシすり、これでいいだろうというところでまた湖山先生を起こした。

　特別に機嫌が悪そうでもなく、かといって良さそうでもなく、また筆を取ると一気呵成にバサバサと描き上げて、硯の中身を空っぽにした。それからまた、さっきと同じせりふがかえってきた。

「もう一回」

　僕は眉をひそめて、いったい何が起こっているのだろう？　と墨をすりながら考え続けた。

　僕はとにかく墨をすり、湖山先生を呼んだ。湖山先生は居眠りから目覚めて、描いて、僕はまた同じ言葉をもらい、また墨をすり……と、そんなことを何度か繰り返した。もういい加減疲れてきたので、いろいろ考えるのをやめて、ただなんとなく手を動かし、有り体に言えば適当に墨をすって湖山先生を呼んだ。すると湖山先生は最初のときとまったく同じく、特に不機嫌でもなく不愉快でもなさそうな顔で、筆を取ると、

「筆洗の水を換えてきて」

と、言った。僕は言われたとおり廊下に出てすぐの場所にある流し場で、筆洗の水を新しいものに換えた。湖山先生の前に真新しい水を置いて席に着くと、湖山先生は待ち構えていたように筆を取って、墨を付けて筆洗に浸した。その瞬間、湖山先生は口を開いた。

「これでいい。描き始めよう」

　僕は湖山先生が何を言っているのか、分からなかった。どうしてまじめにすった墨が悪くて、適当にすった墨がいいんだ？

　僕はなんとも腑に落ちないという表情をしていたのだろう。湖山先生はにこやかに笑って答えた。

「粒子だよ。墨の粒子が違うんだ。君の心や気分が墨に反映しているんだ。見ていなさい」

　湖山先生は、筆をもう一度取り上げて、いちばん最初に描いた風景とまったく同じものを描いた。木立が前面にあり、背後に湖面が広がり、さらにその背後に山が広がっているという絵で、レイアウトはまったく同じだ。

　だが湖山先生が筆を置いた瞬間の墨の広がりや、きらめきが何もかも違った。

　画素数の低い絵と高い絵の違いと言ったらいいのだろうか。実際に粒子が違うというのなら、そういうことなのだろう。小さなきらめきや広がりが積み重なり、一枚の風景が出来上がったとき、最初に見たときは漠然と美しいとしか感じられなかった絵が、二枚目になると懐かしさや

「下敷きは白いものを使う。これは紙を敷いたときに墨の濃淡がはっきりと分かるからだ。水墨画というのは、墨を水で薄めて使ってさまざまな変化を出していく。その変化をなるべく見やすくするための工夫だ。次にその仕切りの付いたお皿は梅皿という。形も梅の花のようだろう？　パレットだと思えばいい。絵を描く人間ならお馴染みの道具だが、描かない人はあまり見たことがないだろう。水を張った容器を筆洗という。そして、あとは硯に、筆に、墨。墨は固形墨を使う」

「墨液ではないんですね。本格的な感じがします」

「墨液を使って教えることもあるが、私はあまり好きではない。それに良い硯に墨液を注ぐなんてもったいないよ」

「これは良い硯なのですか？」

「ああ、とても。①使いこなせれば、この世界と同じほど微細な墨がすれる」

僕はびっくりして硯をまじまじと見た。掌よりも少し大きいくらいの何てこともない長方形の硯に見えたが、確かに立派な木箱に入っていて蓋もついている。良いものだと言われると、なんとなく良いものだという気がしてしまうから不思議だ。ただの石だが石以上のものに感じる。

「硯は、書家や水墨を描く絵師にとっては、刀みたいなものだよ。そこからすべてが始まるんだからね」

「そんな大事なものを使わせていただいて、いいんですか？」

「大丈夫。大丈夫。手に入るのなら道具は良いものを使わないとね。良い硯だから大事にしてあげてね」

「分かりました。大事に使わせてもらいます」

嬉しそうに湖山先生は微笑んだ。湖山先生自身も道具にたくさんのこだわりがあるのだろう。超一流の絵師なら当然のことなのだろうけれど、その当然の言葉でも本人から聞くと嬉しい。

「では、まずは墨をするところから。これがなければ始まらないからね。おっと、水滴がなかったね」

湖山先生は立ち上がって、後ろの道具箱から、小さな急須のような容器を取り出してきた。そこに水が入っているらしい。湖山先生の皺皺の手が、硯に水を注いで、硯の面を濡らした。

「さあどうぞ」

と、湖山先生は墨をするように促した。僕は恐る恐る墨を持って、硯の上でゴシゴシとすり始めた。おもしろいくらいに墨はすれて、透明な水は真っ黒になっていった。

しばらくすっていると粘りが出てきて、あとどれくらいすればいいのだろう、と視線を上げると湖山先生は居眠りをしていた。

確かに退屈だろうけれど、居眠りしなくても、とも思ったが、とりあえず湖山先生を起こすと、

「もうできたかね？」

と、私はまるで居眠りなんかしてなかったぞというような顔で、起き上がった。それから、僕の座っている席のほうへやってきた。僕は背筋がぐっと伸びた。

着ている作務衣から漂う清潔そうなにおいは何なのだろう、と思っていると、湖山先生は無造作に筆を取って、目の前の紙に何かをバシャバシャと描き始めた。

この前と同じ、湖畔の風景が出来上がり、次に紙を置くと渓谷が出来上がり、最後には、竹が出来上がった。どれもまさしく神業で、一瞬の

かなか面白いことだと思いませんか。免れ難い(まぬがれがたい)リスク、一〇〇パーセント確実に起こる危険は、リスクではない。私があと三十年の間に死ぬ「リスク」という言葉は*ナンセンスでしょう。しかし、「あと十年の間にガンで死ぬリスク」というのは、十分リスクという言葉が当てはまる使い方です。

こうやって考えると、"Act of God"であったようなものがリスクに変わる、つまり［A］が進歩すればするほど［B］は増大します。逆説的ですが、これは確実にそうなのです。

（村上陽一郎『人間にとって科学とは何か』による）

〈注〉バイオハザード……病原菌の実験や研究などで人体・自然の生態系に危機が生じること。
クローン……単一細胞を人工的に培養して作り出した、もとの細胞と同じ遺伝子を持つ細胞群。
網羅……関係のあるものを残らず集めること。
NGO……政府間の協定によらず民間で設立される国際協力機構。
センシティビティ……感受性・鋭敏さ。
アセスメント……物事の是非などを決めるために行う調査。
ナンセンス……無意味。

問一 ――線①とありますが、筆者は「リスク」をどのようなものと考えていますか。解答欄に合うように文中から10字で抜き出し、記しなさい。

問二 ――線②とありますが、なぜ「主観的な要素をどうしても排除できない」のですか。その理由として最も適当なものを次の中から選び、記号で答えなさい。

ア　リスクを調べる側に決定権が与えられるから。
イ　そもそも何がリスクであるか決まってないから。
ウ　リスクは変化するため推測せざるを得ないから。
エ　人それぞれにリスクのとらえ方が違ってくるから。

問三 ――線③とありますが、どういうところが「面白い」のですか。最も適当なものを次の中から選び、記号で答えなさい。

ア　危険を回避しようとするとリスクになるところ。
イ　危険と考えられるのにリスクにならないところ。
ウ　不可抗力である"Act of God"を制御できるところ。
エ　危険の範囲に"Act of God"は含んでいないところ。

問四 ［A］・［B］に入る語句をAは4字、Bは3字で文中から抜き出し、記しなさい。

問五 〰〰線とありますが、なぜ「社会調査がかなり大きな意味を持つこと」になるのですか。「安全の成立」という語句を入れて50字以上60字以内で説明しなさい。

［二］ 次の文章を読んで、後の各問に答えなさい。

〈あらすじ〉両親を交通事故で亡くし、天涯孤独となった大学生の「僕」は、あるきっかけから水墨画の大家と出会い、弟子入りすることとなった。

二回目の練習は、翌週の週末だった。（中略）今日は、僕の前にだけ道具が置いてあった。

白い下敷きに、硯(すずり)に、水の入った容器、棒状の墨、一本の筆に、内側に仕切りの付いた丸味を持った花形の陶器のお皿、最後に布巾(ふきん)だ。

は、それほどの切迫感を持つことは難しいのではありませんか。このように、時間が離れれば離れるほどリスク認知は鋭さを失っていきます。

　最後に「心理的距離」。生活様式、価値観など、いわば主観的な枠組みにおいて遠いものは、人はなかなかリスクと察知できません。たとえば、私が十六、七年前に食品安全の＊ＮＧＯ主催の会議に招かれて盛岡へいったときのこと。ロビーに入った瞬間、紫煙(しえん)もうもうと立ち込めるという、最近ではやや珍しい体験をしました。「皆さん方の食品添加物に対する＊センシティビティは大変高いのに、タバコに対するセンシティビティはあまり顕著ではないようで」と嫌みを言ったりしたのですが。こんな具合に、ある価値観に基づく特定のものについてのリスク感覚は非常に鋭くても、そうでないものに対しては平等にリスクを認知することが難しいという側面が確かにあります。

　したがって、リスクの認知に関しては、できるだけたくさんの母集団のなかから、多くの人が何をリスクと考えるかを取り上げる社会調査がかなり大きな意味を持つことになります。

　評価に関しても、科学的な方法がかなり力を発揮します。リスクは、基本的には「確率」で処理することになっています。例えばＰＳＡ（Probability Safety Assessment　確率的安全評価）という方法は、かなり厳密な形で＊アセスメントができます。リスクというものがいったん定まると、そのリスクに対してそれがどういう確率で起こるか、を考えることになります。

　リスクには、どうやって対応すべきでしょうか。

　第一に「生起確率を減らしていくこと」。第二は、万一起こってしまったときの「被害をできるだけ小さくしていくこと」。これがリスク・マネージメントの基本的な二つの方法です。

　人為的災害に関しては生起確率を減らすことができるかもしれません。しかし、自然災害に対して生起確率を減らすことは、なかなか難しくなります。

　日本語で「天災」という言葉があります。「自然災害」という言葉に対しては、例えば英語では **natural hazard** などの言い方がありますが、「天災」という言葉に一番ぴったりくる英語は“Act of God”だろうと思います。何か宗教くさく受け止められるかもしれませんが、そうではなくて、むしろ「不可抗力」を意味する、法廷などでも使われる言葉です。人間にはいかんともし難(がた)い、手が出せない、文字どおり不可抗力ということなのです。

　面白いのは、科学技術が発展すると“Act of God”がリスクに早変わりすることです。たとえば、最も典型的な例は小惑星です。小惑星が大気圏を破って突入し地上に落ちてくると、非常に大きな被害をもたらす可能性があります。昔だったら小惑星が落ちてくることは“Act of God”で、落ちてきそうな地域の人々に警告を発して疎開してもらうくらいが、せいぜいできることでした。ところが、ＮＡＳＡ、あるいはヨーロッパでも、地球に接近してくる小惑星を見つけたときに、大気圏外に人工衛星ないしはミサイルを撃ち出して軌道を変えさせたり、場合によっては核兵器を積んで爆砕するというような計画さえあります。ほとんど不可抗力であることに対しても人間はなんとか生起確率を減らすように制御することができるようになったわけです。

　この、人間がなんとかできるものがリスクなのです。

　“Act of God”の危険は、通常リスクと言わない。――③これはな

【国　語】（五〇分）〈満点：一〇〇点〉

【注意】解答の字数は、句読点・符号も一字と数えること。

□一 次の文章を読んで、後の各問に答えなさい。※問題の都合上、一部省略あり。

現代は、世界のものとことが複雑にからみあい、影響しあう、不確実性の時代です。社会のなかに科学がどんな形で存在しているか、科学がもっとも必要とされ、評価されることとは何か、そしてどのような場合に影響力を発揮し、責任を負わされるか。それを考えると、ひとつ「安全」というキーワードが浮かび上がってきます。（中略）

原子力爆弾の開発、遺伝子の組み換え技術から派生した＊バイオハザードの可能性、また脳死や人工授精、＊クローン技術のような生命科学も、それが社会や人間の「安全」の根幹を脅(おびや)かすものであったからこそ、大きな反応をもたらしたといえるでしょう。また温暖化をはじめとする地球環境問題も、この先どうなるのか？　私たちはいま何をすべきか？　という問いはおもに科学者に向かいます。逆にいえば、科学・技術はいまや社会の役に立つかどうかという範囲をこえて、「安心」「安全」を左右する大きな支配力を持ってしまったのかもしれません。

これらの問題に関して、科学者は何をよりどころにして社会における意志決定に参画できるか、考えてみたいと思います。

ひとが何を「安全」と思い、「安心」と感じるのかということは、必ずしも合理的な基準があるわけではなく、相対的なものです。さまざまな心理的、社会的要因を＊網羅(もうら)的に検証することはできないので、ここでは思い切って科学的な手法で相対化してみることにします。

「安全」を成立させるものは、何でしょうか。それは「①リスクの認知」であり、「リスクの生起確率を減らすこと」であり、もし避けられない場合は「その被害を最小限にすること」です。後の二つが選択できる場合は、そのコストが高いか安いか「評価損益（費用に対して利益の比率を評価する）」という要素がそれに加わってきます。

「リスク・マネージメント」という考え方は、限定された領域としてはかなり前からあって、その本質は幾つかの位相に分かれています。通常「リスクの認知（リスク・パーセプション）」という言葉をよく使います。②何がリスクであるかを認知するとき、主観的な要素をどうしても排除できないという側面があります。私はこれを「逆比例の法則」と勝手に名づけていますが、もちろん定量的な意味での逆比例ではなく、空間的距離・時間的距離・心理的距離がそれぞれ多くなればなるほどリスク認知は減っていく、その逆比例関係があるのではないかと思うのです。

まず「空間的距離」。自分の家のそばに廃棄物処理場ができれば、そのリスクに対して過敏になるはずです。しかし、二十キロ離れた所では恐らくその敏感さはかなり薄らぐのではないでしょうか。ましてや地球の裏側でそれが起こってもおよそ感じられない。

つぎに「時間的距離」。過去のリスクを認知するということは基本的にはないわけで、これは未来について言われます。環境問題について「世代間倫理」という言葉が使われること自体が既にそれを示しているでしょう。いま、私たちの隣人たちに対するリスクなら、非常にひりひりと皮膚感覚で感じることができても、たとえば百年後、百五十年後、二百年後、会うこともないわれわれの子孫が遭遇しうるリスクについて

2020年度

解　答　と　解　説

《2020年度の配点は解答欄に掲載してあります。》

＜数学解答＞

1 (1) $\frac{13}{6}$　(2) $2+2\sqrt{2}$　(3) -1　(4) $9axy(x-3y)^2$　(5) 1

(6) $0\leqq y\leqq\frac{4}{3}$　(7) $\frac{9}{5}$　(8) $12+4\sqrt{3}$　(9) $\frac{12}{5}\pi$　(10) $\frac{11}{36}$

2 (1) $a=1$　(2) $1+\sqrt{5}$　(3) $(1,\ 1)$, $\left(\frac{1-\sqrt{17}}{2},\ \frac{9-\sqrt{17}}{2}\right)$, $\left(\frac{1+\sqrt{17}}{2},\ \frac{9+\sqrt{17}}{2}\right)$

3 (1) 32　(2) 47.4　(3) ① 50.5　② 50.5

4 (1) ア OR　イ ORA　ウ d　(2) (i) エ $x+5$　オ $y+8$　カ 3

キ 7　ク 5　ケ 2　(ii) コ $25-k^2$　サ $15+14k-k^2$　シ $\frac{5}{7}$

ス $\frac{20\sqrt{3}}{7}$　セ $10\sqrt{3}$　(iii) (途中経過) 解説参照　$\frac{10\sqrt{3}}{3}$

○推定配点○

1 各4点×10　2 (1) 4点　(2) 5点　(3) 8点　3 各4点×4

4 (1) 各2点×3　(2) (i), (ii) 各1点×11　(3) 10点　計100点

＜数学解説＞

1 (数・式の計算，平方根の計算，因数分解，式の値，2乗に比例する関数，1次関数，表面積，体積，確率)

基本 (1) $\left(\frac{24}{5}-\frac{8}{3}-2\right)\times15-\left(\frac{1}{3}-\frac{1}{2}\right)=72-40-30-\left(-\frac{1}{6}\right)=2+\frac{1}{6}=\frac{13}{6}$

基本 (2) $\sqrt{2}\times\left\{\left(1+\frac{1}{\sqrt{2}}\right)-\left(-\frac{1}{\sqrt{2}}-1\right)\right\}=\sqrt{2}\left(\frac{2}{\sqrt{2}}+2\right)=2+2\sqrt{2}$

基本 (3) $\left(\frac{2}{3}xy^2\right)^3\div\left(-\frac{2}{9}x^2y^5\right)\times\frac{3}{4xy}=-\frac{8x^3y^6}{27}\times\frac{9}{2x^2y^5}\times\frac{3}{4xy}=-1$

(4) $9ax^3y-54ax^2y^2+81axy^3=9axy(x^2-6xy+9y^2)=9axy(x-3y)^2$

(5) $x+y=\frac{11\sqrt{2}-6}{12}+\frac{6-7\sqrt{2}}{12}=\frac{4\sqrt{2}}{12}=\frac{\sqrt{2}}{3}$　$x-y=\frac{11\sqrt{2}-6}{12}-\frac{6-7\sqrt{2}}{12}=\frac{18\sqrt{2}-12}{12}=\frac{3\sqrt{2}}{2}-1$

$x^2-y^2+x+y=(x+y)(x-y)+(x+y)=(x+y)(x-y+1)=\frac{\sqrt{2}}{3}\left(\frac{3\sqrt{2}}{2}-1+1\right)=\frac{\sqrt{2}}{3}\times\frac{3\sqrt{2}}{2}=1$

基本 (6) $y=\frac{2}{3}x^2$…①　$1<\sqrt{2}$から，$x=\sqrt{2}$のとき，①は最大値をとる。①に$x=\sqrt{2}$を代入して，$y=\frac{2}{3}\times(\sqrt{2})^2=\frac{4}{3}$　xの変域が負から正にまたがっているので，①の最小値は$x=0$のとき，$y=0$　よって，求めるyの変域は，$0\leqq y\leqq\frac{4}{3}$

基本 (7) $y=-\frac{3}{2}x+5$に$y=0$を代入して，$0=-\frac{3}{2}x+5$　$\frac{3}{2}x=5$　$x=5\times\frac{2}{3}=\frac{10}{3}$　$y=ax-6$に

$\left(\frac{10}{3},\ 0\right)$を代入して，$0=a\times\frac{10}{3}-6$　$\frac{10}{3}a=6$　$a=6\times\frac{3}{10}=\frac{9}{5}$

(8)　立体の一辺の長さは$\sqrt{2}$　立体の面は，一辺が$\sqrt{2}$の正方形が6つ，一辺が$\sqrt{2}$の正三角形が8つあるから，求める表面積は，$\sqrt{2}\times\sqrt{2}\times6+\frac{1}{2}\times\sqrt{2}\times\sqrt{2}\times\frac{\sqrt{3}}{2}\times8=12+4\sqrt{3}$(cm²)

重要 (9)　重なっている部分の立体は，共通の円を底面とする2つの円錐の底面を重ねた形である。その底面の円の半径をrとすると，平行線と線分の比の定理から，$r:3=2:(2+3)$　$r=\frac{6}{5}$　よって，求める体積は，$\frac{1}{3}\times\pi\times\left(\frac{6}{5}\right)^2\times5=\frac{12}{5}\pi$

(10)　2回のさいころの目の出方は全部で，$6\times6=36$(通り)　そのうち，$\frac{a+b}{1+ab}=1$となる場合は，$(a,\ b)=(1,\ 1)$，$(1,\ 2)$，$(1,\ 3)$，$(1,\ 4)$，$(1,\ 5)$，$(1,\ 6)$，$(2,\ 1)$，$(3,\ 1)$，$(4,\ 1)$，$(5,\ 1)$，$(6,\ 1)$の11通り　よって，求める確率は，$\frac{11}{36}$

2 (図形と関数・グラフの融合問題)

基本 (1)　$y=x+2$…③　③に$x=-1$を代入して，$y=-1+2=1$　A$(-1,\ 1)$　①に点Aの座標を代入して，$1=a\times(-1)^2$　$a=1$

(2)　①と③からyを消去すると，$x^2=x+2$　$x^2-x-2=0$　$(x+1)(x-2)=0$　$x=-1,\ 2$　よって，点Bのx座標は2　②と③からyを消去すると，$\frac{1}{2}x^2=x+2$　$x^2=2x+4$　$x^2-2x-4=0$　2次方程式の解の公式から，$x=\frac{2\pm\sqrt{(-2)^2-4\times1\times(-4)}}{2\times1}=\frac{2\pm\sqrt{20}}{2}=\frac{2\pm2\sqrt{5}}{2}=1\pm\sqrt{5}$　よって，点Pのx座標は$1-\sqrt{5}$　したがって，$\triangle\mathrm{POB}=\frac{1}{2}\times2\times\{2-(1-\sqrt{5})\}=1+\sqrt{5}$

重要 (3)　点Oを通り③に平行な直線は，$y=x$…④　①と④からyを消去すると，$x^2=x$　$x^2-x=0$　$x(x-1)=0$　$x=0,\ 1$　$x=1$を④に代入して，$y=1$　$2\times2=4$より，切片が4で③に平行な直線は，$y=x+4$…⑤　①と⑤からyを消去すると，$x^2=x+4$　$x^2-x-4=0$　2次方程式の解の公式から，$x=\frac{1\pm\sqrt{(-1)^2-4\times1\times(-4)}}{2\times1}=\frac{1\pm\sqrt{17}}{2}$　$x=\frac{1-\sqrt{17}}{2}$を⑤に代入して，$y=\frac{1-\sqrt{17}}{2}+4=\frac{1-\sqrt{17}+8}{2}=\frac{9-\sqrt{17}}{2}$　$x=\frac{1+\sqrt{17}}{2}$を⑤に代入して，$y=\frac{1+\sqrt{17}}{2}+4=\frac{1+\sqrt{17}+8}{2}=\frac{9+\sqrt{17}}{2}$　よって，求める点Cの座標は，$(1,\ 1)$，$\left(\frac{1-\sqrt{17}}{2},\ \frac{9-\sqrt{17}}{2}\right)$，$\left(\frac{1+\sqrt{17}}{2},\ \frac{9+\sqrt{17}}{2}\right)$

3 (数の性質，統計)

基本 (1)　$16\times2\div100=32\div100=0$あまり32　よって，32

(2)　$(14+11+18+86+36+64+90+42+20+93)\div10=474\div10=47.4$

(3)　①　表の数は1から100までの整数がそれぞれ1つずつあるので，小さい順に並べたときの50番目の数は50，51番目の数は51　よって，中央値は，$\frac{50+51}{2}=50.5$

②　$\frac{1+2+3+\cdots+100}{100}=\frac{101\times50}{100}=50.5$

4 (平面図形の計量問題―三角形の合同の証明，円の性質，三平方の定理，面積)

基本 (1)　(証明)　△OAPと△OARにおいて，OP＝<u>OR</u>…①　∠OPA＝∠<u>ORA</u>＝90°…②　OAは共通…③　①，②，③より<u>直角三角形の斜辺と他の1辺がそれぞれ等しい</u>ので，△OAP≡△OAR　合同な図形では，対応する辺の長さはそれぞれ等しいので，AP＝AR…④

重要 (2) (ⅰ) AP＝BP＋AB＝$\underline{x+5}$, AR＝CR＋AC＝$\underline{y+8}$　④より, $x+5=y+8$　$x-y=\underline{3}$…⑤ BP＝BQ, CR＝CQから, BP＋CR＝BQ＋CQ＝BC　よって, $x+y=\underline{7}$…⑥　⑤＋⑥から, $2x=10$, $x=5$　これを⑥に代入して, $5+y=7$　$y=2$　したがって, BP＝$\underline{5}$, CR＝$\underline{2}$

(ⅱ) $AH^2=AB^2-BH^2=5^2-k^2=\underline{25-k^2}$…⑦　$AH^2=AC^2-CH^2=8^2-(7-k)^2=64-49+14k-k^2=\underline{15+14k-k^2}$…⑧　⑦, ⑧より, $25-k^2=15+14k-k^2$　$14k=10$　$k=\frac{10}{14}=\underline{\frac{5}{7}}$　よって, $AH^2=25-\left(\frac{5}{7}\right)^2=\frac{1200}{49}$　$AH=\sqrt{\frac{1200}{49}}=\underline{\frac{20\sqrt{3}}{7}}$　したがって, △ABCの面積は, $\frac{1}{2}\times7\times\frac{20\sqrt{3}}{7}=\underline{10\sqrt{3}}$

(ⅲ) (ⅰ)から, AP＝AR＝10　円Oの半径をrとする。四角形APORの面積から, △OPA＋△ORA＝△ABC＋△OPB＋△OBC＋△ORC　$\frac{1}{2}\times10\times r\times2=10\sqrt{3}+\frac{1}{2}\times r\times(5+7+2)$　$10r=10\sqrt{3}+7r$　$3r=10\sqrt{3}$　$r=\frac{10\sqrt{3}}{3}$

★ワンポイントアドバイス★

4の証明で示されたように, 円の外部の1点からある円へ引いた2本の接線の長さは等しくなる。公式として覚えておこう。

<英語解答>

【1】 第1部 No. 1 3　No. 2 3　No. 3 3　第2部 No. 1 1　No. 2 2　No. 3 3
第3部 No. 1 Because he was not good at English.
No. 2 Making breakfast was difficult.
No. 3 They repeated what they said again and again.
No. 4 He visited two sightseeing spots.

【2】 問1 (a) watching　(b) worse　(c) hidden[hid]　問2 ニ　問3 ハ　問4 イ　問5 イ, ロ　問6 ハ　問7 ロ　問8 オランウータンがどれだけかしこいかを理解し, より尊敬を示すことは, 人々がオランウータンをより良く保護することを促すだろう。　問9 ハトホイヘロニ　問10 1 Yes, he does.　2 She gets a reward.　3 In the next ten to twelve years.　4 He carefully guides her to the correct meaning.　問11 1 ○　2 ×　3 ○　4 ×　5 ×　6 ○

【3】 1 visited　2 after　3 neither　4 without　5 past[after]

【4】 1 came　2 bought　3 sport　4 by　5 no

【5】 (例) In my junior high school life, my club activity is the most important. I joined the basketball club and practiced it every day. Our team was not strong but we always believed that our team would win a game. I liked my teammates very much. I'll never forget my basketball memories forever.

○推定配点○

【1】 各2点×10　【2】 問11 各3点×6　他 各2点×16(問9完答)　【3】 各2点×5
【4】 各2点×5　【5】 10点　計100点

＜英語解説＞

【1】 リスニング問題解説省略。

【2】 **（長文読解問題・説明文：語形変化，語句補充，内容吟味，英文和訳，語句整序）**

（大意） 1 オランウータンは，現存する中で最も高度に発達した霊長類の一つです。この珍しい動物は，インドネシアとマレーシアの東南アジア諸国で生まれました。彼らは人間に(①)とても似ている(②)ので，「オランウータン」という言葉は実際はマレー語で「森の人」を意味します。オランウータンは多くの点で人々に非常に似ているので，マレー語での定義は良いものです。オランウータンは人間と同じように，言語でコミュニケーションを取る能力さえ持っています。ワシントンD.C.の国立動物園では，インダとアジーと(③)名づけられた2匹のオランウータンが，霊長類が言語(④)を使ってどれだけうまくコミュニケーションできるかを世界に示しています。

2 ロブ・シューメイカーはその動物園のオランウータン語プロジェクトの責任者です。このプロジェクトの目的は，オランウータンの心を研究し，彼らがどのように考えているかについてもっと発見することです。シューメイカーは，プロジェクトについて，そして彼が一緒に働いているオランウータンをどれだけ気にかけているかについて話します。「私たちはオランウータンの知的能力について理解していることを増やしつつあります。」と彼は言います。彼はさらに「私はまた，私たちはこれらの個々のオランウータンのために非常に良いことをしていると思います。」と付け加えます。彼らについて話すとき，シューメイカーは明らかにこれらの動物に多くの敬意を持っています。

3 シューメイカーは，飼育中のオランウータンや他の類人猿は，興味深い物理的・精神的な環境を持つ必要があると考えています。それは彼らを刺激し，彼らを幸せに保つことができます。これを行うために，国立動物園はオランウータンが自由に動き回ることを許し，彼らがどこに行きたいかについても選択肢を与えます。シューメイカーの言語プログラムに参加することさえ，彼らにとって自発的なものです。シューメイカーは，選択を持つことはこれらの知的な動物にとって非常に重要であると説明します。彼は言います：「それはオランウータンに，彼らが日々何をするかについていくつかの選択肢といくつかの責任を与えます。そして，これだけの精神的活動をしている種にとって，それは非常に重要だと思います。」

4 では，国立動物園の言語プログラムはどのような機能を果たすのでしょうか。基本的に，シューメイカーは，彼らの言語技術を開発するためのプログラムで，オランウータンと毎日働いています。現在は20歳のメスのオランウータン，インダと一緒にコンピューターで働いています。インダが画面の近くに座っていると，時々その上の特定の物体や記号に触れます。「彼女はその物体に名前を付けているのです。」とシューメイカーは説明します。インダは物体を正しく識別すると，ほうびを得ます。このプロセスを通して，インダはバナナ，リンゴ，カップなどの物体とつながる記号の語彙を学んでいます。毎日，訪問者はシューメイカーとインダがコンピュータ上で特定の演習を行い，彼女が知っている言語をテストするのを見ます。インダは記号に関しては非常に速いです―時にはコンピュータよりも速いです！ 彼女が一連の記号にすぐに触れるので，コンピュータは十分に迅速に応答しません。「(⑤)ああ，ちょっと待って。コンピュータは十分に速く応答していないよ。」と，シューメイカーは待機中の動物に言います。その後，彼女を(a)見ている人々に「しかし，彼女は正しくやっています。」と説明し，動物にもう一度やってみるように優しく励まします。

5 しかし，インダは実際に言語を使用しているのでしょうか。彼女は食べ物と記号を使った物体を識別するだけでなく，動詞と目的語で簡単な文章を形成するために記号を組み合わせることもできます。基本的に，彼女は自分の言いたいことを伝えるために記号を使用することができます。

それは言語の本質的な目的です。言語を使ってコミュニケーションを取る能力に加えて，オランウータンは他の方法でも人間に似ています。シューメイカーは，それぞれのオランウータンによって学ぶ方法や進歩の仕方が違うという事実を重要視します。彼は，彼らが個人であり，その点においてもまた，彼らは人間に似ていることを指摘します。「それぞれが自分の方法を学びます。それぞれが得意であったり(b)下手であったりする個々の質問を持っています」と，彼は説明します。その後彼は，「大きな強調点は，彼らが個人であり，彼らの進歩は，彼らがみなオランウータンであるという理由により，他のオランウータンと同じではないということです。」と付け加えます。例えば，インダの兄のアジーは妹ほど(⑥)社交的ではなく，つまり彼はあまりコミュニケーションを取りません。当初シューメイカーはアジーはあまり知的ではないと考えていましたが，それは全く真実ではありません。実際，アジーは非常に知的なオランウータンです。(⑦)彼は妹ほど他人とのコミュニケーションにいつも興味があるわけではないということです。

6 オランウータン語プロジェクトは，国立動物園で「シンクタンク」と呼ばれる展示の一部です。この展示では，思考の過程と，それが動物で起こっているかどうかを調べます。展示の興味深い点は，動物園への訪問者を巻き込むということです。展示は，思考が起こる時に，思考に関する研究を観察することを可能にします。リサ・スティーブンスがシンクタンクの展示を担当します。スティーブンスによると，シンクタンクの最も重要な点の1つは，人々が通常見ることがないもの―研究―を強調することです。彼女は言います：「シンクタンクの本当に素晴らしい点は，(c)隠された活動や研究の多くに焦点を当てているということです。」

7 シューメイカーやスティーブンスのような動物園の職員は，シンクタンクのような展示が一般の人々を教育することを望んでいます。彼らはまた，オランウータンの保護の取り組みを増やすことを望んでいます。これらの興味深い動物は，今後10年から12年の間に野生で絶滅する可能性があり，彼らは助けを大変必要としています。シューメイカーは，彼らがどれほど知的であるかを理解すれば，人々がオランウータンにもっと敬意を示すようになると望んでいます。(⑧)これは，人々がオランウータンをより良く保護することを促すでしょう。彼は自分の言葉で説明します：「オランウータンのために精神的に何が起こっているかについて，もっと知る機会を人々に与えるべきです。私はそれが彼らに対する彼らの尊敬を高めることを知っています！」

8 シューメイカーはオランウータンの語彙のための記号を個人的に開発しましたが，インダとアジーのおかげでプロジェクトは本当に成功したと彼は言います。彼は「この言語プロジェクトは，私とインダとアジーのチームの取り組みだと思います。そして，私たちは皆，これに一緒に取り組みます。それは私のプロジェクトではありません：それは私たちのプロジェクトです。」と説明します。彼は次のように付け加えます：「私は彼らに自発的に参加してほしいのです。彼らがそうしたら，彼らはそれを楽しみ，それが好きで，それに関わりたいと思うので，そうするということを私は知っています。そして，それが重要です。」インダとシューメイカーがコンピュータで一緒に作業を続ける中，インダは画面上で正しいシンボルを押すことによってカップを簡単に識別します。インダが間違いを犯しても，シューメイカーは彼女の進歩を助けるために彼女を正しい意味に注意深く導きます。(⑨)シューメイカーとオランウータンの両方がプロジェクトに取り組むことを楽しんでいることは明らかです。シューメイカー，インダ，アジーのオランウータン語チームが大成功を収めているのはそのためかもしれません！

問1 (a) 「見ている」という意味になるので，現在分詞にする。 (b) badの比較級にする。
(c) 「隠れた」という意味になるので，過去分詞にする。

問2 〈so much ~ that …〉で「とても～なので…」という意味を表す。

問3 ③ 「名づけられた」という意味になるので，nameを過去分詞にする。

④ 〈communicate with ~〉で「~とコミュニケーションを取る」という意味を表す。

問4 コンピューターがインダの処理スピードについていけないために，シューメイカーがインダに待つように言っている。

問5 イ 第4段落の第7文の内容に合うので，正しい。 ロ 第5段落の第2文の内容に合うので，正しい。 ハ~ホ 文中に書かれていない内容なので，誤り。

問6 which means 以下の内容からハだとわかる。イ「賢い」，ロ「勇敢な」，ニ「神経質な」

問7 〈not as ~ as …〉で「…ほど~でない」という意味を表す。

問8 This は直前の文の内容を指す。〈encourage ~ to …〉で「~に…することを促す」という意味を表す。

問9 〈it is ~ that …〉で「…することは~である」という意味になる。また，〈both A and B〉で「AとBの両方」という意味を表す。

問10 1「シューメイカーは，彼がオランウータンについて話すとき，彼らに多くの敬意を持っているか。」 第2段落の最後の文に「多くの敬意を持っている」とある。 2「言語プログラムにおいて，インダは物体を正しく識別したら何をもらえるか。」第4段落の第6文に reward とある。 3「野生のオランウータンはどのくらいで絶滅する可能性があるか。」 第7段落の第3文に「今後10年から12年の間に」とある。 4「インダが間違いを犯した時，シューメイカーは何をするか。」 第8段落の第5文に「正しい意味に注意深く導く」とある。

重要 問11 1「人間とオランウータンの間には，言語を通じたコミュニケーションなど，多くの類似点がある。」 第1段落の第5文の内容に合うので，正しい。 2「オランウータン語学プロジェクトは，マレーシアの国立動物園で開催されている。」 文中に書かれていない内容なので，誤り。
3「インダもアジーも知的だが，得意なものは違う。」 第5段落の後半の内容に合うので，正しい。 4「国立動物園では，訪問者は自分の目で研究を見ることはできない。」 第6段落の後半の内容に合わないので，誤り。 5「インダとアジーは，彼らがしたくない場合でも，プログラムに参加する必要がある。」 第3段落の第4文の内容に合わないので，誤り。 6「シューメイカーは，彼の成功した研究は彼自身の努力のためではなく，インダとアジーとのチームの努力のためであると考えた。」 第8段落の前半の内容に合うので，正しい。

【3】 (書き替え問題：現在完了，前置詞，代名詞)

1「私の父は外国に行ったことが一度もありません。」→「私の父は外国を訪問したことが一度もありません。」〈have been to ~〉で「~へ行ったことがある」という意味になる。

2「あなたはもし飼いたいなら，犬やネコの世話をよくするべきです。」〈look after ~〉で「~のめんどうを見る」という意味を表す。

3「アンディとジョンはよいサッカー選手ですが，ダニエルが一番です。」→「アンディとジョンはよいサッカー選手ですが，彼らの誰もダニエルほど上手にできません。」〈neither of ~〉で「どちらも~ない」という意味を表す。

基本 4「あなたが手伝ってくれないと，私はレポートを書くことができません。」→「あなたの助けなしには，私はレポートを書くことができません。」〈without ~〉で「~なしに」という意味を表す。

5「私の母は私に，7時30分に夕食が用意できると言いました。」→「」〈~ past …〉で「…を過ぎた~」という意味を表す。

【4】 (正誤問題：現在完了，関係代名詞，名詞，前置詞，形容詞)

1「私がこの町に来て，おじさんと住み出してから，2年がたちました。」〈since ~〉は「~以来」という意味で，過去の一時点を示すため，come は過去形にするべきである。

2 「私が5年前に買った本は今もまだ，私の本棚にあります。」 目的語は book になるので it は不要である。

3 「ニュージーランドではラグビーはなぜ他のスポーツより人気があるのですか。」〈～ er than any other …〉においては，単数の名詞が続く。

重要 4 「私が来週の日曜日までに私の家のすべての部屋を掃除し終えるのは，ほぼ不可能です。」 until は「～までずっと」という意味を表す。期限を示すのは by 。

5 「数学の授業で，先生は生徒たちに，質問がなければ次の問題に答えるようにと言いました。」〈no ～〉は「全く～ない」という意味を表す形容詞。

【5】 （英作文問題）

中学校生活の思い出について，なるべく具体的に書くようにする。英作文においては，内容よりも，単語・熟語や文法上のミスによって減点されることが多いので，不用意なミスを失くすように注意するとよい。また，他の場所に一度下書きをして，語彙や文法をチェックした後に，できるだけ丁寧な字で清書することも大切なことである。

★ワンポイントアドバイス★

【3】の1には〈have been to ～〉が使われているが，似た表現として〈have gone to ～〉がある。これは「～に行ってしまった(もういない)」という意味を表す。また，〈have been in ～〉は「ずっと～にいる」という意味を表す。

＜国語解答＞

一 問一 人間がなんとかできるもの　問二 エ　問三 イ　問四 A 科学技術 B リスク　問五 (例) リスクに対する多くの人々の考えをとらえてリスク認知の個人差を減らしていくことが，安全の成立につながっていくから。

二 問一 ア　問二 ウ　問三 (例) 自然を理解しようと心を開くことで，自然が与えてくれるものを感じ，自然との繋がりといっしょになって描く　問四 エ　問五 ウ

三 問一 童こそ詠みたれ　問二 ア　問三 び散りき　問四 (きこりの少年が)うまく隠題の歌を詠んだこと。

四 問一 1 恩恵　2 棄権　3 閲覧　4 歴訪　5 佳境　6 主旨　7 療養
問二 1 雲・霧　2 転変　3 大・小

○推定配点○

一 問五 10点　他 各4点×5　二 問三 10点　他 各5点×4
三 問四 8点　他 各4点×3　四 各2点×10　計100点

＜国語解説＞

一 （論説文―内容吟味，文脈把握，脱語補充）

基本 問一 文章の後半で，“Act of God”＝「不可抗力」という考え方を紹介して，リスクと対比させている。「不可抗力」は，人の力では逆らうことができない力や事態のこと。それに対して筆者は「人間がなんとかできるものがリスクなのです」と述べている。

問二 「主観的」は，自分だけの考えや感じにかたよる様子。つまり傍線部は，何がリスクである

と認めるかについては，人によって違うという要素を抜きにしては考えられないということを述べている。これは，二段落前の「ひとが何を『安全』と思い，『安心』と感じるのかということは，必ずしも合理的な基準があるわけではなく，相対的なものです」と対応している。

問三　問一と合わせて考える。人間がどうすることもできない「免れ難いリスク，一〇〇パーセント確実に起こる危険は，リスクではない」のである。〝不可抗力の危険〟は，危険と考えられるのにリスクにはならないのである。

やや難 問四　三つ前の段落の初めに「面白いのは，科学技術が発展すると“Act of God”がリスクに早変わりすることです」とある。直後に小惑星の危険についての例を挙げて，「ほとんど不可抗力であることに対しても人間はなんとか生起確率(＝事態が起こる確率)を減らすように制御することができるようになった」と述べている。つまり，科学技術の進歩により，人間が何とかできるリスクと言えるものが増えてきたのである。

重要 問五　この文章は「安全」というキーワードについて考えている。そして，第五段落に「『安全』を成立させるものは，何でしょうか。それは『リスクの認知』であり」とある。問二でとらえたように，リスクの認知に関しては個人差が大きいのである。そのリスク認知の個人差を減らしていくためには，「多くの人が何をリスクと考えるかを取り上げる社会調査がかなり大きな意味を持つ」と述べている。これらを整理して手順をまとめると，解答例のようになる。

二　(小説―情景・心情，内容吟味，脱語補充)

基本 問一　「この世界」とは，自分たちが生きている世界ということ。水墨画は墨で描くのであるから，「この世界と同じほど微細な墨がすれる」とは，自分たちが生きている世界を，同じように再現できるほど細部を細かく描くことのできる墨がすれるということである。アの「五感に訴えかける臨場感を抱かせる」とは，人間の感覚に訴えかけてくるその場にいるような感覚を抱かせるということ。ウは紛らわしいが「美しい風景」に限定されるわけではない。

問二　この言葉が何度か繰り返されて，「僕」は「いい加減疲れてきたので」「適当に墨をすって湖山先生を呼んだ」のである。すると，湖山先生は「これでいい。描き始めよう」と言ったのである。そして，「青山君，力を抜きなさい」と言い「本当は力を抜くことこそ技術なんだ」と言っている。「僕は恥ずかしくなった」とあるように，まじめで不自然な状態ですられた墨はよくない，ということを自覚させ，「本当は力を抜くことこそ技術なんだ」ということに気づかせるために，何度も墨をすらせたのである。

重要 問三　空欄Xには，水墨画を描くというのはどういうことかを，「僕」に説明する湖山先生の言葉が入る。さらに，「『繋がりといっしょに描く』僕は言葉を繰り返した」とあることから，Xには，自然との繋がりについて，「僕」へのアドバイスも含めた言葉が入るとわかる。湖山先生の会話から「自然」についての考えと「『僕』へのアドバイス」を手がかりにして拾っていくと，「自然というものを理解しようとしなくて」，「心を深く閉ざしている」，「水墨画は自然に心を重ねていく絵画だ」などが見つかる。「繋がり」は「心を重ねていく」と同じ意味を言い表している。そして，解答例にある「自然が与えてくれるもの」は，心を開き，重ねることで自然が与えてくれるものだと解釈できるだろう。これらの言葉をまとめて解答を作る。

やや難 問四　「カチコチに固まっていた」という表現が表しているのは「まじめさ」である。そして，湖山先生の言葉に疑問を感じながらも何度も墨をすっているのは，水墨画を描く技術を伝授してもらうには必要なのだろうと考えているからだと判断できる。これに当てはまるのはエ。ア，「何年にもわたって」ということは描かれていない。イ，「力の加減をうまく調整して」は，湖山先生が言っていること。ウ，「道具のよしあしに拘るのではなく」が誤り。道具にこだわることを「超一流の絵師なら当然のこと」と考えている。

問五　問二・問三と関連させて考える。湖山先生は，水墨画を描くための技術の在り方や心構えを「僕」に伝えようとしている。「僕」は，そのような湖山先生との時間を「誰かとこんなふうに長い時間，穏やかな気持ちで向き合ったことがなかった」と感じている。ア，「興味を持たそうとしている」が誤り。水墨画に興味があるから弟子入りしたのである。イ，「後を継がせよう」という内容は描かれていない。エ，弟子入りしているのであるから，「水墨画の楽しみ」を伝えようとしているのではない。

三　（古文―内容吟味，文脈把握，表現技法）

〈口語訳〉　今となっては昔のことだが，物の名を歌の中に隠して詠むことをたいそうおもしろがりなさった帝の，篳篥を題に歌を作らせなさった時に，人々が上手でなく詠んだ折に，きこりの少年が，夜明けに，山へ行くといって言うには，「このごろ，篳篥を(帝が)お詠みさせあそばしていらっしゃったのに，誰もがうまく詠めなかったそうだ，自分こそうまく詠んだのだが」と言ったので，いっしょに行く子どもが「ああ，身の程知らずだな。そのようなことを，言ってくれるな。木こりの柄にも合わない，憎らしい」と言ったので，「どうして，必ずしも身の程知らずなことがあるものか」と言って，

毎年，めぐってくる春ごとに咲く桜は，何度咲いて散ったろうか。誰かに聞いてみたいものだと歌を詠んだのである。(木こりの)柄にもなく，思いがけないことであった。

基本　問一　「身の程知らずだな」に当てはまる，木こる童の言葉は「童こそ詠みたれ」である。

問二　「自分ならうまく詠める」と，身の程知らずなことを言う少年をいさめる気持ちである。

やや難　問三　「篳篥を題に歌を作らせなさった時に」とある。「篳篥」は，歌の中では「いくたび散りき(＝いくたび〈ひ〉ちりき)」と詠み込まれている。

重要　問四　木こりが身の程知らずにも，隠題の歌を詠んだこと。しかも，その歌が上手なものであったことが「思いがけないこと」だったのである。

四　（漢字の書き取り，熟語）

問一　1　「恩恵」は，与えられて利益や幸福となるもの。「恩」は，形の似た「思」と区別する。「恩」は「オン」の音読みしかない。「恩人」「謝恩」などの熟語がある。「恵」には「エ」の音もある。「知恵」という熟語がある。訓読みは「めぐ－む」。　2　「棄権」は，権利を自分の意思で捨てて使わないこと。「破棄」「廃棄」などの熟語がある。「権」には「ゴン」の音もある。「権化」「権現」などの熟語がある。　3　「閲覧」は，新聞・書物などを調べながら見ること。「閲」は「閣」や「閥」などと区別する。「校閲」「検閲」などの熟語がある。「覧」は「臣」を「巨」と誤らないこと。「観覧」「博覧」などの熟語がある。　4　「歴訪」は，ほうぼうの土地や人を次々に訪ねること。「遍歴」「履歴」などの熟語がある。「訪」の訓読みは「たず－ねる・おとず－れる」。「探訪」「再訪」などの熟語がある。　5　「佳境」は，物事が進行して最も興味深くなるところ。「佳」には「佳作」「佳人」などの熟語がある。「境」には「境内(ケイダイ)」に使われている「ケイ」の音もある。訓読みは「さかい」。送り仮名はつかないので注意しよう。「境界」「辺境」などの熟語がある。　6　「主旨」は，文章などの中心となる意味。「旨」は「意味」ということ。主な意味ということ。同音語の「趣旨」は，その事をする中心的なねらい。「旨」の訓読みは「むね」。　7　「療養」は，病気やけがの治療をしながら休養すること。「養」の訓読みは「やしな－う」。「診療」「療治」「供養」「素養」などの熟語がある。

問二　1　「雲散霧消」は，雲のように散り，霧のように消えるということ。「雲散霧消する」と動詞として使うことが多い。　2　「有為転変」は，仏教から出た言葉。「有為」は，この世に存在する一切の物・現象。「転変」は，万物が移り変わること。　3　「大同小異」は，大体は同じで，小さなちがいがあること。「五十歩百歩」と同じ意味である。

★ワンポイントアドバイス★

論説文はキーワードに注目して筆者の考えや主張をとらえよう。記述問題もキーワードについての説明を簡潔にまとめることが大切だ。小説は，会話の意味をとらえて，どんなことが描かれているのかを正確に読み取ろう。古文は，内容を正しくとらえることを心がけよう。

2019年度

★★★★★★★★★★★★★★★★★★★★★★★

入　試　問　題

2019年度

国学院大学久我山高等学校入試問題

【数　学】（50分）〈満点：100点〉

【注意】　円周率はπとする。

1　次の□を適当にうめなさい。

(1)　$\dfrac{3x+2y}{4}-\dfrac{2x-y}{6}=$□

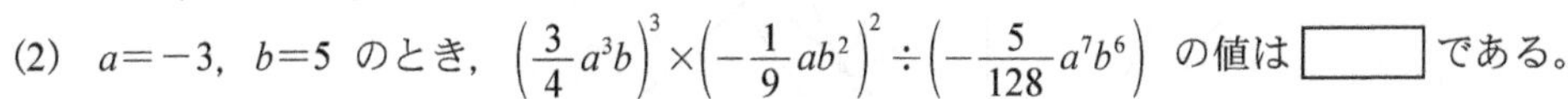

(2)　$a=-3$，$b=5$ のとき，$\left(\dfrac{3}{4}a^3b\right)^3\times\left(-\dfrac{1}{9}ab^2\right)^2\div\left(-\dfrac{5}{128}a^7b^6\right)$ の値は□である。

(3)　$\sqrt{27}-\left(\dfrac{\sqrt{6}-\sqrt{2}}{2}\right)^2-\dfrac{12}{\sqrt{3}}=$□

(4)　$x^2-9y+3xy-9$ を因数分解すると□である。

(5)　2次方程式 $x^2-2x+1-2a=0$ の1つの解が $x=1+\sqrt{2}$ であるとき，定数aの値を求めると，$a=$□である。

(6)　連立方程式 $\begin{cases} w+x+2y+z=1 \\ w-2x+y-z=-2 \end{cases}$ について，w，x，y，zのうち0でないものは1つだけであるとき $w=$［①］，$x=$［②］，$y=$［③］，$z=$［④］である。

(7)　0, 1, 1, 2, 2の5個の数字の中から，3個の数字を使ってできる3けたの自然数は全部で□個である。

(8)　たくさんの黒玉だけが入った箱がある。この箱に400個の白玉を入れてよくかき混ぜた。その後，箱の中を見ないようにして500個の玉を無作為に取り出したところ，取り出した500個の中に25個の白玉が入っていた。このことから，はじめに箱の中に入っていた黒玉のおよその個数は□個である。

(9)　右の図において，$\overset{\frown}{AB}:\overset{\frown}{BC}:\overset{\frown}{CD}:\overset{\frown}{DA}=1:2:3:4$ のとき，$\angle x$の大きさは□度である。

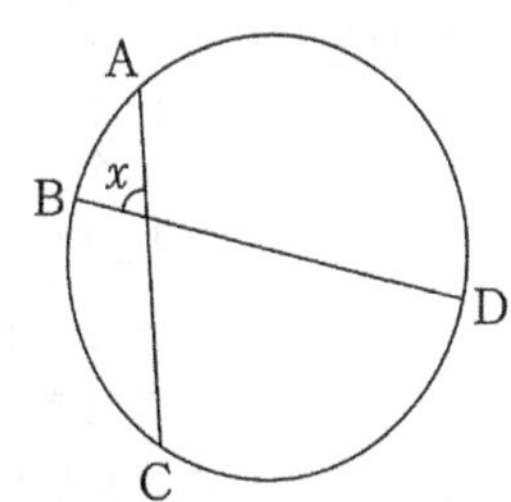

(10)　右の図において，放物線 $y=x^2$ と直線 $y=x+3$ の交点のx座標は□である。

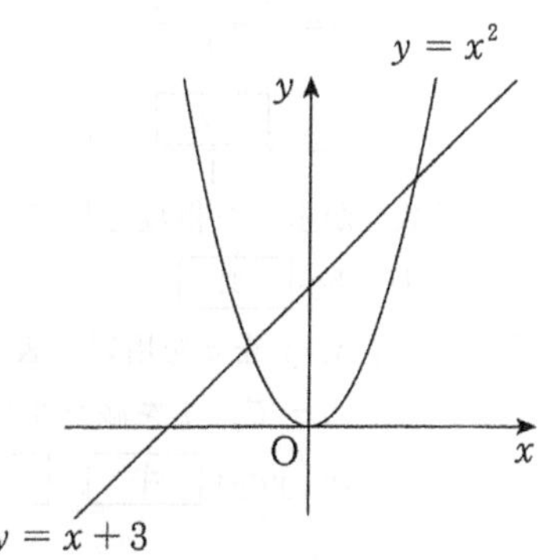

2 図において，2つの放物線 $y=x^2$，$y=\frac{1}{2}x^2$ と，原点を通る傾きが正の直線 ℓ との交点のうち，x 座標が正であるものをそれぞれA，Bとする。点Aは線分OBの中点であり，点P(0，8)を通る直線 m と線分ABとの交点をQとする。点Aの x 座標を a として，次の問いに答えなさい。

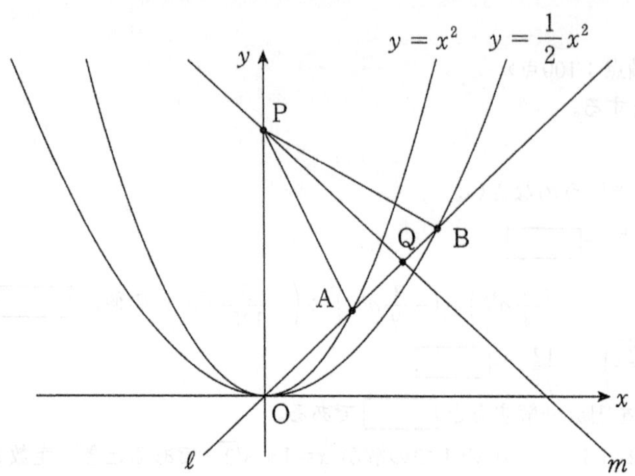

(1) 点Bの座標を a を用いて表しなさい。

(2) △ABPの面積を8とする。

① a の値を求めなさい。

② △AQPの面積が△ABPの面積の $\frac{2}{3}$ 倍となるとき，直線 m の式を求めなさい。

3 方程式 $24x+19y=1$…① を満たす整数 x，y の組について考える。

次の ア から ク にあてはまる式や値を書きなさい。

①より　$y=\frac{1-24x}{19}$　　ここで，$\frac{24}{19}=\frac{5}{19}+\frac{19}{19}$ だから，

$y=\frac{1-5x-19x}{19}=\frac{1-5x}{19}-x$

y は整数だから a を整数として，$1-5x=19a$…② と表せる。

②より　$x=\frac{1-19a}{5}$　　ここで，$\frac{19}{5}=\frac{4}{5}+\frac{15}{5}$ だから，

$x=\frac{1-4a-15a}{5}$

$=\frac{\boxed{ア}}{5}-3a$

x は整数だから b を整数として，ア $=5b$…③ と表せる。

③より　$a=\frac{\boxed{イ}}{4}$

$=\frac{\boxed{ウ}}{4}-b$

a は整数だから c を整数として，ウ $=4c$…④ と表せる。

④より　$b=$ エ

これより，x，y を c を用いて表すと，$x=$ オ ，$y=$ カ となる。

よって，①を満たす整数の組のうち x の値が100に最も近い組は，

$(x,\ y)=($ キ ， ク $)$ である。

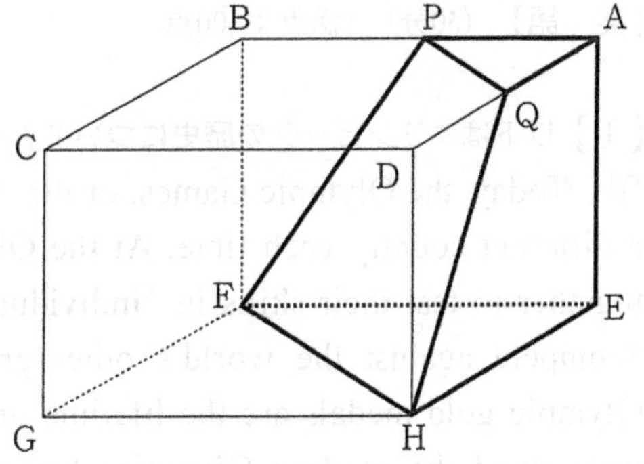

4　右の図のような，1辺の長さが4の正方形を底面とする，辺AEの長さが3の直方体ABCD－EFGHがある。辺AB，ADの中点をそれぞれP，Qとする。この直方体を4点P，F，H，Qを通る平面で切る。点Aを含む方の立体APQ－EFHについて，次の問いに答えなさい。ただし，(4)については途中経過も記しなさい。

(1)　PFの長さを求めなさい。

(2)　四角形PFHQの面積を求めなさい。

(3)　立体APQ－EFHの体積を求めなさい。

(4)　点Eと平面PFHQとの距離を求めなさい。

【英　語】（50分）〈満点：100点〉

【１】以下はオリンピックの歴史について書かれた文章です。これを読み，あとの設問に答えなさい。

1 Today, the Olympic Games, or the 'Olympics,' happen every four years and are held in a different country each time. At the Olympics, top athletes from around the world come together to test their skills in *individual or team sports. It's an *opportunity for them to *compete against the world's other great sportsmen and women for Olympic medals. Olympic gold medals are the lifetime dream of athletes everywhere. However, in order to understand the modern Olympics better, we must return to the *origin of the Olympic Games: Greece.

2 For the ancient Greeks, the Olympic Games showed the highest form of *physical achievement. The games were a mix of athletic skill and religion. They were celebrated in a festival for the Greek god Zeus. The ancient Greeks believed that Zeus was the king of the gods and therefore he was the most powerful of them all. The Olympics were also a time of *political calm. While the Olympic Games were happening, there was peace all over the land. Athletes traveled from all over the ancient Greek world to compete in events in beautiful, green Olympia. At the time, Olympia was used only for Olympic events and *religious or political meetings.

3 According to *legend, a runner named Coroebus was the first Olympic champion in 776 B.C. ①<u>He was (　　　) in a foot race.</u> Foot races were central events in the ancient games at the time. Only men could compete in the races and they wore no shoes or clothes. They were covered only in olive oil as they ran down a straight road. These races took place in front of huge crowds of as many as 40,000 people.

4 Over the centuries, the Olympic Games developed and changed, and the events became more serious. Olympic rules were created and Olympic athletes were asked to train for at least ten months before the big event. Also, they were asked to keep a *demanding training plan just before the games. They had to train with *expert judges for the 30 days before they competed. (　②　), but the games quickly got bigger and began to *include more than just running. They also started to include the *pentathlon events. The pentathlon included five sports: discus throwing, ③<u>javelin throwing</u>, running, long jumping, and wrestling. Several of these activities are still seen today as parts of the modern-day *decathlon or as individual events.

5 Many of the individual sports were almost the same as they are now. Others were performed in a different way or used different *equipment. Discus throwers, for example, competed in much the same way that they do now, but their discus was made of stone. Later, this stone discus was replaced by ones that were made with various metals, such as bronze. The long jump was a little bit different in the ancient Olympics. Long jumpers used to run quickly down a track towards the jump area just as they do today. However, at that time, the jumpers held weights in their hands to give them more *momentum. This weight helped to push the athletes through the air when they jumped. The javelin-throwing event

has remained almost the same. The sport came directly from the skills that people used when they hunted animals. The javelins that were used in the ancient Olympic Games were very much like those of the modern games. They were *pointed wooden sticks and were about the same *height as a man. However, the javelins that were used in the ancient Olympics had a special *leather holder on them. This gave the throwers more power and *accuracy so they were able to throw greater distances.

[6] While some ancient Olympic events needed *strength, others *focused on one thing: (④). There were two events, chariot racing and horseback riding, in the riding ring of the Hippodrome. In chariot racing, a two-wheeled *vehicle was driven by a man and pulled by horses. [A] In horseback riding, men rode on the backs of horses and used only their legs to hold on. [B] Both of these events focused on being the fastest person in the race. [C] The ancient Greek wrestling and boxing matches took place in the training area called the Palaestra. [D] In wrestling, the winner was the first man to throw his *opponent to the ground three times. Boxing matches in the ancient games didn't have time limits. Boxers wrapped pieces of leather around their *wrists for support. ⑤<u>They kept fighting until one man said that he was beaten or one was hit so hard that he could no longer fight.</u> Surprisingly, in wrestling and boxing size and weight were not important. *Competitors were placed in just two *categories: one for men and the other for boys.

[7] Winning an event in the ancient Olympics was quite different from winning one in today's games. Nowadays, athletes receive gold, silver, and bronze medals for ending an event in first, second, or third place. In ancient times, though, there was only one winner for each event. The prize for winning was not a medal, but an olive *wreath. At the time, an Olympic olive wreath was a sign of social position for an athlete. Winners of this prize could return to their villages as respected individuals. Many people in ancient Greece thought of Olympic champions as *demigods, so they were thought to be especially great. Unfortunately, the Olympic Games weren't considered to be a special event by everyone. In 393 A.D., nearly 12 centuries after they first started, the Olympic Games were stopped by *Roman Emperor Theodosius I. It was another 1,500 years before the Olympic Games were brought back to life in modern times. The first modern international Olympic Games were held in Athens in 1896. Since then, the Olympics have developed into one of the world's most important sporting events. The ancient Greek Olympic Games have survived ⑥<u>the test of time and history</u>. (⑦) they have changed over the years, one thing has always remained the same: the games still celebrate sports in the exciting Olympian way!

individual：個人(の)，個々の　opportunity：機会　compete：競う　origin：起源
physical achievement：身体的到達度　political calm：政治的平穏　religious：宗教的な　legend：伝説
demanding：きつい　expert judge：専門の審判員　include：～を含む　pentathlon：五種競技
decathlon：十種競技　equipment：道具　momentum：はずみ　pointed：先のとがった
height：高さ　leather holder：革製の持ち手　accuracy：正確さ　strength：強さ
focus on：～に焦点を合わせる　vehicle：乗り物　opponent：相手　wrist：手首
competitor：競技者　category：カテゴリー　wreath：花冠　demigod：神格化された英雄
Roman Emperor Theodosius I：ローマ皇帝テオドシウス１世

問1 下線部①が文脈に沿った内容の英文になるように，以下の語句を最も適切な順番に並べかえ，(　)内において1番目と4番目に来る語句の記号を答えなさい。

イ to beat　ロ a local cook　ハ all the other runners　ニ who was
ホ enough　ヘ fast

問2 (②)に「速く走ることができることは，とても重要な技能であり続けた」という意味の英文が入るように以下の語句を並べかえ，1番目と4番目に来る語句の記号を答えなさい。ただし，文頭に来る語も小文字になっている。

イ being　ロ continued to　ハ a very important skill　ニ able to
ホ be　ヘ run fast

問3 下線部③の競技の起源を，本文に即して日本語で簡潔に説明しなさい。

問4 古代オリンピックで行われた円盤投げ，幅跳び，やり投げの特徴をそれぞれ日本語で簡潔にまとめなさい。

問5 (④)に入るsから始まる英語1語を，文脈から考えて答えなさい。

問6 次の英文が入る最も適切な場所を A ～ D の中から選び，記号で答えなさい。

On the other hand, there were also sports which needed physical strength.

問7 下線部⑤を日本語にしなさい。

問8 下線部⑥に関して，本文に即して考えた場合，どのような歴史的事実を指しているか，日本語で答えなさい。

問9 (⑦)に入る適切な語を下から選び，記号で答えなさい。

イ However　ロ But　ハ Although　ニ Because

問10 次の問いに，(　)内に記された段落を参考に，指定された語数の英語で答えなさい。

1 Why does the writer talk about the origin of the Olympics? (第1段落／8語)

2 Were women allowed to join foot races in the ancient Olympic Games? (第3段落／3語)

3 In the ancient Olympics, what was the prize to the winner for each event? (第7段落／5語)

4 When and where were the first modern international Olympic Games held? (第7段落／7語)

問11 本文の内容と一致するものには○，一致しないものには×を記入しなさい。

1 The ancient Olympic Games were religious, and there were no wars or fights in Greece while they were held.

2 Olympia was the place in which the ancient Olympic Games were held and the athletes got together from all over the ancient Greek world.

3 Though the events in the ancient Olympic Games became more serious, the athletes were not asked to train harder under the Olympic rules.

4 In ancient wrestling, the person who threw his opponent to the ground first became the winner.

5 The first, second, and third winners in the ancient Olympics were respected by their neighbors, when they went back to their villages.

6 After Roman Emperor Theodosius I stopped the ancient Olympic Games, it took us about 1,500 years to start the modern ones.

【2】次の会話文を読み，空所 1 ～ 5 に入れるのに最も適切なものを下のイ～へから選び，記号で答えなさい。ただし，同じ記号を2回以上用いないこと。

Julia：This pair of sneakers is very nice, isn't it? I'm sure they look good on you.

Mika：They're all right, but they're a little too small for me.

Julia：I think they're your size and shoes usually stretch. Why don't you buy them and see?

Mika：Well, I'm not sure if I should buy them. They're expensive, too. [1]

Julia：Then why don't you work part-time?

Mika：I don't have much time. [2]

Julia：I see. I was wondering why many students in Japan stay at school longer than those in my country. We leave school soon after classes finish.

Mika：Also, [3] My friends are in the same situation, too.

Julia：That's so different from my country. Some of my friends started working when they became high school students but none of them had such a problem.

Mika：And I have so much homework to do now. I have to write an English report by the end of this month. I'm working on it very hard these days.

Julia：Oh, [4] Well, then, you must be too busy to go to this concert with me.

Mika：Are you going to a concert?

Julia：Yes. It's at the end of this month. I have two tickets. Look.

Mika：Wow! Look at those names! How did you get them?

Julia：My parents got them on the Internet and gave them to me as a birthday gift. Do you want to come with me?

Mika：Yes, [5] Then I can go to the concert with you!

イ I'm sure my parents won't let me work part-time now.

ロ I'll work hard to finish my homework soon.

ハ I've worked part-time for a short time before.

ニ I didn't know you were such a hard worker.

ホ I'm in the drama club so I have to practice after school and during long holidays.

へ I'm a high school student and I don't have enough money.

【3】次の1～5の各組の英文がほぼ同じ意味になるように，(　　)内に適切な1語を入れなさい。

1 { My uncle took these photos in Paris.
These are the photos (　　　) by my uncle in Paris.

2 { Andrew's last novel was unfinished when he died.
Andrew died before (　　　) his last novel.

3 { Do you know when this temple was built?
Do you know how (　　　) this temple is?

4 ｛ How will the weather be tomorrow?
What will the weather be (　　　　) tomorrow?

5 ｛ My computer is half as big as yours.
My computer is half the (　　　　) of yours.

【４】 次の 1～5 の英文中の下線部には 1 ヶ所文法上の誤りがある。訂正した語(句)を答えなさい。

（例題） Mike wants teaching English to children in the future.　解答：to teach

1 If Mr. White calls us for a ride, please ask him what time he gets to the station.

2 This is the most exciting game that I have never seen.

3 She is looking forward to going skiing to Canada before she graduates from college next spring.

4 He always drives his car more careful than anyone else in my office.

5 The man whose parents are famous writers have been proud of them since he was small.

【５】 次の 1～4 は下線部の発音が他の語と異なるものを，5～6 は最も強く発音する位置が他の語と異なるものをイ～ニから一つ選び，記号で答えなさい。

	イ	ロ	ハ	ニ
1	bread	said	great	head
2	clear	near	dear	wear
3	change	damage	danger	major
4	northern	month	theory	through
5	pat-tern	mes-sage	con-trol	prod-uct
6	de-vel-op	de-li-cious	mu-si-cian	pas-sen-ger

【６】 下のテーマに沿って，できるだけたくさんの英文を自由に書きなさい。囲み内の語は英文を書くための参考です。これらの語を使っても使わなくても構いません。

英文のテーマ　：　行ってみたい国

abroad	sightseeing	experience	because
restaurant	language	culture	communicate

⑤　留学生とのコウカン会に参加する。

⑥　海中深くモグる。

⑦　寄付をツノる。

問二　次の①～③の三字熟語の□に当てはまる漢字をそれぞれ記しなさい。

①　青□才…年若く経験に乏しい男。

②　正□場…失敗の許されない大事な場面。

③　□後策…うまく後始末をするための方策。

3　白い犬が黒くなるという象徴的な出来事を通して、友を裏切る罪深さを教え諭(さと)そうとしている。

4　健気(けなげ)な犬の心情を細やかに描くことで、表面的にしか物事を見ない人間の愚かしさを指摘している。

三

次の文章を読んで、後の各問に答えなさい。

今はむかし、ある人牛を売りけるに、買主(かひぬし)いふやう、「この牛は、力も強く病気(やまひけ)もなきか」といへば、売主(うりぬし)答へていはく、「中々(いかにも)力の強く、しかも息災(そくさい)(丈夫)な。＊大坂陣では＊佐奈田(さなだ)ぢやと思へ」といふ。①「さらば(それならば)」とて買ひ取る。②五月になりて、この牛に＊犂(からすき)をかけて田をすかするに、一向(いつかう)(全く)弱うて田をもすかず、犂は一足もひかず。ややもすれば人を見てはかけ出でて、角(つの)にて、かけんかけん(突こう)とするほどに、「何の役にも立たぬ牛なり。さてさて憎い事をいふて買はせた。大坂陣では佐奈田ぢやと申したほどに、さこそ(さぞかし)強からうと思ふたれば、犂は一足もひかず、そのくせに人を見てはかけんとする」と腹立ちて居(を)る。ある時かの売主に逢ふて、「其方(そなた)はとどかぬ(いいかげんな)嘘をついて、人をばかけて、犂をばひかぬ牛を、佐奈田ぢやといふて売りつけられた」といへば、売主答へていはく、「さうであらう。犂は一足もひくまい。人を見てはかけんとする事は定(ぢやう)(本当)であらう。さればこそ佐奈田とは申しつれ。大坂陣で佐奈田は、たびたびかけこそしたれ、一足もひいたことはなかつた。その牛も□によりて佐奈田ぢや」といふた。

(『浮世物語』より)

〈注〉　大坂陣……豊臣方の守る大坂城を徳川方の大軍が攻撃し、豊臣方が敗北した戦い。

佐奈田……真田幸村。豊臣方の武将として活躍した。

犂……田畑を耕す道具。

問一　――線①とありますが、買い取った意図として最も適当なものを次の中から選び、記号で答えなさい。

1　真田幸村の名声にあやかりたいと思ったから。
2　真田幸村よりも丈夫で長生きすると思ったから。
3　真田幸村のように強くて役に立つと思ったから。
4　真田幸村を超える活躍が期待できると思ったから。

問二　――線②の読み方（月の異名）をひらがなで答え、その季節を漢字で記しなさい。

問三　□にあてはまる言葉を次の中から選び、記号で答えなさい。

1　強き　　2　弱き
3　かけぬ　　4　ひかぬ

問四　＝＝線の「かけて」には二つの意味がかけられています。解答欄に合うようにそれぞれ5字以内で記しなさい。

四

次の各問に答えなさい。

問一　次の①～⑦の文の――線のカタカナを漢字に直しなさい。

①　裁判をボウチョウする。
②　人生のブンキ点に立つ。
③　ケイヤクが成立した。
④　オンケンな考えを尊重する。

白が！　白は思わず飛び起きました。すると逃げるとでも思ったのでしょう。お嬢さんは両手を延ばしながら、しっかり白の頸（くび）を押さえました。同時に白はお嬢さんの目へ、じっと彼の目を移しました。お嬢さんの目には黒い瞳にありありと犬小屋が映っています。高い棕櫚の木のかげになったクリーム色の犬小屋が、――そんなことは当然に違いありません。しかしその犬小屋の前には米粒ほどの小ささに、白い犬が一匹座っているのです。清らかに、ほっそりと。――白はただ※恍惚（こうこつ）とこの犬の姿に見入りました。

④「あら、白は泣いているわよ。」

お嬢さんは白を抱きしめたまま、坊ちゃんの顔を見上げました。坊ちゃんは――御覧なさい、坊ちゃんの威張っているのを！

「へっ、姉さんだって泣いている癖に！」

（芥川龍之介『白』による）

〈注〉　活動写真……映画の旧称。
　　　恍惚……うっとりとする様子。

問一　――線①の説明として最も適当なものを次の中から選び、記号で答えなさい。

1　黒君を罠にかけた犬殺しの恐ろしさがよみがえってきている。
2　予想外のことが起きるこの世の不思議を思い知らされている。
3　自分が犯してしまったことの重大さに突然気づかされている。
4　耳を疑うような言葉によって言いしれぬ恐怖に襲われている。

問二　――線②とありますが、どのようなことに対する「悲しさと怒り」ですか。解答欄に合うように40字～50字で説明しなさい。

問三　――線③の説明として最も適当なものを次の中から選び、記号で答えなさい。

1　飼い主を失った白だが、一方では蝶のような自由な世界を手に入れたことを暗示している。
2　白の心中とはうらはらな蝶の様子を描くことで、白の抱いている孤独感を際立たせている。
3　白には目もくれない蝶を登場させて、自力で生きるしかない自然界の無情さを強調している。
4　「黒塀」「銀の粉」「紋白蝶」と色彩を重ねることで、変わりゆく心情を鮮やかに表現している。

問四　――線④から読み取れることとして最も適当なものを次の中から選び、記号で答えなさい。

1　お嬢さんは白をからかうことで、思わず泣いてしまった気まずさをごまかそうとしている。
2　お嬢さんは、突然いなくなってしまった白と再会できたことへのうれしさで感極まっている。
3　坊ちゃんも感激で胸がいっぱいなのだが、姉の手前感情を抑えて冷静に振る舞おうとしている。
4　白は善行を積んだことが功を奏し、お嬢さんたちとの平和な日常に戻れたことに満足している。

問五　本文の説明として最も適当なものを次の中から選び、記号で答えなさい。

1　わかりやすい比喩が複数用いられ、情景が目に浮かぶように物語が展開している。
2　優しい語り口と時折はさまれるユーモアが、作品の雰囲気を常に明るく保っている。

したはずみに、路ばたの花壇へ飛びこんだのもあります。白は二三間追いかけた後、くるりと子犬を振り返ると、叱るようにこう声をかけました。

「さあ、おれと一緒に来い。お前の家まで送ってやるから。」

白は元来た木々の間へ、まっしぐらにまた駈けこみました。茶色の子犬も嬉しそうに、ベンチをくぐり、薔薇を蹴散らし、白に負けまいと走って来ます。まだ頸にぶら下がった、長い縄をひきずりながら。

【中略】

その後の白はどうなったか？――それは一々話さずとも、いろいろの新聞に伝えられています。大方どなたも御存知でしょう。度々危うい人命を救った、勇ましい一匹の黒犬のあるのを。また一時『義犬』*と云う活動写真の流行したことを。あの黒犬こそ白だったのです。

【中略】

ある秋の真夜中です。体も心も疲れ切った白は主人の家へ帰って来ました。勿論お嬢さんや坊ちゃんはとうに床へはいっています。いや、今は誰一人起きているものもありますまい。ひっそりした裏庭の芝生の上にも、ただ高い棕櫚の木の梢に白い月が一輪浮かんでいるだけです。白は昔の犬小屋の前に、露に濡れた体を休めました。それから寂しい月を相手に、こういう独語を始めました。

「お月様！　お月様！　わたしは黒君を見殺しにしました。わたしの体のまっ黒になったのも、大方そのせいかと思っています。しかしわたしはお嬢さんや坊ちゃんにお別れ申してから、あらゆる危険と戦って来ました。それは一つには何かの拍子に煤よりも黒い体を見ると、臆病を恥じる気が起こったからです。けれどもしまいには黒いのがいやさに、――この黒いわたしを殺したさに、あるいは火の中へ飛びこんだり、あるいはまた狼と戦ったりしました。が、不思議にもわたしの命はどんな強敵にも奪われません。死もわたしの顔を見ると、どこかへ逃げ去ってしまうのです。わたしはとうとう苦しさのあまり、自殺をしようと決心しました。ただ自殺をするにつけても、ただ一目会いたいのは可愛がって下すった御主人です。勿論お嬢さんや坊ちゃんはあしたにもわたしの姿を見ると、きっとまた野良犬と思うでしょう。ことによれば坊ちゃんのバットに打ち殺されてしまうかも知れません。しかしそれでも本望です。お月様！　お月様！　わたしは御主人の顔を見る外に、何も願うことはありません。その為に今夜ははるばるともう一度ここへ帰って来ました。どうか夜の明け次第、お嬢さんや坊ちゃんに会わして下さい。」

白は独語を云い終わると、芝生に顎をさしのべたなり、何時かぐっすり寝入ってしまいました。

「驚いたわねえ、春夫さん。」

「どうしたんだろう？　姉さん。」

白は小さい主人の声に、はっきりと目を開きました。見ればお嬢さんや坊ちゃんは犬小屋の前に佇んだまま、不思議そうに顔を見合わせています。白は一度挙げた目をまた芝生の上へ伏せてしまいました。お嬢さんや坊ちゃんは白がまっ黒に変わった時にも、やはり今のように驚いたものです。あの時の悲しさを考えると、――白は今では帰って来たことを後悔する気さえ起こりました。するとその途端です。坊ちゃんは突然飛び上がると、大声にこう叫びました。

「お父さん！　お母さん！　白がまた帰って来ましたよ！」

はその下をくぐるが早いか、元来た方へ逃げ出しました。けれども今度はさっきのように、一町も二町も逃げ出しはしません。芝生のはずれには棕櫚の木のかげに、クリーム色に塗った犬小屋があります。白は犬小屋の前へ来ると、小さい主人たちを振り返りました。

「お嬢さん！　坊ちゃん！　わたしはあの白なのですよ。いくらまっ黒になっていても、やっぱりあの白なのですよ。」

②白の声は何とも云われぬ悲しさと怒りとに震えていました。けれどもお嬢さんや坊ちゃんにはそう云う白の心もちも呑みこめるはずはありません。現にお嬢さんは憎らしそうに、

「まだあすこに吠えているわ。ほんとうに図々しい野良犬ね。」などと、地だんだを踏んでいるのです。坊ちゃんも、――坊ちゃんは小径の砂利を拾うと、力いっぱい白へ投げつけました。

「畜生！　まだ愚図愚図しているな。これでもか？　これでもか？」砂利は続けさまに飛んで来ました。中には白の耳のつけ根へ、血の滲むくらい当たったのもあります。白はとうとう尻尾を巻き、黒塀の外へぬけ出しました。③黒塀の外には春の日の光に銀の粉を浴びた紋白蝶が一羽、気楽そうにひらひら飛んでいます。

「ああ、きょうから宿無し犬になるのか？」

白はため息を洩らしたまま、しばらくはただ電柱の下にぼんやり空を眺めていました。

【中略】

白はただ夢のように、ベンチの並んでいる路ばたへ出ました。するとその路の曲がり角の向こうにけたたましい犬の声が起こったのです。

「きゃん。きゃん。助けてくれえ！　きゃあん。きゃあん。助けてくれえ！」

白は思わず身震いをしました。この声は白の心の中へ、あの恐ろしい黒の最後をもう一度はっきり浮かばせたのです。白は目をつぶったまま、元来た方へ逃げ出そうとしました。けれどもそれは言葉通り、ほんの一瞬の間のことです。白は凄まじい唸り声を洩らすと、きりりとまた振り返りました。

「きゃあん。きゃあん。助けてくれえ！　きゃあん！　きゃあん。助けてくれえ！」

この声はまた白の耳にはこう云う言葉にも聞こえるのです。

「きゃあん。きゃあん。臆病ものになるな！　きゃあん。臆病ものになるな！」

白は頭を低めるが早いか、声のする方へ駆け出しました。

けれどもそこへ来て見ると、白の目の前へ現れたのは犬殺しなどではありません。ただ学校の帰りらしい、洋服を着た子供が二三人、頸のまわりへ縄をつけた茶色の子犬を引きずりながら、何かわいわい騒いでいるのです。子犬は一生懸命に引きずられまいともがきもがき、「助けてくれえ。」と繰り返していました。しかし子供たちはそんな声に耳を貸すけしきもありません。ただ笑ったり、怒鳴ったり、あるいはまた子犬の腹を靴で蹴ったりするばかりです。

白は少しもためらわずに、子供たちを目がけて吠えかかりました。不意を打たれた子供たちは驚いたの驚かないのではありません。また実際白のようすは火のように燃えた眼の色と云い、刃物のようにむき出した牙の列と云い、今にも噛みつくかと思うくらい、恐ろしいけんまくを見せているのです。子供たちは四方へ逃げ散りました。中にはあまり狼狽

問五　――線④とはどういうことですか。「対話」「自覚」の2語を用いて、35字～45字で説明しなさい。

二　次の文章を読んで、後の各問に答えなさい。

〈あらすじ〉ある春の昼過ぎ、白という犬が静かな往来を歩いていると、犬殺しが罠を後ろに隠して一匹の黒犬を狙っているところに出くわしました。狙われているのは大の仲良しのお隣の黒だったので、白は危険を知らせようとしますが、犬殺しににらまれ、黒を残したまま一目散に逃げ出してしまいました。その途端、後ろでけたたましい黒の鳴き声がしました。

白はやっと喘ぎ喘ぎ、主人の家へ帰って来ました。黒塀の下の犬くぐりを抜け、物置小屋を廻りさえすれば、犬小屋のある裏庭です。白はほとんど風のように、裏庭の芝生へ駈けこみました。もうここまで逃げて来れば、罠にかかる心配はありません。おまけに青あおした芝の上には、幸いお嬢さんや坊ちゃんもボール投げをして遊んでいます。それを見た白の嬉しさは何と云えば好いのでしょう？　白は尻尾を振りながら、一足飛びにそこへ飛んで行きました。

「お嬢さん！　坊ちゃん！　今日は犬殺しに遇いましたよ。」

白は二人を見上げると、息もつかずにこう云いました。（もっともお嬢さんや坊ちゃんには犬の言葉はわかりませんから、わんわんと聞こえるだけなのです。）しかし今日はどうしたのか、お嬢さんも坊ちゃんもただ呆気にとられたように、頭さえ撫でてはくれません。白は不思議に思いながら、もう一度二人に話しかけました。

「お嬢さん！　あなたは犬殺しを御存じですか？　それは恐ろしいやつですよ。坊ちゃん！　わたしは助かりましたが、お隣の黒君は掴まりましたぜ。」

それでもお嬢さんや坊ちゃんは顔を見合わせているばかりです。おまけに二人はしばらくすると、こんな妙なことさえ云い出すのです。

「どこの犬でしょう？　春夫さん。」

「どこの犬だろう？　姉さん。」

どこの犬？　今度は白の方が呆気にとられました。（白にはお嬢さんや坊ちゃんの言葉もちゃんと聞きわけることが出来るのです。）

「どこの犬とはどうしたのです？　わたしですよ！　白ですよ！」

けれどもお嬢さんは相変らず気味悪そうに白を眺めています。

「お隣の黒の兄弟かしら？」

「黒の兄弟かも知れないね。」坊ちゃんもバットをおもちゃにしながら、考え深そうに答えました。

「こいつも体中まっ黒だから。」

①白は急に背中の毛が逆立つように感じました。まっ黒！　そんなはずはありません。白はまだ子犬の時から、牛乳のように白かったのですから。しかし今前足を見ると、――いや、前足ばかりではありません。胸も、腹も、後足も、すらりと上品に延びた尻尾も、みんな鍋底のようにまっ黒なのです。まっ黒！　まっ黒！　白は気でも違ったように、飛び上がったり、跳ね廻ったりしながら、一生懸命に吠え立てました。

「あら、どうしましょう？　春夫さん。この犬はきっと狂犬だわよ。」

お嬢さんはそこに立ちすくんだなり、今にも泣きそうな声を出しました。しかし坊ちゃんは勇敢です。白はたちまち左の肩をぽかりとバットに打たれました。と思うと二度目のバットも頭の上へ飛んで来ます。白

【中略】

③メンバーがその場に居合わせ、固有のかけがえのない身体を持ち寄って対面しつつ言葉を交わし、身体の反応としての感情の表出を大切にすることが前提なのです。

バフチンは、対話は意識と意識のコミュニケーションそのものであり、その意識間のコミュニケーションが生まれるかどうかは、話し手が聞いてもらえ、受け入れられていると感じられるかどうかにかかっている、と言いました。

さらにバフチンは対話を、「アイディアを生む培養地」であると考えました。意味が作られていくのは、その場にいる人たちの間のやり取りの個別性の中においてです。言葉が意味を持つためには応答を必要とし、意味が応答に依存していることをバフチンは、対話の「完結不可能性」と呼びました。意味というものは、応答、応答に対する応答、そして更なる応答が続くという、本来予測不可能なプロセスのうちに生み出され変わっていくからです。それは中断されることはあっても、決して終結することのないプロセスです。

バフチンによって深く考えられ、実践の中からとらえられた「対話」は、物理的には別々の個体である人間が、言葉を介して出会い、物理的境界を越えて、お互いの精神の間を循環し、思想に橋をかけて豊かにしあう特殊な生き方であることを、私に再認識させてくれました。宙に浮いて、人びとの間をさまよい舞い上がっている言葉とは違って、人びとの身体の中を通ることができた対話こそ、人びとを理解で結びつけ、そして社会を豊かにしていくのだということ。それは同時に④個人の主体性を作っていくのだということを私は理解したのです。

（暉峻淑子『対話する社会へ』による）

〈注〉　バフチン……ミハイル・バフチン（一八九五年～一九七五年）。ロシアの言語学者・文学者・哲学者。

問一　X・Yに入る言葉の組み合わせとして適当なものを次の中から選び、記号で答えなさい。

1　X　社会性　Y　必要性
2　X　発展性　Y　人間性
3　X　応答性　Y　身体性
4　X　協調性　Y　具体性

問二　――線①と対照的な例として筆者があげているものを文中から10字以内で抜き出し、記しなさい。

問三　――線②の説明として最も適当なものを次の中から選び、記号で答えなさい。

1　危機や不安を解消するためには、自分の主張こそが正しいのだという信念の強さが不可欠であるということ。
2　豊かな社会を生み出すためには、本音をぶつけ合うような緊張した状態を作らなければならないということ。
3　白熱した議論を繰り広げていく中で考えの違いが明確になり、それぞれの方向性が見い出されるということ。
4　感情を表に出しながらもお互いの話に耳を傾けた応答を繰り返すことで、新しい理解が生まれるということ。

問四　――線③とありますが、このようにして成り立った対話を簡潔に表現した部分を文中から15字～20字で抜き出し、はじめの5字を記しなさい。

【国　語】〈五〇分〉〈満点：一〇〇点〉

【注意】解答の字数は、句読点・符号も一字と数えること。

一 次の文章を読んで、後の各問に答えなさい。※問題の都合上、一部省略改変あり。以下同じ。

人と人との対話の中から得たものは、私たちの行為の核心になります。対話をすることとは、話し手がそこにいる相手とのやり取りの中で、応答の言葉を組み込みながら、自分の周囲の社会という場と絶えずつながっていることです。その中から、新しい理解と発達が生まれます。テーマを終わらせたり、最終的な回答や解決を与えるために応答するのではありません。応答することで、いま話し合われていることに、さらに広い見通しがもたらされることが期待されているのです。

対話dialogueの語源は、ギリシア語のdia（～を通じて）とlogos（言葉）です。

*バフチンの対話についての思想の中心的位置を占めるのは、［X］です。

「言葉にとって（ということは、つまり人間にとって）応答の欠如よりも恐ろしいものはない」「聞かれる、ということそのものが、すでに対話的関係なのである」

さらにバフチンは対話を、［Y］を持つものだと考えました。

話し手は、聞き手について、たえず十分に考慮し、話している中で、イントネーションや姿勢や涙という身体言語を汲み取っています。話し手は、答えの内容と、トーンのどちらも聞かなければならないのです。そこに他人もいるのか、部屋がざわついていないか、寒すぎないか、それらの周囲の状況は対話する人の繊細な感情に影響を及ぼすことを、配慮しなければなりません。無数の感情的要因が、①共有された対話を作り上げているからです。

語られていることがらは、対話の中で、新しい意味を得ます。語り合っていることがらについての新しい言葉が対話の中で生まれるのです。語り合っている人たちは、語っていることの社会的意味や、社会的アイデンティティを対話の中で作り出しているのです。

新しい理解が生まれるのは、応答の言葉があってこそで、対話は共有された新しい現実を作り出します。他の人たちの話をもっと理解しようとするとき、その話し合いで、自分自身が考えていることを、もっと自覚するようになります。

権威主義的な話し方は、聞き手に自分の考えを押しつけ思い込ませようとする、閉ざされたものです。それに対して、対話は開かれています。お互いに応じ合う中で新しい意味が生まれ、変化し、新しい理解が生まれる可能性が広がっていきます。「対話」はともに考えていく手段であり、そこでの理解は、一人の人間の可能性を超えるものとして、お互いの間で作られていきます。こうしたことを達成するためには、対話の参加者が耳を傾け、相手に届くような応答をする必要があります。応答は言葉の持つ基本的性質なのです。その意味ではお互いの責任ある態度が対話的関係を作り出すとも言えるでしょう。

②危機が生じたり、不安が高まったり専門家が互いを非難し合うようなときは、一見すると対話的プロセスがうまくいっていないと感じられます。しかし、まさしくそうした状況でこそ、対話が必要とされ、それがもっとも力を発揮するのです。

2019年度

解　答　と　解　説

《2019年度の配点は解答欄に掲載してあります。》

<数学解答>

1 (1) $\dfrac{5x+8y}{12}$　(2) -54　(3) -2　(4) $(x-3)(x+3y+3)$　(5) 1

(6) ① 0　② 1　③ 0　④ 0　(7) 14　(8) 7600　(9) 72

(10) $\dfrac{1\pm\sqrt{13}}{2}$

2 (1) $(2a,\ 2a^2)$　(2) ① $a=2$　② $y=-\dfrac{2}{5}x+8$

3 ア $1-4a$　イ $1-5b$　ウ $1-b$　エ $1-4c$　オ $4-19c$　カ $24c-5$

キ 99　ク -125

4 (1) $\sqrt{13}$　(2) $3\sqrt{22}$　(3) 14　(4) （途中経過） 解説参照 （答え） $h=\dfrac{6\sqrt{22}}{11}$

○推定配点○

1 各4点×10　2 (1) 5点　(2) ① 5点　② 6点　3 ア～エ 各2点×4

オ～ク 各3点×4　4 (1)・(2) 各5点×2　(3) 6点　(4) 8点　計100点

<数学解説>

基本 **1** （式の計算，式の値，平方根，因数分解，2次方程式，連立方程式，場合の数，標本調査，角度，関数）

(1) $\dfrac{3x+2y}{4}-\dfrac{2x-y}{6}=\dfrac{3(3x+2y)-2(2x-y)}{12}=\dfrac{9x+6y-4x+2y}{12}=\dfrac{5x+8y}{12}$

(2) $\left(\dfrac{3}{4}a^3b\right)^3\times\left(-\dfrac{1}{9}ab^2\right)^2\div\left(-\dfrac{5}{128}a^7b^6\right)=-\dfrac{27a^9b^3}{64}\times\dfrac{a^2b^4}{81}\times\dfrac{128}{5a^7b^6}=-\dfrac{2a^4b}{15}=-\dfrac{2}{15}\times(-3)^4\times 5==-\dfrac{2}{15}\times81\times5=-54$

(3) $\sqrt{27}-\left(\dfrac{\sqrt{6}-\sqrt{2}}{2}\right)^2-\dfrac{12}{\sqrt{3}}=3\sqrt{3}-\dfrac{6-2\sqrt{12}+2}{4}-\dfrac{12\sqrt{3}}{3}=3\sqrt{3}-\dfrac{8-4\sqrt{3}}{4}-4\sqrt{3}=3\sqrt{3}-2+\sqrt{3}-4\sqrt{3}=-2$

(4) $x^2-9y+3xy-9=x^2-9+3xy-9y=(x-3)(x+3)+3y(x-3)=(x-3)(x+3+3y)=(x-3)(x+3y+3)$

(5) $x^2-2x+1-2a=0$　$(x-1)^2-2a=0$　$(1+\sqrt{2}-1)^2-2a=0$　$(\sqrt{2})^2-2a=0$　$2-2a=0$　$2a=2$　$a=1$

(6) $w+x+2y+z=1$…①　$w-2x+y-z=-2$…②　$w\neq0$，$x=y=z=0$を①と②に代入すると$w=1$，$w=-2$となり成り立たない。同様に$y\neq0$，$w=x=z=0$のときも，$z\neq0$，$w=x=y=0$のときも成り立たない。$x\neq0$，$w=y=z=0$を①と②に代入すると，$x=1$，$-2x=-2$から$x=1$となり成り立つ。よって，$w=0$，$x=1$，$y=0$，$z=0$

(7) 101，102，110，112，120，121，122，201，202，210，211，212，220，221の14個

(8) はじめに箱の中に入っていた黒玉の個数をx個とすると，$x:400=(500-25):25$　$x:400=$

$475:25=19:1$　$x=400\times19=7600$(個)

(9)　$1+2+3+4=10$　補助線ADをひいて，ACとBDの交点をEとする。$\angle ADB=360°\times\frac{1}{10}\div2=18°$　$\angle CAD=18°\times3=54°$　△AEDにおいて内角と外角の関係から，$\angle x=\angle ADE+\angle EAD=18°+54°=72°$

(10)　$y=x^2\cdots$①　$y=x+3\cdots$②　①と②からyを消去して，$x^2=x+3$　$x^2-x-3=0$　2次方程式の解の公式から，$x=\frac{1\pm\sqrt{(-1)^2-4\times1\times(-3)}}{2\times1}=\frac{1\pm\sqrt{13}}{2}$

2 (図形と関数・グラフの融合問題)

基本　(1)　$y=x^2$に$x=a$を代入すると，$y=a^2$　よって，$A(a,\ a^2)$　点AはOBの中点であることから，点Bの座標は，$(2a,\ 2a^2)$

(2)　①　$\triangle OBP=8\times2a\times\frac{1}{2}=8a$　点Aは線分OBの中点であることから，$\triangle OBP=2\triangle ABP=2\times8=16$　$8a=16$から，$a=2$

重要　②　$A(2,\ 4)$　$\frac{4}{2}=2$から，直線ℓの式は，$y=2x$　点Qのx座標をqとすると，$Q(q,\ 2q)$　$\triangle AQP=\triangle OQP-\triangle OAP=8\times q\times\frac{1}{2}-8=4q-8$　$4q-8=8\times\frac{2}{3}=\frac{16}{3}$から，$4q=\frac{16}{3}+8=\frac{40}{3}$　$q=\frac{40}{3}\times\frac{1}{4}=\frac{10}{3}$　$2\times\frac{10}{3}=\frac{20}{3}$から，$Q\left(\frac{10}{3},\ \frac{20}{3}\right)$　直線mの式を$y=px+8$として点Qの座標を代入すると，$\frac{20}{3}=p\times\frac{10}{3}+8$　$\frac{10}{3}p=\frac{20}{3}-8=-\frac{4}{3}$　$p=-\frac{4}{3}\times\frac{3}{10}=-\frac{2}{5}$　よって，直線mの式は，$y=-\frac{2}{5}x+8$

3 (数の性質)

$x=\frac{1-4a-15a}{5}=\frac{1-4a}{5}-\frac{15a}{5}=\frac{1-4a}{5}-3a$から，ア$=1-4a$　$1-4a=5b$，$4a=1-5b$，$a=\frac{1-5b}{4}=\frac{1-b-4b}{4}=\frac{1-b}{4}-\frac{4b}{4}=\frac{1-b}{4}-b$から，イ$=1-5b$，ウ$=1-b$　$1-b=4c$　$b=1-4c$から，エ$=1-4c$　$a=c-b=c-(1-4c)=c-1+4c=5c-1$　$x=b-3a=1-4c-3(5c-1)=1-4c-15c+3=4-19c$　よって，オ$=4-19c$　$y=a-x=5c-1-(4-19c)=5c-1-4+19c=24c-5$　よって，カ$=24c-5$　$4-19c=100$　$c=-\frac{96}{19}=-5.05\cdots$　したがって，xの値が100に最も近くなる場合のxの値は，$c=-5$のときだから，$x=4-19\times(-5)=99$　$y=24\times(-5)-5=-125$　よって，キ$=99$　ク$=-125$

4 (空間図形の計量問題ー切断，三平方の定理，面積，相似，体積)

基本　(1)　$BP=\frac{BA}{2}=\frac{4}{2}=2$　△BPFにおいて三平方の定理を用いると，$PF=\sqrt{BP^2+BF^2}=\sqrt{2^2+3^2}=\sqrt{13}$

(2)　△APQと△EFHは直角二等辺三角形だから，$PQ=AP\times\sqrt{2}=2\sqrt{2}$　$FH=EF\times\sqrt{2}=4\sqrt{2}$　点PからFHへ垂線PIをひくと，四角形PFHQは等脚台形だから，$FI=\frac{4\sqrt{2}-2\sqrt{2}}{2}=\frac{2\sqrt{2}}{2}=\sqrt{2}$　△PFIにおいて三平方の定理を用いると，$PI=\sqrt{PF^2-FI^2}=\sqrt{13-2}=\sqrt{11}$　よって，四角形PFHQの面積は，$(2\sqrt{2}+4\sqrt{2})\times\sqrt{11}\times\frac{1}{2}=3\sqrt{22}$

重要　(3)　直線EA，HQ，FPの交点をOとすると，(三角錐O－EFH)∽(三角錐O－APQ)で，相似比は，$OA:OE=AQ:EH=2:4=1:2$　よって，体積比は，$1^3:2^3=1:8$　$OE=2AE=6$　(三

角錐O－EFH)＝$4\times4\times\frac{1}{2}\times6\times\frac{1}{3}=16$　よって，(立体APQ－EFH)＝(三角錐O－EFH)×$\left(1-\frac{1}{8}\right)=16\times\frac{7}{8}=14$

重要 (4) 三角錐E－APQの体積は，$2\times2\times\frac{1}{2}\times3\times\frac{1}{3}=2$　(3)より，四角錐E－PFHQの体積は，(立体APQ－EFH)－(三角錐E－APQ)＝14－2＝12　求める長さをhとすると，四角錐E－PFHQの体積から，$3\sqrt{22}\times h\times\frac{1}{3}=12$　$h=\frac{12}{\sqrt{22}}=\frac{12\sqrt{22}}{22}=\frac{6\sqrt{22}}{11}$

★ワンポイントアドバイス★

4 (4)は，三角錐台は，三角錐と四角錐に分けられることを利用する。問題の流れから，解法を見い出そう。

＜英語解答＞

【1】 問1 1番目 ロ　4番目 ホ　問2 1番目 イ　4番目 ロ　問3 動物を狩るときに人々が使っていた技術が起源である。　問4 (円盤投げ) 円盤は石製であった。
(幅跳び) ジャンプする人は，はずみをつけるための重りを手に持っていた。
(やり投げ) やりにはより遠くへとばせるように，特別の革製の持ち手がついていた。
問5 speed　問6 C　問7 彼らは一人の人が負けたと言ったり，一方があまりに激しく叩かれ，もうこれ以上闘えなくなるまで闘い続けた。　問8 393年，ローマ皇帝テオドシウス1世がオリンピックを中止し，それ以降長い間開催されなかったこと。
問9 ハ　問10 1 In order to understand the modern Olympics better.
2 No, they weren't　3 It was an olive wreath.
4 They were held in Athens is 1896.
問11 1 ○　2 ○　3 ×　4 ×　5 ×　6 ○

【2】 1 ヘ　2 ホ　3 イ　4 ニ　5 ロ

【3】 1 taken　2 finishing　3 old　4 like　5 size

【4】 1 will get　2 ever　3 in　4 carefully　5 has been

【5】 1 ハ　2 ニ　3 ロ　4 イ　5 ハ　6 ニ

【6】 I want to go to Italy, because I am very interested in Italian food. I saw a lot of nice Italian restaurants on TV. Then I wanted to eat delicious pizza and pasta there. If I learn Italian language and speak Italian, I can communicate with the people there. In the future, I will become a great Italian cook and open my own restaurant in Japan.

○推定配点○

【1】 問1～問3・問5～問7・問9・問11　各2点×13　他　各3点×8　【2】 各2点×5
【3】 各2点×5　【4】 各2点×5　【5】 各2点×6　【6】 8点　計100点

＜英語解説＞

【1】（長文読解・論説文：語句整序，内容吟味，語句補充，脱文補充，英文和訳，英問英答）

（大意） 今日，オリンピックは4年ごとに毎回異なった国で催され，世界中からの1番の運動選手が個人や団体の競技で技術を試すために集まる。とりあえずは，近代オリンピックをよりよく理解するために，ギリシャのオリンピックの起源に戻らなくてはならない。古代ギリシャ人にとって，競技会は運動の技術と信仰の混在したものだった。オリンピックは政治的平穏の時間でもあった。オリンピックが行われる間，国中が平和だった。美しい緑のオリンピアでの種目で競うために，古代ギリシャ中の運動選手が出かけた。伝説によると，コロイボスと名付けられた走者が，紀元前776年の最初のオリンピックの優勝者だった。①彼は徒競走で他の全ての走者を打ち負かすだけの速い地元の料理人だった。男性だけがそのレースで競うことができ，彼らは靴や衣服を着けなかった。その世紀中，オリンピックは発展し変化し，より熱心になった。オリンピックのルールが作り出され，オリンピックの運動選手はその大きな種目の前の少なくとも10ヶ月の間訓練することを要求された。彼らは競う前30日間，専門の審判員と訓練しなければならなかった。②速く走ることができることは，とても重要な技能であり続けたが，試合はすぐにより大きくなり，ただ走る以上のことを含み始めた。それらは五種競技の催しも含み始めた。五種競技は5つの競技，円盤投げと③やり投げ，徒競走，幅跳び，レスリングを含んだ。多くの個人競技が今とほとんど同じだが，違う方法で行ったり，違う道具を使ったりしたものもあった。例えば，円盤投げは今とほとんど同じ方法で競ったが，彼らの円盤は石製だった。走り幅跳びは，当時は，ジャンプする人ははずみをつけるために重りを彼らの手に持った。やり投げ競技はほとんど同じままである。その競技は，ちょうど動物を狩るときに人々が使った技術から来た。古代オリンピックで使われたやりは近代競技のそれらととてもよく似ていた。しかしながら，古代オリンピックで使われたやりには特別な革製の持ち手があった。このことは投げる人により強い力と正確さを与えたので，彼らは大きな距離を投げることができた。強さを必要とする古代オリンピックもあったが，あるもの，④速さに焦点を合わせたものもあった。競技場の乗馬演技場では2つの競技，2輪馬車競走と乗馬があった。これらの両方の競技は競走で最も速い人であることに焦点を合わせた。他方では，肉体的な強さを必要とする競技もあった。レスリングでは，勝者は彼の相手を地面に3回投げた最初の男性だった。古代競技でのボクシングの試合には時間制限がなかった。⑤彼らは一人の人が負けたと言ったり，一方があまりに激しく叩かれ，もうこれ以上闘えなくなるまで戦い続けた。古代オリンピックで競技に勝つことは，今日の試合でそれに勝つこととととても違った。古代では，それぞれの競技にたった1人の勝者がいた。勝利への賞品はメダルではなく，オリーブの花冠だった。当時，オリンピックのオリーブの花冠は運動選手にとって社会的地位の印だった。この賞の受賞者は立派な人として彼の村へ戻ることができた。紀元393年，最初に始まったほぼ12世紀後，オリンピックはローマ皇帝テオドシウス1世によって中止された。オリンピックはもう1,500年経ってようやく近代の生活に復活させられた。最初の近代国際オリンピックはアテネで1896年に開催された。そのとき以来，オリンピックは世界で最も重要な運動の催しの1つに発展している。古代ギリシャオリンピックは，⑥時代と歴史の試練を切り抜けて生き残っている。それらは長い年月に渡って変わっている⑦が，1つのことはいつも同じままだ。競技会はまだわくわくするようなオリンピアのやり方で競技を執り行うのだ。

やや難 問1 （He was）a local cook who was fast enough to beat all the other runners（in a foot race.）「彼は徒競走で他の全ての走者を打ち負かすだけの速い地元の料理人だった」 下線部①の直前に「コロイボスと名付けられた走者が，紀元前776年の最初のオリンピックの優勝者だった」とあるので，コロイボスについての説明の文を作るのが適切。関係代名詞 who を用いて he was a local cook と he was fast enough to beat all the other runners in a foot race をつなげた文を作る。he が who に代わる。〈形容詞[副詞]＋ enough to ＋動詞の原形〉で「～できるくらい(十分に)…(形容詞／副詞)」の意味。

やや難 問2 Being able to run fast continued to be a very important skill（, but ～.）〈be able to ＋動詞の原形〉で「～できる」の意味。〈動詞＋ —ing〉の形をとる動名詞は「～すること」という意味になる。〈to ＋動詞の原形〉の形をとる不定詞の名詞的用法は「～すること」という意味。

問3 第5段落第9文・第10文参照。

問4 円盤投げ 第5段落第3文参照。 幅跳び 第5段落第6文・第7文参照。 やり投げ 第5段落第11文・第13文参照。

問5 空欄④の直後にある「2輪馬車競走と乗馬」が空欄Bの直後の「これらの両方の競技」である。それは「最も速い人であることに焦点を合わせた」のであるから，「焦点を合わせた」「あるもの」(空欄④の直前)とは「速さ」のことである。

問6 「他方では，肉体的な強さを必要とする競技もあった」 on the other hand「他方では」という言い方から，ここでは2つの物を対比していることがわかる。ここでは第6段階第1文に「強さを必要とする」ものと「速さに焦点を合わせたもの」との2つが書かれている。脱文ではその1つ「肉体的な強さ」について述べている。もう1つの「速さに焦点を合わせたもの」は空欄Bの直後までで述べ終わっているから，「強さを必要とする」ものについては空欄C以降に書かれていると判断できる。

問7 or は語と語，節と節などを文法上対等な関係でつなぐ。ここでは until 以下に主語と述語を持つまとまりである one man ～ beaten と one was ～ fight がつながっている。〈so ～ that ＋主語＋ can [could]＋動詞〉「とても～なので…できる[できた]」 no longer「もはや～しない」

問8 下線部⑥の1文にある，オリンピックが「切り抜けて生き残っ」た言える出来事とは，「ローマ皇帝テオドシウス1世によって中止され」(最終段落第9文)「1,500年経って」「復活させられた」(最終段落第10文)ことである。

基本 問9 but も though も逆接を示す接続詞で，「AがBだがCがD」の意味を表すとき，though は〈Though ＋主語A＋動詞B，主語C＋動詞D〉の形となり，but は〈主語A＋動詞B，but ＋主語C＋動詞D〉の形となる。

問10 1 「筆者はなぜオリンピックの起源について話すのか」 第1段落最終文参照。「近代オリンピックをよりよく理解するため」である。why? と聞かれたら because「～だから」または〈to ＋動詞の原形〉の形をとる不定詞の副詞的用法，〈in order to ＋動詞の原形〉「～するために」を使って目的を答える。 2 「古代オリンピックでは，女性は徒競走に参加することを許されたか」 第3段落第4文参照。「許されなかった」のだから，「いいえ」である。 3 「古代オリンピックでは，それぞれの競技の勝者への賞品は何だったか」 第7段落第3文・第4文参照。「それはオリーブの花冠だった」のである。疑問文へは原則的に〈主語＋述語〉を用いて答える。 4 「最初の近代国際オリンピックは，いつどこで開催されたか」 下線部⑥の直前の2文目参照。「それらはアテネで1896年に開催された」のである。

問11 1 「古代オリンピックは宗教的で，それらが開催される間，ギリシャでは戦争や戦いはなかった」 第2段落第2文・第5文・第6文参照。(○) 2 「オリンピアは，古代オリンピックが開催され，運動選手が古代ギリシャ中から集まった場所だった」 第2段落最後から2文目参照。(○) 3 「古代オリンピックでの競技はより熱心になったが，オリンピックのルールの下で運動選手はより一生懸命に訓練するように要求されなかった」 第4段落第1文～第4文参照。要求されたのである。(×) 4 「古代のレスリングでは，最初に相手を地面に投げた人が勝者になった」 空欄Dの直後の1文参照。3回投げた最初の人である。(×) 5 「古代オリンピックでの1位と2位，3位の勝者は，彼らが村に帰ったとき，彼らの隣人に尊敬された」 第7段落第3文〜第6文参照。オリーブの花冠を得た優勝者だけである。（×） 6 「ローマ皇帝テオドシウス1世が古代オリンピックを中止したあと，近代のそれが始まるのに約1,500年かかった」 下線部⑥の直前の5文目〜3文目参照。（○）

【2】（会話文：語句補充）

（大意） ジュリア（以下J）：このスニーカーはあなたに似合うと思うわ。買ったらどう。／ミカ（以下M）：私は買うべきではないわ。高価すぎる。[1]私は高校生で，十分なお金を持っていないの。／J：アルバイトをしたらどう。／M：あまり時間がないわ。[2]私は演劇部に入っているので，放課後や長期休暇の間に練習しなくてはならないの。／J：なるほど。日本の多くの生徒たちが私の国よりも長く学校にいるのを不思議に思っているの。／M：それに，[3]きっと私の両親が私をアルバイトで働かせないわ。私の友達も同じ状況よ。／J：それは私の国とずいぶん違うわ。私の友達の何人かは高校生になると働き始めたけれど，誰にもそんな問題はなかった。／M：それに，今月末までに私は英語のレポートを書かなくてはならないの。／J：あら，[4]私はあなたがそんなに一生懸命に勉強するとは知らなかった。それじゃ，あなたは忙しすぎて私とこのコンサートに行かれないわね。今月末なの。チケットを2枚持っている。両親が私の誕生日の贈り物としてくれたのよ。あなたは私と一緒に来たい。／M：ええ。[5]私の宿題をすぐに終わらせるために私は一生懸命に勉強するわ。

【3】（書き換え：受動態，動名詞，疑問詞，比較）

1 能動態から受動態〈be動詞＋動詞の過去分詞形〉「〜される」への書き換え。take の過去形は took，過去分詞形は taken である。

2 「アンドリューの最後の小説は，彼が死んだとき未完成だった」，つまり「アンドリューは，彼の最後の小説を終える前に死んだ」のである。直前の before は前置詞。前置詞の目的語に動詞が来る場合，その動詞は原則として動名詞〈動詞の原形＋ ing〉となる。

3 「いつ建てられたのか」，つまり「どのくらい古いのか」である。old「古い」

4 What 〜 like? から How 〜? への書き換え。どちらも「（天気）はどうですか」の意味。

5 half as … as で「半分の…」という意味。「半分大きい」，つまり「半分の大きさ」なのである。size「大きさ」

【4】（正誤問題：接続詞，現在完了，前置詞，関係代名詞）

重要 1 if 以下は条件を示す副詞節なので，未来の内容でも中の動詞は現在時制を使う。ただし，主節には未来形を用いる。ここでは現在形の gets ではなく未来形の will get が適切。

2 「これは私が今まで見たことがある最もわくわくする試合だ」 never 「一度もない」を用いると，「これ（試合）」自体も見ていないことになってしまう。ever を用いるのが適切。

3 Canada「カナダ」は skiing「スキーをすること」を修飾しているから，to「（カナダ）へ」ではなく in「（カナダ）で」とするのが適切。

4 「もっと注意深く」は動詞の drive「運転する」を修飾するから，形容詞 careful ではなく副詞 carefully とするのが適切。

5 現在完了を作る助動詞 have に対応する主語は3人称単数の the man だから，have ではなく has とするのが適切。

【5】（単語の発音・アクセント）

1 イ・ロ・ニは[e]，ハは[ei]と発音とする。

2 イ・ロ・ハは[iə*r*]，ニは[eə*r*]と発音する。

3 イ・ハ・ニは[ei]，ロは[æ]と発音する。

4　ロ・ハ・ニは[θ]，イは[ð]と発音する。
5　イ・ロ・ニは第1音節，ハは第2音節を強く読む。
6　イ・ロ・ハは第2音節，ニは第1音節を強く読む。

【6】（自由英作文）

自由英作文には難しいことを書く必要はない。教科書に出てくるような文の単語だけを変えてみる，などやさしい文や短い文を作ることでミスを防ぐようにする。「できるだけたくさんの英文」を書くようにという指示があるので，解答用紙の行を残さない分量を目安に書くと良い。

（解答例全訳）　私はイタリアの食べ物にとても興味があるので，私はイタリアへ行きたい。私はテレビでたくさんの良いイタリアのレストランを見た。それで，私はそこでおいしいピザとパスタを食べたくなった。もし私がイタリアの言語を学び，イタリア語を話せば，私はそこの人々と意志疎通することができる。将来，私は素晴らしいイタリア料理の料理人になって，日本で自分のレストランを開くつもりだ。

★ワンポイントアドバイス★

語句整序問題は，1語目から並べていくことにこだわらず，構文や熟語，不定詞などの文法事項や文型に注目し，小さいまとまりを作っていくことから始めるとよい。

＜国語解答＞

一　問一　3　　問二　権威主義的な話し方　　問三　4　　問四　人びとの身
問五　（例）　対話を通じて相手を理解しようとしていく中で，自分の考えに自覚を持つようになるということ。

二　問一　4　　問二　（例）　体の色が黒くなってしまったために，自分が白であると必死に訴えても二人に気づいてもらえないということ（に対する悲しさと怒り。）　　問三　2
問四　2　　問五　1

三　問一　3　　問二　（読み方）　さつき　　（季節）　夏　　問三　4　　問四　（売主が人を）だます（という意味と，牛が人を）角で突く（という意味。）

四　問一　①　傍聴　　②　分岐　　③　契約　　④　穏健　　⑤　交歓　　⑥　潜（る）
⑦　募る　　問二　①　二　　②　念　　③　善

○推定配点○

一　問一～問四　各5点×4　　問五　10点　　二　問二　10点　　他　各5点×4
三　各5点×4（問二・問四は完答）　　四　各2点×10　　計100点

＜国語解説＞

一　（論説文－内容吟味，文脈把握，脱語補充）

基本　問一　Xは，直後に「応答の欠如よりも恐ろしいものはない」とあって，応答の重要性を強調している。前の部分にも「応答の言葉を組み込みながら」「応答することで」と，対話にとっての応答性が重要であることを述べている。Yは，直後に「話し手は，聞き手について，たえず十分に考慮し……身体言語を汲み取っています」とある。

問二　「共有」は，互いに持つこと。「共有された対話」とは，話し手が聞き手について考慮し，配慮するものだと述べている。そして「対話は共有された新しい現実を作り出します」と述べている。それに対して，「権威主義的な話し方は，聞き手に自分の考えを押しつけ思い込ませようとする，閉ざされたものです」と述べている。「権威主義的な話し方」は一方的なものなのである。

問三　「不安が高まったり専門家が互いを非難し合うようなとき」とは，感情が表に出ているときである。「しかし，まさしくそうした状況でこそ，対話が必要とされ」るのである。「対話」とは，4にあるように「お互いの話に耳を傾けた応答を繰り返すこと」である。文章中では，「お互いに応じ合う中で新しい意味が生まれ，変化し，新しい理解が生まれる可能性が広がって」いくことと説明されている。つまり，感情が表に出ているような状況でこそ，対話が必要であり，力を発揮するのである。

やや難　問四　設問は“どのような対話か”ということを問うているので，「～対話」という形で抜き出す。「身体を持ち寄って対面しつつ言葉を交わし，身体の反応としての感情の表出を大切にする」対話とはどういう対話か，という視点で読み進めると，文章の終わりに「人びとの身体の中を通ることができた対話」とあるのが見つかる。

重要　問五　直前の「それ」は，問四でとらえた「対話」を指している。「個人の主体性を作っていく」ものは「対話」である。「対話」とは，問三でとらえたように「新しい理解」を生み出すものである。「対話」「自覚」に加えて「理解」を手がかりにして文章を読んでいくと，文章の半ばに「新しい理解が生まれるのは，応答の言葉があってこそで，対話は共有された新しい現実を作り出します。他の人たちの話をもっと理解しようとするとき，その話し合いで，自分自身が考えていることを，もっと自覚するようになります」とある。解答は二文目を使って，初めに「対話を通じて」と一文目の内容を補い，字数に収まるように二文目の表現を整理すればよい。

二　(小説－情景・心情，内容吟味)

基本　問一　直前に「こいつも体中まっ黒だから」という坊ちゃんの言葉がある。これを聞いて「白は急に背中の毛が逆立つように感じ」たのである。「毛が逆立つ」は，恐怖や怒り，驚きなど感情が激しく動いたことを表現する。直後に「真っ黒！　そんなはずはありません」とあるように，白は坊ちゃんの言葉が信じられず，耳を疑っている。

重要　問二　直前に「お嬢さん！　坊ちゃん！　わたしはあの白なのですよ。いくらまっ黒になっていても，やっぱりあの白なのですよ」とある。白は，自分の体の色が黒くなってしまい，お嬢さんや坊ちゃんに，自分が白であると訴えても気づいてもらえないことに，悲しさと怒りを覚えているのである。

問三　白の置かれた状況を考えると，坊ちゃんに砂利を投げられて家の外へぬけ出し，宿無し犬になるのかと呆然としている状態である。このような状態で抱く感情は，孤独感であると考えられる。白のつらい状態とは対照的な蝶の気楽そうな様子を描くことで，白の孤独感を強調しているのである。

問四　傍線④では，お嬢さんが泣いていることは坊ちゃんの会話として文章の最後で表現されて，読み手に印象が残るような工夫がされている。この工夫で強調されているのは，白との再会を喜ぶお嬢さんの心情である。「感極まる」は，感情が最高まで上りつめることで，その結果お嬢さんは泣いているのである。3は紛らわしいが，「威張っているのを！」「泣いている癖に！」などの「！」から「冷静に振る舞おうとしている」とあるのは適当ではない。

やや難　問五　「風のように」，「鍋底のように」，「火のように」，「刃物のように」などの比喩が用いられ，白の心情や様子がわかりやすく表現されているので，1は適当である。2，「時折はさまれるユーモア」，「雰囲気を常に明るく」は当てはまらない。はっきりしたユーモアはなく，不安感が表現された場面もある。3，白は黒を見殺しにはするが，「友を裏切る罪深さ」を主題として描いているのではない。4，犬の体の色で判断する様子は描かれているが，「表面的にしか物事を見ない人間の愚かしさ」という視点では描いていない。

三 （古文－内容吟味，文脈把握，脱語補充）

〈口語訳〉 今となっては昔のことだが，ある人が牛を売っていたのだが，買い主が言うには，「この牛は，力も強く病気もないか」と言うので，売り主が答えて言うには，「いかにも力が強く，しかも丈夫な牛だ。大阪の陣でいえば真田幸村のようなものだと思いなさい」と言う。「それならば（買おう）」と言って（買い主はその牛を）買い取る。五月になって，この牛に犂(からすき)をかけて田畑を耕させようとしたところ，全く（力が）弱くて田畑も耕さず，犂は一歩も引かない。どうかすると人を見ては走り出して，角で，突こう突こうとするので，「何の役にも立たない牛だ。いや，どうも（あの売り主は）憎らしいでたらめを言って（私にこの牛を）買わせた。大阪の陣でいえば真田幸村のようなものだと申していたから，さぞかし強いだろうと思っていたら，犂は一歩も引かず，そのくせ人を見ると（角で）突こうとする」と腹を立てている。ある時あの売り主に会って，「あなたはいいかげんな嘘をついて，人を（角で）突いて，犂を引かない牛を，真田幸村のようなものだと言って売りつけなさったな」と言うと，売り主が答えて言うには，「そうだろう。犂は一歩も引かないだろう。人を見ると突こうとすることも本当であろう。だからこそ真田幸村だと申したのだ。大阪の陣で真田幸村は，たびたび突き進みはしても，一歩も引いたことはなかった。その牛も（犂は一歩も）引かないから真田幸村のようなものだ」と言った。

問一 「さらば」は，前で述べたことを受けて「それならば。そういうことならば」の意味を表す

基本 問二 「五月」は「さつき」と読み，「皐月」とも表記する。旧暦（太陰暦）は，1～3月が春，4～6月が夏，7～9月が秋，10～12月が冬と覚えておくこと。

問三 真田幸村は大阪の陣で一歩も引かなかったように，その牛も犂は一歩も引かないという言い訳になっている。

重要 問四 直前に「嘘をついて」とあることから「人をだます」。また，「人を見てはかけんとする」とあるから「人を角で突く」の意味を表すとわかる。

四 （漢字の読み書き，熟語）

問一 ① 「傍聴」は，当事者でない人が会議・公判などをわきで聞くこと。「傍」の訓読みは「かたわ－ら」。「傍ら」は，そばの意味。「傍観」「傍若無人(ぼうじゃくぶじん)（＝人前をはばからず勝手気ままにふるまうこと）」などの熟語がある。「聴」の訓読みは「き－く」。「聴」は，注意深く耳を傾けてきくという意味で使う。「視聴」「聴取」等の熟語がある。 ② 「分岐点」は，道路・線路・進路などの分かれ目。「岐」は，わかれるの意味。「岐路」「多岐」などの熟語がある。 ③ 「契約」は，特に法律的に効果を発生させる目的で約束すること。「契」の訓読みは「ちぎ－る」。「契機」「黙契」などの熟語がある。 ④ 「穏健」は，おだやかでしっかりしている様子。「穏」の訓読みは「おだ－やか」。「穏和」「平穏」などの熟語がある。「健」の訓読みは「すこ－やか」。「頑健」「健闘」などの熟語がある。 ⑤ 「交歓会」は，親しく交わり楽しむ会。「交」の訓読みは「まじ－わる・まじ－える・ま－じる・ま－ざる・ま－ぜる・か－う・か－わす」と多数あるので注意する。「歓」は，音読みが同じで形の似た「勧」と区別する。「勧」は「すす－める」の訓読みがある。それぞれ「歓迎」「歓喜」，「勧誘」「勧善懲悪(かんぜんちょうあく)（＝善事をすすめ，悪事をこらすこと）」などの熟語がある。 ⑥ 「潜」は，つくりを「賛」としないように注意する。音読みは「セン」。「ひそ－む」の訓読みもある。「潜入」「潜伏」などの熟語がある。 ⑦ 「募」は，形の似た「慕」と区別する。「慕」の音読みは「ボ」。訓読みは「した－う」。「募」も音読みは「ボ」。それぞれ，「募集」「募金」，「慕情」「思慕」などの熟語がある。

問二 ① 「青二才」は，未熟さについて軽蔑や卑下の気持ちを込めて使う。 ② 「正念場」は，

歌舞伎での重要な場面を言うことから，失敗の許されない大事な場面，その人の真価を発揮する大事な場面という意味で使われるようになった。③「善後」は，後日のためによいようにとりはからうこと，後始末をよくすることの意味。ふつう，単独で用いることはなく，「善後策」や「善後処置」の形で使われる。

★ワンポイントアドバイス★

論説文はキーワードに注目して筆者の考えや主張をとらえよう。記述問題もキーワードについての説明を簡潔にまとめることが大切だ。小説は，表情や行動，場面の様子を手がかりにして，人物の内面や心情を正確に読み取ろう。古文は，内容を正しくとらえることを心がけよう。

解答用紙集

○月×日　△曜日　天気（合格日和）

◆ご利用のみなさまへ

＊解答用紙の公表を行っていない学校につきましては、弊社の責任において、解答用紙を制作いたしました。

＊編集上の理由により一部縮小掲載した解答用紙がございます。

＊編集上の理由により一部実物と異なる形式の解答用紙がございます。

人間の最も偉大な力とは、その一番の弱点を克服したところから生まれてくるものである。——カール・ヒルティ——

東京学参株式会社

国学院大学久我山高等学校　　2024年度

◇数学◇

※ 159%に拡大していただくと，解答欄は実物大になります。

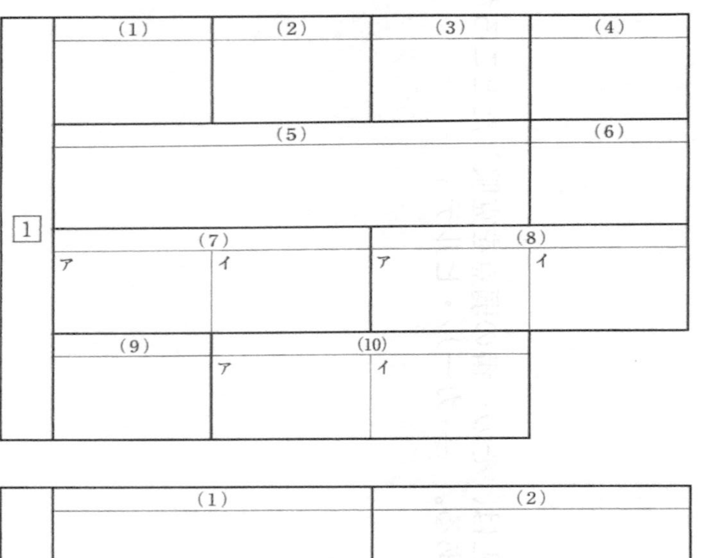

1				
	(1)	(2)	(3)	(4)
	(5)			(6)
	(7) ア	(7) イ	(8) ア	(8) イ
	(9)	(10) ア	(10) イ	

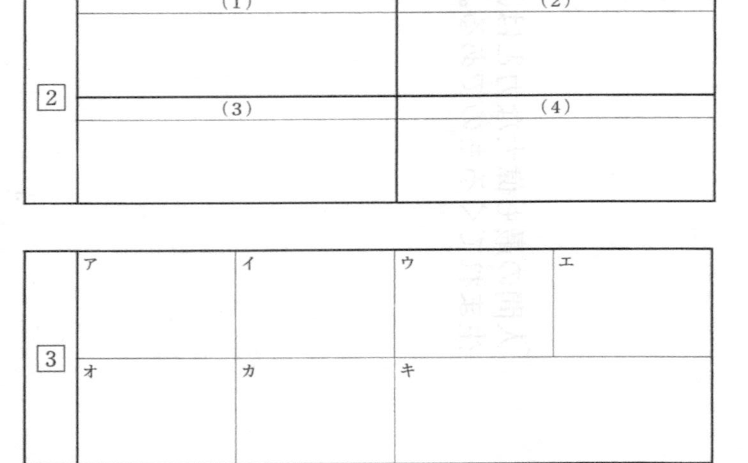

2		
	(1)	(2)
	(3)	(4)

3				
	ア	イ	ウ	エ
	オ	カ	キ	

4		
	(1)	(2)
	(3)	
	(4)	

国学院大学久我山高等学校　2024年度　◇英語◇

※ 143％に拡大していただくと，解答欄は実物大になります。

【1】 第1部 No. 1 　No. 2 　No. 3 　第2部 No. 1 　No. 2 　No. 3

第3部
No. 1 To make space for ( ).
No. 2 Because the ( )( ) in Japan is ( ) than that of other countries.
No. 3 ( ) has.
No. 4 ( ), ( )( ).

【2】 問1 ① ⑥

問2 方法
効果

問3

問4

問5 　問6 　問7 → → → → →

問8 ⓐ ⓑ ⓒ ⓓ

問9 1 2 3 4

問10 1 2 3 4 5 6

【3】 (1) (2) (3) (4)

【4】 1 2
3 ☆ ★ 　4 ☆ ★
5 ☆ ★ 　6 ☆ ★

【5】

※ 133％に拡大していただくと，解答欄は実物大になります。

一

問一

問二

問三

30

問四

問五

二

問一

問二

〜

問三

40

問四

問五

三

問一

問二

問三

問四

四

問一

①

②

③

④

⑤

⑥

⑦

問二

①

②

③

国学院大学久我山高等学校　2023年度

◇数学◇

※ 161%に拡大していただくと，解答欄は実物大になります。

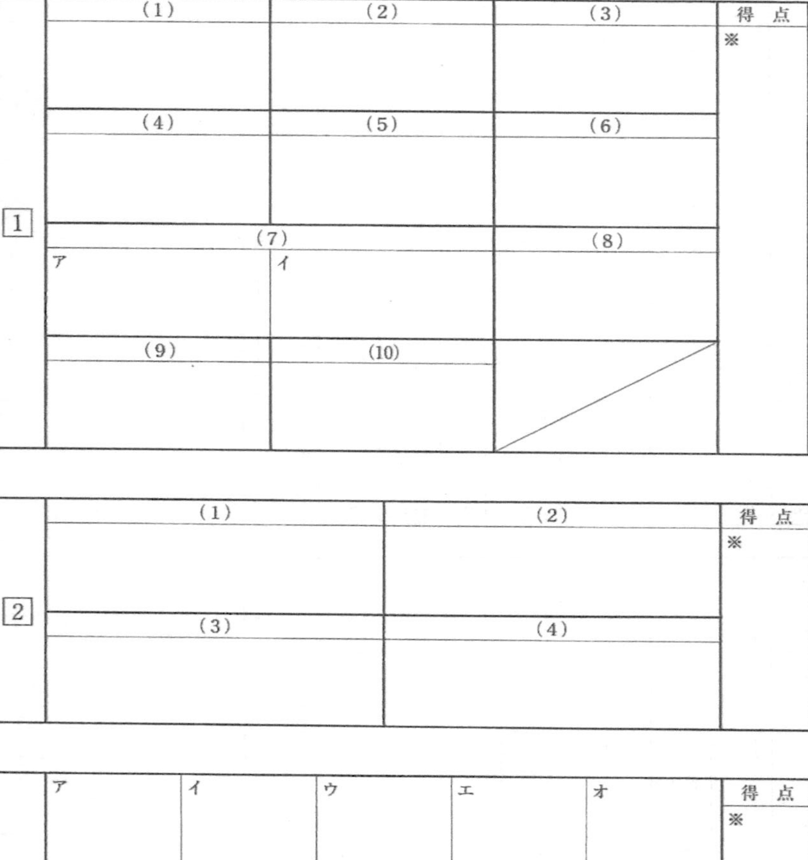

1	(1)	(2)	(3)	得点 ※
	(4)	(5)	(6)	
	(7) ア	(7) イ	(8)	
	(9)	(10)		

2	(1)	(2)	得点 ※
	(3)	(4)	

3	ア	イ	ウ	エ	オ	得点 ※
	カ	キ		ク		

4	[1] (1)	[1] (2)①	[1] (2)②	得点 ※
	[2] (1)	[2] (2)		
	(3)			得点 ※

国学院大学久我山高等学校　2023年度　◇英語◇

※ 119%に拡大していただくと，解答欄は実物大になります。

【1】第1部 No.1 No.2 No.3　第2部 No.1 No.2 No.3

第3部 No.1 No.2 No.3 No.4

【2】問1

問2

問3

問4

問5　問6　問7

問8

問9 1 2 3 4

問10 1 2 3

問11 1 2 3 4 5

【3】1 2 3 4 5

【4】1 2 3 4 5

【5】

国学院大学久我山高等学校　2023年度

◇国語◇

※ 111％に拡大していただくと，解答欄は実物大になります。

一

問一

問二

問三

問四

問五

ため。

40

二

問一

問二

問三

40

問四

問五

三

問一

異名

季節

問二

問三

問四

四

①　②　③　④　⑤　⑥　⑦　⑧　⑨　⑩

国学院大学久我山高等学校　2022年度

◇数学◇

※ 161％に拡大していただくと，解答欄は実物大になります。

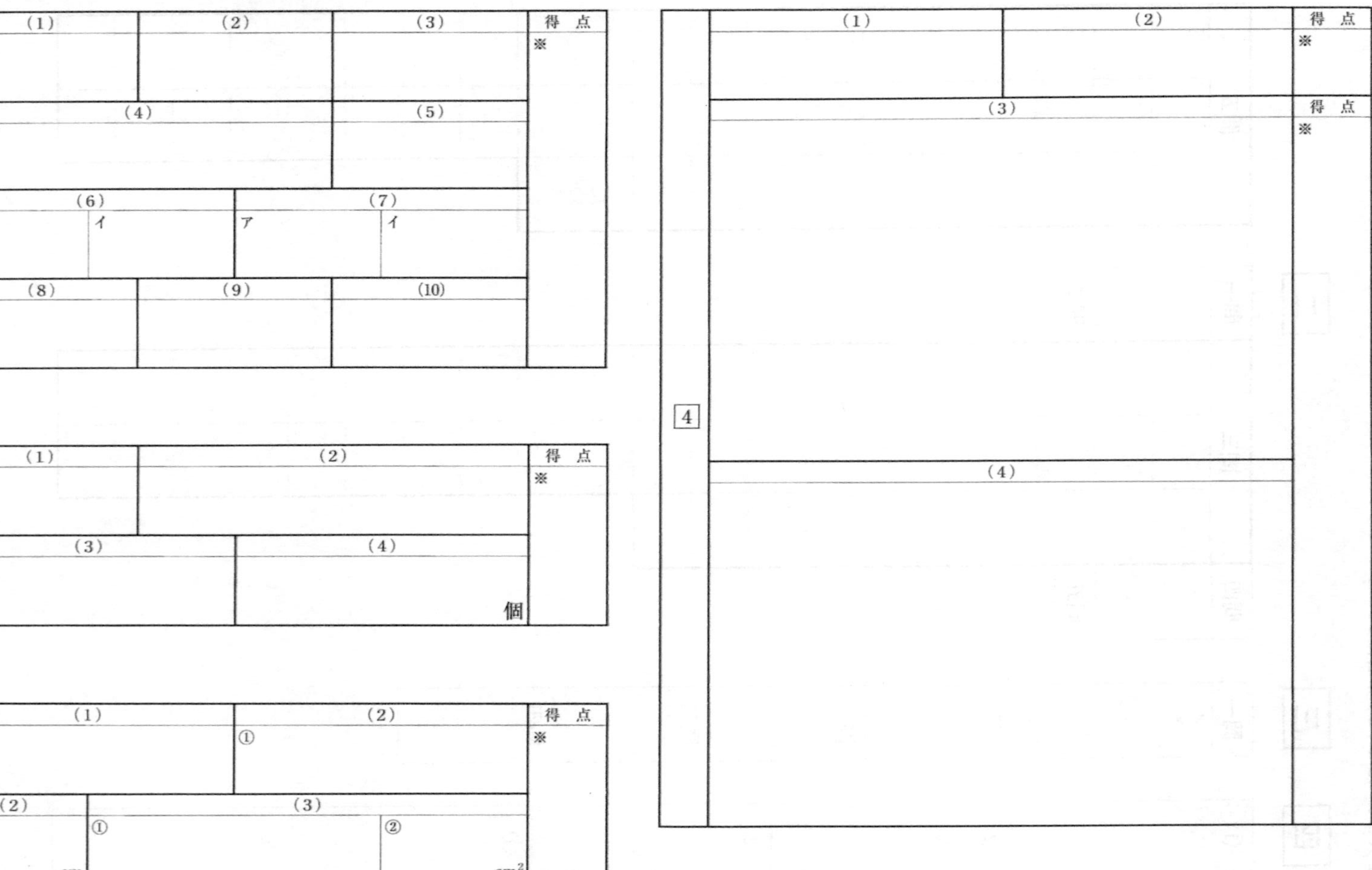

国学院大学久我山高等学校　2022年度 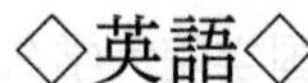

◇英語◇

※ 119%に拡大していただくと，解答欄は実物大になります。

【1】 第1部 No.1　No.2　No.3　　第2部 No.1　No.2　No.3

第3部 No.1
No.2
No.3
No.4

【2】 問1

問2

問3 ③　④　⑤

問4　問5

問6

問7　問8　問9

問10 1　2　3
4

問11 1
2
3
4

問12 1　2　3　4　5

【3】 1　2　3
4　5

【4】 1　2　3
4　5

【5】

国学院大学久我山高等学校　2022年度　◇国語◇

※ 111％に拡大していただくと，解答欄は実物大になります。

一

問一

問二

〜

問三

問四

問五

を感じ取ったから。

20

二

問一

1

2

問二

問三

50

問四

問五

三

問一

問二

問三

問四

A

B

問五

四

問一

1

2

3

4

5

6

7

問二

1

2

3

国学院大学久我山高等学校　　2021年度

◇数学◇

※ 161％に拡大していただくと，解答欄は実物大になります。

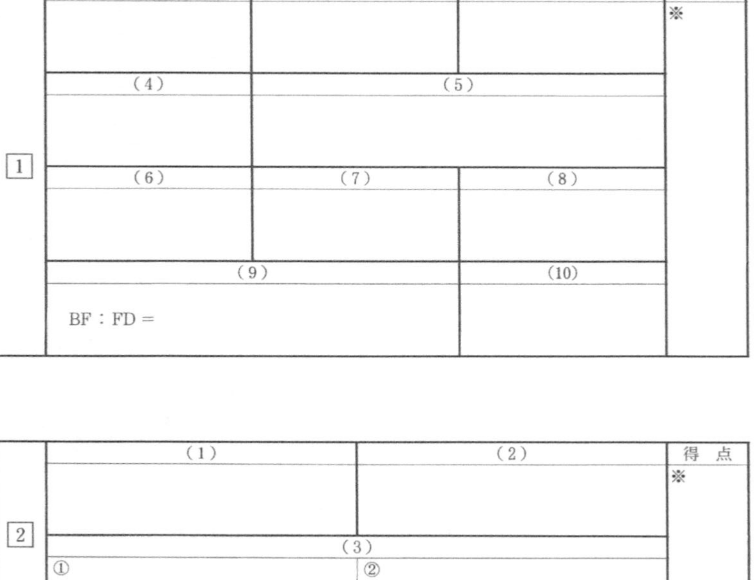

2
（1）
（2）
（3）
①
AB：BC＝
②
得点
※

3
（1）
ア
イ
ウ
エ
（2）
オ
カ
（3）
得点
※

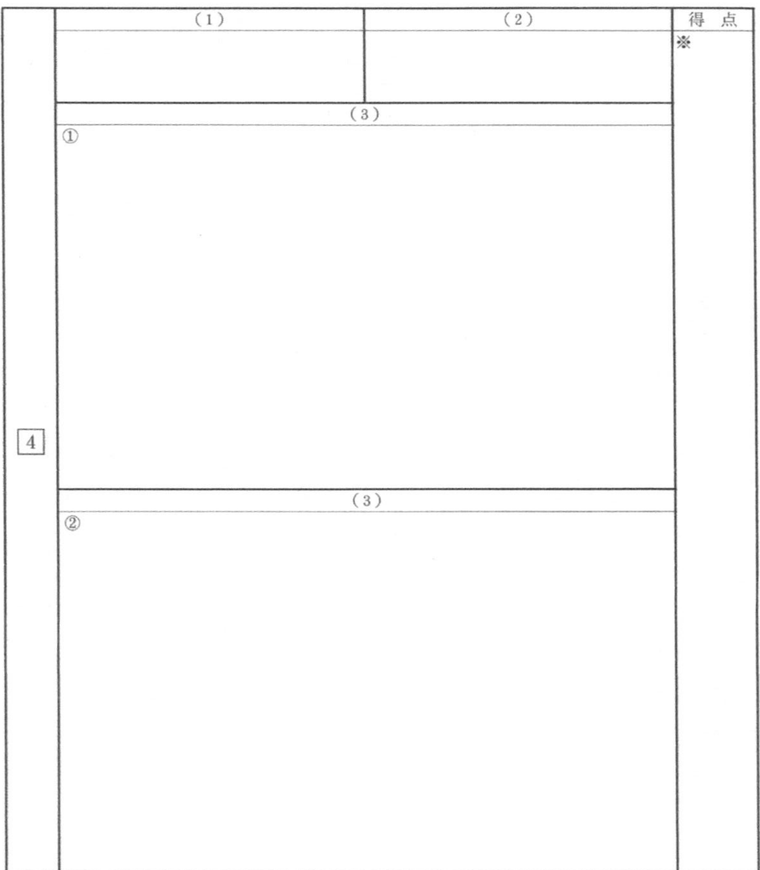

国学院大学久我山高等学校　2021年度　◇英語◇

※ 118%に拡大していただくと，解答欄は実物大になります。

【1】第1部 No.1 No.2 No.3　第2部 No.1 No.2 No.3

第3部 No.1 No.2 No.3 No.4

【2】問1

問2　問3　問4

問5

問6

問7　問8

問9

問10 1 2 3 4

問11 1 2 3 4 5 6

【3】1 2 3 4 5

【4】1 2 3 4 5

【5】

国学院大学久我山高等学校　2021年度

◇国語◇

※ 112%に拡大していただくと，解答欄は実物大になります。

一

問一

問二

問三

問四

問五

60

二

問一

問二

問三

問四

問五

30

三

問一

問二

問三

もの。

問四

四

問一

1

2

3

4

5

6

7

問二

1

2

3

国学院大学久我山高等学校　2020年度

◇数学◇

※179%に拡大していただくと，解答欄は実物大になります。

1	(1)	(2)	(3)	得点
				※
	(4)		(5)	
	(6)		(7)	
	(8)	(9)	(10)	

2	(1)	(2)	得点
			※
	(3)		

3	(1)	(2)	得点
			※
	(3)		
	①	②	

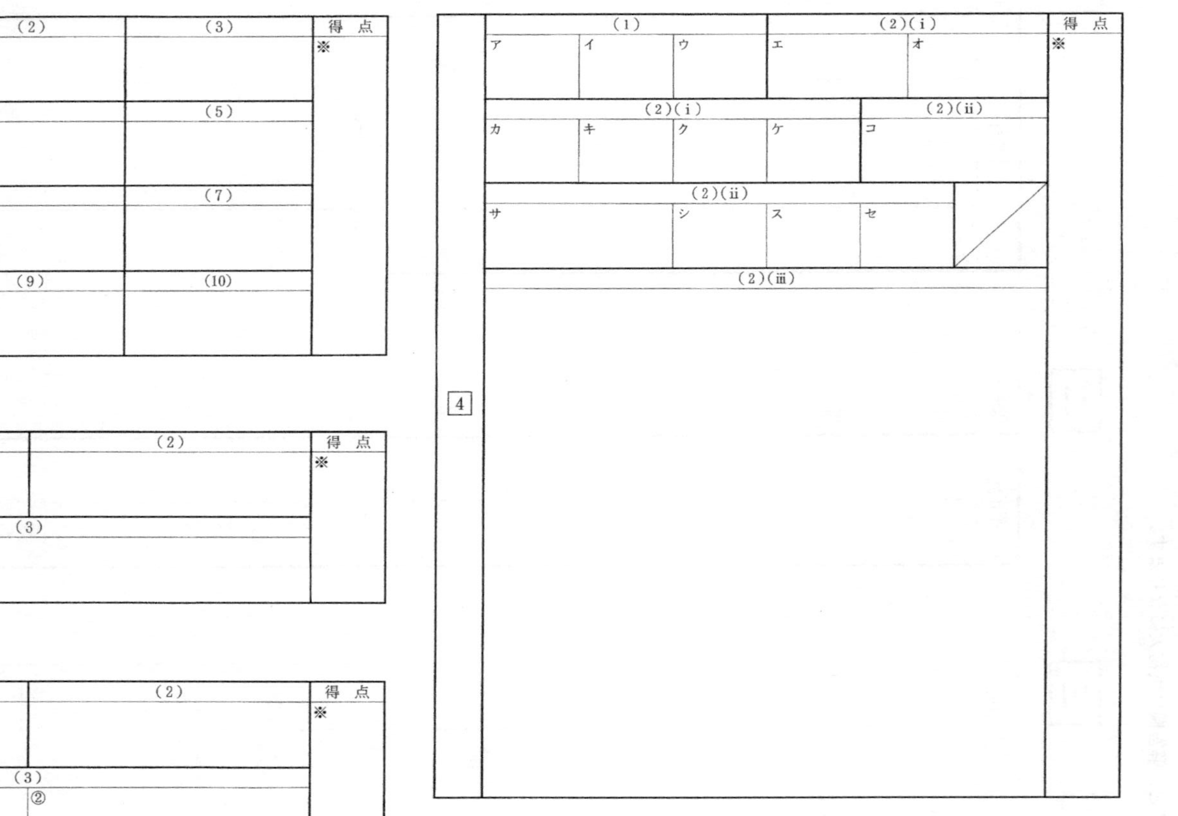

国学院大学久我山高等学校　2020年度

◇英語◇

※129％に拡大していただくと，解答欄は実物大になります。

【1】 第1部 No.1 No.2 No.3　第2部 No.1 No.2 No.3

第3部 No.1 No.2 No.3 No.4

【2】 問1 (a) (b) (c)

問2　問3　問4

問5　問6　問7

問8

問9

問10 1 2 3 4

問11 1 2 3 4 5 6

【3】 1 2 3 4 5

【4】 1 2 3 4 5

【5】

※111％に拡大していただくと，解答欄は実物大になります。

一

問一

もの

問二

問三

問四

A

B

問五

50

二

問一

問二

問三

40

問四

問五

三

問一

問二

問三

問四

きこりの少年が

四

問一

1

2

3

4

5

6

7

問二

1

2

3

国学院大学久我山高等学校　2019年度

◇数学◇

※この解答用紙は109％に拡大していただくと，実物大になります。

1

(1)	(2)	(3)

(4)	(5)

(6) ①	(6) ②	(6) ③	(6) ④	(7)

(8)	(9)	(10)

2

(1)	(2)
(,)	①

(2)
②

3

ア	イ	ウ	エ
オ	カ	キ	ク

4	(1)	(2)	(3)
	(4)		

国学院大学久我山高等学校　2019年度

◇英語◇

※この解答用紙は133％に拡大していただくと，実物大になります。

【1】

問1　1番目　4番目

問2　1番目　4番目

問3

問4　円盤投げ　幅跳び　やり投げ

問5

問6

問7

問8

問9

問10　1　2　3　4

問11　1　2　3　4　5　6

【2】　1　2　3　4　5

【3】　1　2　3　4　5

【4】　1　2　3　4　5

【5】　1　2　3　4　5　6

【6】

※この解答用紙は111％に拡大していただくと，実物大になります。

一

問一

問二

問三

問四

問五

35

二

問一

問二

に対する悲しさと怒り。

40

問三

問四

問五

三

問一

問二

読み方

季節

問三

問四

売主が人を

という意味と、牛が人を

という意味。

四

問一

①

②

③

④

⑤

⑥　る

⑦　る

問二

①

②

③

東京学参の

高校別入試過去問題シリーズ

＊出版校は一部変更することがあります。一覧にない学校はお問い合わせください。

東京ラインナップ

あ 愛国高校(A59)
青山学院高等部(A16)★
桜美林高校(A37)
お茶の水女子大附属高校(A04)
か 開成高校(A05)★
共立女子第二高校(A40)★
慶應義塾女子高校(A13)
啓明学園高校(A68)★
国学院高校(A30)
国学院大久我山高校(A31)
国際基督教大高校(A06)
小平錦城高校(A61)★
駒澤大高校(A32)
さ 芝浦工業大附属高校(A35)
修徳高校(A52)
城北高校(A21)
専修大附属高校(A28)
創価高校(A66)★
た 拓殖大第一高校(A53)
立川女子高校(A41)
玉川学園高等部(A56)
中央大高校(A19)
中央大杉並高校(A18)★
中央大附属高校(A17)
筑波大附属高校(A01)
筑波大附属駒場高校(A02)
帝京大高校(A60)
東海大菅生高校(A42)
東京学芸大附属高校(A03)
東京農業大第一高校(A39)
桐朋高校(A15)
都立青山高校(A73)★
都立国立高校(A76)★
都立国際高校(A80)★
都立国分寺高校(A78)★
都立新宿高校(A77)★
都立墨田川高校(A81)★
都立立川高校(A75)★
都立戸山高校(A72)★
都立西高校(A71)★
都立八王子東高校(A74)★
都立日比谷高校(A70)★
な 日本大櫻丘高校(A25)
日本大第一高校(A50)
日本大第三高校(A48)
日本大第二高校(A27)
日本大鶴ヶ丘高校(A26)
日本大豊山高校(A23)
は 八王子学園八王子高校(A64)
法政大高校(A29)
ま 明治学院高校(A38)
明治学院東村山高校(A49)
明治大付属中野高校(A33)
明治大付属八王子高校(A67)
明治大付属明治高校(A34)★
明法高校(A63)
わ 早稲田実業学校高等部(A09)
早稲田大高等学院(A07)

神奈川ラインナップ

あ 麻布大附属高校(B04)
アレセイア湘南高校(B24)
か 慶應義塾高校(A11)
神奈川県公立高校特色検査(B00)
さ 相洋高校(B18)
た 立花学園高校(B23)
桐蔭学園高校(B01)
東海大付属相模高校(B03)★
桐光学園高校(B11)
な 日本大高校(B06)
日本大藤沢高校(B07)
は 平塚学園高校(B22)
藤沢翔陵高校(B08)
法政大国際高校(B17)
法政大第二高校(B02)★
や 山手学院高校(B09)
横須賀学院高校(B20)
横浜商科大高校(B05)
横浜市立横浜サイエンスフロンティア高校(B70)
横浜翠陵高校(B14)
横浜清風高校(B10)
横浜創英高校(B21)
横浜隼人高校(B16)
横浜富士見丘学園高校(B25)

千葉ラインナップ

あ 愛国学園大附属四街道高校(C26)
我孫子二階堂高校(C17)
市川高校(C01)★
か 敬愛学園高校(C15)
さ 芝浦工業大柏高校(C09)
渋谷教育学園幕張高校(C16)★
翔凜高校(C34)
昭和学院秀英高校(C23)
専修大松戸高校(C02)
た 千葉英和高校(C18)
千葉敬愛高校(C05)
千葉経済大附属高校(C27)
千葉日本大第一高校(C06)★
千葉明徳高校(C20)
千葉黎明高校(C24)
東海大付属浦安高校(C03)
東京学館高校(C14)
東京学館浦安高校(C31)
な 日本体育大柏高校(C30)
日本大習志野高校(C07)
は 日出学園高校(C08)
や 八千代松陰高校(C12)
ら 流通経済大付属柏高校(C19)★

埼玉ラインナップ

あ 浦和学院高校(D21)
大妻嵐山高校(D04)★
か 開智高校(D08)
開智未来高校(D13)★
春日部共栄高校(D07)
川越東高校(D12)
慶應義塾志木高校(A12)
さ 埼玉栄高校(D09)
栄東高校(D14)
狭山ヶ丘高校(D24)
昌平高校(D23)
西武学園文理高校(D10)
西武台高校(D06)
た 東京農業大第三高校(D18)
は 武南高校(D05)
本庄東高校(D20)
や 山村国際高校(D19)
ら 立教新座高校(A14)
わ 早稲田大本庄高等学院(A10)

北関東・甲信越ラインナップ

あ 愛国学園大附属龍ヶ崎高校(E07)
宇都宮短大附属高校(E24)
か 鹿島学園高校(E08)
霞ヶ浦高校(E03)
共愛学園高校(E31)
甲陵高校(E43)
国立高等専門学校(A00)
さ 作新学院高校
（トップ英進・英進部）(E21)
（情報科学・総合進学部）(E22)
常総学院高校(E04)
た 中越高校(R03)＊
土浦日本大高校(E01)
東洋大附属牛久高校(E02)
な 新潟青陵高校(R02)
新潟明訓高校(R04)
日本文理高校(R01)
は 白鷗大足利高校(E25)
ま 前橋育英高校(E32)
や 山梨学院高校(E41)

中京圏ラインナップ

あ 愛知高校(F02)
愛知啓成高校(F09)
愛知工業大名電高校(F06)
愛知みずほ大瑞穂高校(F25)
暁高校（3年制）(F50)
鶯谷高校(F60)
栄徳高校(F29)
桜花学園高校(F14)
岡崎城西高校(F34)
か 岐阜聖徳学園高校(F62)
岐阜東高校(F61)
享栄高校(F18)
さ 桜丘高校(F36)
至学館高校(F19)
椙山女学園高校(F10)
鈴鹿高校(F53)
星城高校(F27)★
誠信高校(F33)
清林館高校(F16)★
た 大成高校(F28)
大同大大同高校(F30)
高田高校(F51)
滝高校(F03)★
中京高校(F63)
中京大附属中京高校(F11)★
中部大春日丘高校(F26)★
中部大第一高校(F32)
津田学園高校(F54)
東海高校(F04)★
東海学園高校(F20)
東邦高校(F12)
同朋高校(F22)
豊田大谷高校(F35)
な 名古屋高校(F13)
名古屋大谷高校(F23)
名古屋経済大市邨高校(F08)
名古屋経済大高蔵高校(F05)
名古屋女子大高校(F24)
名古屋たちばな高校(F21)
日本福祉大付属高校(F17)
人間環境大附属岡崎高校(F37)
は 光ヶ丘女子高校(F38)
誉高校(F31)
ま 三重高校(F52)
名城大附属高校(F15)

宮城ラインナップ

さ 尚絅学院高校(G02)
聖ウルスラ学院英智高校(G01)★
聖和学園高校(G05)
仙台育英学園高校(G04)
仙台城南高校(G06)
仙台白百合学園高校(G12)
た 東北学院高校(G03)★
東北学院榴ヶ岡高校(G08)
東北高校(G11)
東北生活文化大高校(G10)
常盤木学園高校(G07)
は 古川学園高校(G13)
ま 宮城学院高校(G09)★

北海道ラインナップ

さ 札幌光星高校(H06)
札幌静修高校(H09)
札幌第一高校(H01)
札幌北斗高校(H04)
札幌龍谷学園高校(H08)
は 北海高校(H03)
北海学園札幌高校(H07)
北海道科学大高校(H05)
ら 立命館慶祥高校(H02)

★はリスニング音声データのダウンロード付き。

都道府県別 公立高校入試過去問 シリーズ

- 全国47都道府県別に出版
- 最近数年間の検査問題収録
- リスニングテスト音声対応

公立高校入試対策 問題集シリーズ

- 目標得点別・公立入試の数学（基礎編）
- 実戦問題演習・公立入試の数学（実力錬成編）
- 実戦問題演習・公立入試の英語（基礎編・実力錬成編）
- 形式別演習・公立入試の国語
- 実戦問題演習・公立入試の理科
- 実戦問題演習・公立入試の社会

高校入試特訓問題集 シリーズ

- 英語長文難関攻略33選（改訂版）
- 英語長文テーマ別難関攻略30選
- 英文法難関攻略20選
- 英語難関徹底攻略33選
- 古文完全攻略63選（改訂版）
- 国語融合問題完全攻略30選
- 国語長文難関徹底攻略30選
- 国語知識問題完全攻略13選
- 数学の図形と関数・グラフの融合問題完全攻略272選
- 数学難関徹底攻略700選
- 数学の難問80選
- 数学　思考力―規則性とデータの分析と活用―

〈ダウンロードコンテンツについて〉

本問題集のダウンロードコンテンツ、弊社ホームページで配信しております。現在ご利用いただけるのは「2025年度受験用」に対応したもので、**2025年3月末日**までダウンロード可能です。弊社ホームページにアクセスの上、ご利用ください。
※配信期間が終了いたしますと、ご利用いただけませんのでご了承ください。

高校別入試過去問題シリーズ

国学院大学久我山高等学校　2025年度

ISBN978-4-8141-2924-9

[発行所] 東京学参株式会社
〒153-0043　東京都目黒区東山2-6-4

書籍の内容についてのお問い合わせは右のQRコードから ⇒

※書籍の内容についてのお電話でのお問い合わせ、本書の内容を超えたご質問には対応できませんのでご了承ください。

2024年5月30日　初版